本书出版获得2018年深圳市软科学项目（RKX20180413181939223）资助

知识产权法律及实务
讲座精选

Lectures on Selected Topics
in Intellectual Property Law and Practice

何　隽／主编

知识产权出版社
全国百佳图书出版单位
—北京—

图书在版编目（CIP）数据

知识产权法律及实务讲座精选 / 何隽主编 . —北京：知识产权出版社，2019.11
ISBN 978-7-5130-6584-9

Ⅰ.①知… Ⅱ.①何… Ⅲ.①知识产权法—研究—中国 Ⅳ.① D923.404

中国版本图书馆 CIP 数据核字（2019）第 253894 号

内容简介

本书以知识产权法律及实务为主题，精选 2015—2019 年清华大学深圳国际研究生院所举办的讲座中的 19 场讲稿。内容涵盖知识产权司法保护、知识产权与创新驱动、知识产权管理与法律服务、法律实践与法律职业。讲座嘉宾来自世界知识产权组织、中华人民共和国最高人民法院、中国银保监会、深圳市人大常委会、深圳市基层法院、深圳市市场监督管理局等机构，以及多家科技创新企业、律师事务所、知识产权代理和运营机构等。本书适合作为知识产权和法律专业从业人士、研究人员，以及知识产权和法律专业师生的参考用书。

责任编辑：许　波　　　　　　　　　责任印制：刘译文

知识产权法律及实务讲座精选
ZHISHI CHANQUAN FALÜ JI SHIWU JIANGZUO JINGXUAN
何　隽　主编

出版发行：	知识产权出版社 有限责任公司	网　　址：	http://www.ipph.cn	
电　　话：	010-82004826		http://www.laichushu.com	
社　　址：	北京市海淀区气象路 50 号院	邮　　编：	100081	
责编电话：	010-82000860 转 8594	责编邮箱：	xubo@cnipr.com	
发行电话：	010-82000860 转 8101	发行传真：	010-82000893	
印　　刷：	北京嘉恒彩色印刷有限责任公司	经　　销：	各大网上书店、新华书店及相关专业书店	
开　　本：	720mm×1000mm　1/16	印　　张：	14.75	
版　　次：	2019 年 11 月第 1 版	印　　次：	2019 年 11 月第 1 次印刷	
字　　数：	225 千字	定　　价：	58.00 元	

ISBN 978-7-5130-6584-9

从创新高地到知识产权高地（代序）

习近平总书记指出："创新始终是一个国家、一个民族发展的重要力量，也始终是推动人类社会进步的重要力量。"❶ 深圳以自主创新作为立市之本，深圳市委市政府一直高度重视知识产权保护，提出"实施知识产权强市推进工程，打造知识产权强国建设高地"的目标。

得益于深圳浓厚的创新创业氛围，自 2014 年起，我在清华大学深圳国际研究生院组织举办的知识产权法律及实务系列讲座深受欢迎，到场聆听讲座的不仅有南国清华的在校研究生，还有已毕业的清华校友、在深其他高校的研究生和慕名而来的社会专业人士。本书收录的讲座稿均来自 2014—2019 年在南国清华举办的系列讲座。

一、知识产权是深圳发展的核心动力

2019 年 7 月，世界知识产权组织（World Intellectual Property Organization，WIPO）、美国康奈尔大学、欧洲工商管理学院等联合发布 2019 年全球创新指数（Global Innovation Index，GII）❷，报告显示中国的排名由 2018 年第 17 位上升至第 14 位，连续 4 年排名上升，跻身全球最具创新力的前 15 个经济体之列。

成功的创新集群以及由此形成的创新活动对于国家的创新绩效至关重要。在以国际专利申请量和科学著作发表活动作为评价指标的全球科技创新集群排名中，前三位与 2018 年相比保持不变：东京—横滨继位居榜首，深圳—香港位居第二，首尔位居第三。

---

❶ 习近平. 为建设世界科技强国而奋斗——在全国科技创新大会、两院院士大会、中国科协第九次全国代表大会上的讲话（2016 年 5 月 30 日）[N]. 人民日报，2016-6-1(2).

❷ Soumitra Dutta, Bruno Lanvin, Sacha Wunsch-Vincent. Global Innovation Index 2019: Creating Healthy Lives — The Future of Medical Innovation [N]. WIPO magazine, 2019.

表 0-1 清晰地展现出，深圳—香港区域的优势产业和龙头企业在创新能力方面占据显著主导地位。在专利申请量方面，华为的国际专利申请量占区域国际专利总申请量的 25.76%，而东京—横滨、首尔区域专利申请量最大的三菱电机、LG 电子的占比只有 7.83%、18.71%。在主要专利技术领域方面，深圳—香港区域的专利申请有 38.39% 属于数字通信领域，而东京—横滨、首尔的主要专利技术领域电子机械设备、数字通信仅占 9.86%、16.63%。

表 0-1　2018 年全球创新热点区域前 3 名情况表

排名	区域	国际专利申请量最大		主要专利技术领域	
		申请人	比例 %	领域	比例 %
1	东京—横滨	三菱电机	7.83	电子机械设备	9.86
2	深圳—香港	华为	25.76	数字通信	38.39
3	首尔	LG 电子	18.71	数字通信	16.63

深圳拥有华为、中兴、腾讯等一批国际一流的知识产权优势企业，以及大疆、光启等一批拥有自主知识产权的"独角兽"企业。深圳的各项重要知识产权创造指标始终保持全国前列。截至 2018 年年底，深圳累计有效发明专利量达 118 872 件，每万人口发明专利拥有量为 91.25 件，为全国平均水平（11.5 件）的 7.9 倍。有效发明专利 5 年以上维持率达 85.6%，居全国大中城市首位（不含中国港澳台地区）。PCT 国际专利申请量 18 081 件，约占全国申请总量（51 893 件）的 34.8%（不含国外企业和个人在中国的申请），连续 15 年居全国大中城市第一。[1] 可以说，知识产权已经成为深圳快速发展的核心动力。

二、深圳打造知识产权高地面临的问题

深圳作为中国改革开放前沿，高度参与全球产业分工，最早体会到外部环境变化带来的产业升级压力，对创新发展的需求也最为迫切。保护知识产权，就是保护自主创新；打造知识产权高地，就是打造自主创新高地。深圳作为中国的创新高地，理应承担起知识产权保护高地的职责。打造知识产权高地，深

---

[1]　深圳市市场监督管理局.深圳市 2018 年知识产权发展状况白皮书 [EB/OL]. (2019-4-28)[2019-5-10]. http://www.sz.gov.cn/szscjg/zscq/zscqbh/zscqbps/201904/t20190428_17120550.htm.

圳面临以下两方面问题：

第一，知识产权保护水平亟待提升。严格的知识产权保护制度离不开提高侵权违法的成本。通过对 2015 年至 2018 年 6 月知识产权案件的分析，深圳法院的知识产权侵权案件的平均审理周期约为 304 天。一审专利权侵权纠纷案件，深圳法院确定侵权赔偿金额的计算方式以法定赔偿为主，法院实际判决赔偿的金额约为原告请求赔偿金额的 30.0%。❶ 知识产权案件审理周期过长，知识产权侵权赔偿额过低，都导致不能有效威慑侵权行为，同时也导致维权成本过高，有损企业持续创新的信心和动力。

第二，知识产权保护能力有待加强。深圳建设国际科技、产业创新中心的"十大行动"中非常重要的一步是搭建公共服务平台，其中知识产权服务平台对发挥深圳创新驱动引领优势尤为关键。目前，深圳知识产权中介服务仍然以代理业务为主，缺乏高端人才和机构。分析北京、上海、广州、深圳 4 地的知识产权案件可以发现，深圳知识产权侵权诉讼中原告聘请律师或专利代理师（作为诉讼代理人）的比例居 4 地之首，被告比例仅略低于上海，但是当事人选择最多的律师事务所并非出自深圳本地。可见，深圳的法律服务和知识产权服务市场具有吸引力，但深圳本地的高端法律服务机构和知识产权服务机构却相对缺乏。

深圳市在知识产权保护领域一直勇于制度创新，推出多项开创国内先河的知识产权保护举措。2017 年，深圳市委市政府提出，力争到 2020 年，率先在全国建立"最严格的知识产权保护制度"，出台《深圳市关于新形势下进一步加强知识产权保护的工作方案》（简称"知识产权保护 36 条"）。2017 年年底，经中华人民共和国最高人民法院（简称"最高人民法院"）批复同意，深圳市中级人民法院在前海成立知识产权法庭。2018 年 12 月，深圳市人民代表大会常务委员会（简称"深圳市人大常委会"）通过《深圳经济特区知识产权保护条例》，自 2019 年 3 月 1 日起施行，旨在构建最严格知识产权保护体系方面先行先试。

---

❶ 何隽，杜梦婷. 深圳如何构建最严格知识产权保护制度？——基于北上广深知识产权司法保护大数据的分析［J］. 中国发明与专利，2019(4):83–91.

三、南国清华的知识产权法律及实务讲座

2013 年，我来到清华大学深圳研究生院（2019 年更名为清华大学深圳国际研究生院）任教，主要从事知识产权法的教学和研究工作，之后还受聘担任深圳市知识产权局专家委员会专家、深圳前海合作区人民法院案件质量评查专家等社会职务，从而有机会真正参与深圳知识产权立法和司法实践，深入实地考察了一批知识产权优势企业，也借此认识了很多深圳法律和知识产权领域的专家。

2014 年至 2016 年，我担任清华大学法律硕士在深年级主任，两年间共组织 47 场法律职业和伦理讲座。从 2016 年秋季起，我以"知识产权法律及实务"课程为依托组织"知识产权 +"系列讲座，至今已举办 18 场。本书所收录的讲座稿即选自 2014—2019 年我组织的 65 场讲座。

针对知识产权法律及实务的特点，在嘉宾邀请和议题选择上，我一直坚持专业分析、一手经验、国际视野和最新资讯这 4 个标准。为达到最佳交流效果，每一场讲座，从议题规划到内容确定，从 PPT 展示效果到互动环节安排，我都曾与每一位讲座嘉宾进行多次沟通和修改。事实证明，一切努力都是值得的——拥有丰富实践经验的业界专家，用第一手经验给南国清华的同学们呈现出书本之外最真实的法律职业生态，嘉宾们的国际视野与专业分析更让同学们领略到法律世界的精彩与执着。

为了解大家对讲座的印象，我在每学期期末都会给同学们布置一个作业：谈一谈印象最为深刻的一次讲座及听后感。在一次评阅作业时，很意外地看到一位同学所写：

在完成这篇《令我印象最为深刻的一次讲座的听后感》时，我查阅了孙祥壮法官讲座整理稿，发现在讲座伊始，孙法官说："我原先参与过多次高校的活动，但是何隽老师的敬业精神确实让我留下了非常深刻的印象。她是我所接触的高校老师中最敬业的，为了这场讲座和我联系协商十多次……"

我曾十分犹豫要不要将感激何老师为整个课程所付出的努力作为这篇作业

的一部分，因为它听起来有溜须拍马之嫌。但我认为做人要懂得感恩。完成此文时恰好是距离我们离开深圳不足一个月，回忆在深圳学习的一年时间，何老师是我们第一个接触也是接触最多的老师。从这个角度讲，我认为何老师谦和、认真的言行足以作为一场法学专题讲座，因为作为高校学者的法律人的优秀品质，我们已经在何老师身上全都看到了。

作为老师和讲座的组织者，所有的辛苦和付出都是为了同学，希望可以帮助同学在专业理解方面打下坚实基础，同时为今后职业发展拓展空间。当我看到这段来自同学的致谢和勉励时，感觉所有的辛苦和付出都是值得的。

四、内容概要

《知识产权法律及实务讲座精选》以知识产权法律及实务为主题，从 2014 至 2019 年间清华大学深圳国际研究生院所举办的讲座中，精选 19 场讲座稿汇集而成。内容涵盖知识产权司法保护、知识产权与创新驱动、知识产权管理与法律服务、法律实践与法律职业。讲座嘉宾来自世界知识产权组织、最高人民法院、中国银行保险监督管理委员会（简称"中国银保监会"）、深圳市人大常委会、深圳市基层法院、深圳市市场监督管理局等机构，以及多家科技创新企业、律师事务所、知识产权代理和运营机构等。

第一章"知识产权司法保护"：精选 5 篇讲座稿，包括最高人民法院民三庭二级高级法官钱小红主讲"商标案件审理实务"；最高人民法院审判监督庭审判长、国际商事法庭法官孙祥壮主讲"民事证据要义——基本民诉法及其司法解释的解读"；北京慧龙律师事务所合伙人王晔主讲"知识产权——利益的博弈与平衡"；深圳市南山区人民法院知识产权庭审判员喻湜主讲"知识产权侵权案件的审理要素及处理实例"；广东国欣律师事务所的合伙人胡晋南主讲"近期热点知识产权案件点评"。

第二章"知识产权与创新驱动"：精选 4 篇讲座稿，包括世界知识产权组织（WIPO）中国区顾问、WIPO 驻中国办事处原副主任吕国良主讲"WIPO 与全球知识产权保护体系"；华大集团知识产权总监邢伟主讲"生命科学新进展与知识产权挑战";广东省原工商行政管理局处长吴励超主讲"商标的运用与保护";深圳中细软知识产权运营有限公司 CEO 李飞主讲"知识产权与城市未来"。

第三章"知识产权管理与法律服务":精选 5 篇讲座稿,包括北京律和信知识产权代理事务所创始合伙人刘国伟主讲"从专利法基础理论分析专利代理实务";深圳市六加知识产权代理有限公司总经理王广涛主讲"对知识产权运营的思考";万商天勤知识产权运营管理公司副总经理罗建平主讲"从标准必要专利诉讼看专利法律服务工匠精神";深圳超多维光电子有限公司知识产权总监李伟主讲"企业知识产权战略及管理";深圳迈瑞生物医疗电子股份有限公司知识产权经理李晓菲主讲"医疗创新与知识产权保护"。

第四章"法律实践与法律职业":精选 5 篇讲座稿,包括原深圳市人大常委会法制工作委员会主任委员陈涤主讲"特区立法工作的实践和思考";深圳市市场监督管理局政策法规处处长曾尧东主讲"情怀与责任——政府法制工作的体会";中国银保监会银行检查局规划协调处处长凌桦主讲"法律人与金融业的职业讨论";北京市隆安(深圳)律师事务所主任、创始合伙人贾红卫主讲"律师行业的理解";北京市盈科(深圳)律师事务所合伙人佟长辉主讲"医疗损害赔偿诉讼实务探讨"。

何　隽

2019 年 7 月于清华大学深圳国际研究生院华芳楼

第1章

知识产权司法保护

本章精选 5 篇讲座稿，包括最高人民法院民三庭二级高级法官钱小红主讲"商标案件审理实务"；最高人民法院审判监督庭审判长，国际商事法庭法官，二级高级法官孙祥壮主讲"民事证据要义——基本民诉法及其司法解释的解读"；北京慧龙律师事务所合伙人王晔主讲"知识产权——利益的博弈与平衡"；深圳市南山区人民法院知识产权庭审判员喻湜主讲"知识产权侵权案件的审理要素及处理实例"；广东国欣律师事务所合伙人胡晋南主讲"近期热点知识产权案件点评"。

1.1 钱小红：商标案件审理实务

钱小红：最高人民法院民三庭二级高级法官，先后在最高人民法院第一巡回法庭、最高人民法院民三庭工作。

讲座时间：2017 年 10 月 21 日

全球迎来了新一轮科技革命与产业变革，发达国家纷纷将知识产权作为抢占全球经济、科技制高点的有力武器，知识产权越来越成为国际竞争力的核心要素。商标主要涉及品牌保护，因此商标司法保护的重要性不言而喻。

一、商标案件审理概况

（一）案件数量

根据《中国知识产权司法保护纲要（2016—2020）》，1985—2016 年，人民法院受理知识产权民事一审案件 792851 件，审结 766101 件；知识产权行政案件从 2002 年开始单列统计，至 2016 年，人民法院受理知识产权行政一审案件 44401 件，审结 39113 件；知识产权刑事案件从 1998 年开始单列统计，至 2016 年，人民法院受理知识产权刑事一审案件 77116 件，审结 76174 件。其中 2012—2016 年知识产权民事一审案件为 517444 件，商标民事一审案件为 115802 件，约占 22.4%。

知识产权案件数量占民事案件中很少一部分，在每年上千万件的民商事案件中，知识产权案件只有 13 万件左右，而其中商标类案件仅占 20% 左右，比例很小。但知识产权案件具有较大的社会影响力，有着很多值得探讨和研究的内容。根据 2012—2016 年地方各级人民法院知识产权民事一审案件数量图表，我们可以看出，随着社会经济的高速发展和创新驱动战略的实施以及公众知识产权意识的增强，知识产权案件的数量呈大幅度递增的趋势。

（二）案件管辖

商标、著作权案件是一般知识产权案件，由基层人民法院管辖；驰名商标案件则由中级人民法院管辖。截至 2016 年年底，管辖一般知识产权案件的基层人民法院有 167 个，集中管辖专利等技术类民事案件的中级人民法院有 224 个。2015 年成立了 3 个知识产权法院：北京知识产权法院（可管辖商标授权确权案件）、上海知识产权法院、广州知识产权法院。2016 年 7 月，知识产权民事、行政和刑事案件审判"三审合一"在全国法院进行推行。

有关网络购物收货地是否属于侵权行为地是目前商标侵权案件管辖的热点问题之一，在马内尔公司上诉新百伦公司这一案件［（2016）最高法民辖终 107号］发生前，法院对于该问题没有统一的定论，但经过最高法院审理该案后便明确指出网络购物收货地不属于侵权行为地。在这个案件中，涉及对《最高人民法院关于适用〈中华人民共和国民事诉讼法〉的解释》（简称《民事诉讼法司法解释》）第二十条规定的理解以及适用，该条规定："以信息网络方式订立的买卖合同，通过信息网络交付标的的，以买受人住所地为合同履行地；通过其他方式交付标的的，收货地为合同履行地。合同对履行地有约定的，从其约定。"我们认为，普通的合同案件与侵犯知识产权及不正当竞争案件存在较大不同，合同案件一般发生在合同当事人之间，且其影响基本仅限于特定的行为和特定的当事人。而在侵犯知识产权和不正当竞争案件中，当事人通过网络购物方式取得被诉侵权产品，虽然形式上与"以信息网络方式订立买卖合同"并无区别，但其所提出的侵权主张并非仅针对这一特定的产品，而是包含了特定权利的所有产品；其主张也并非仅针对合同的另一方主体，而可能是与此产品相关的、根据法律规定可能构成侵权的其他各方主体。考虑到上述区别，并考虑到侵犯知识产权案件和不正当竞争案件中对侵权行为地的确定有专门的规定，在此类案件中，如果原告通过网络购物方式购买被诉侵权产品，不宜适用《民事诉讼法司法解释》第二十条的规定来确定案件的地域管辖。

（三）法律依据

大家都清楚，法律依据是法律法规司法解释司法政策性文件，商标方面法律依据包括《中华人民共和国商标法》（简称《商标法》）《中华人民共和国商标法实施条例》（简称《商标法实施条例》）《最高人民法院关于审理商标民事纠纷案件适用法律若干问题的解释》《最高人民法院关于审理商标授权确权行政案件若干问题的规定》《最高人民法院关于审理注册商标、企业名称与在先权利冲突的民事纠纷案件若干问题的规定》《最高人民法院关于审理涉及驰名商标保护的民事纠纷案件应用法律若干问题的解释》等。1985—2016 年，最高人民法院共制定涉知识产权司法解释 34 个，司法政策性文件 40 多件，以及多个与知识产权相关的指导性案例。

今天着重讲一下案例能否作为法律依据。大家都清楚，在我国，案例不能作为法律渊源。但是由于法律具有抽象性和滞后性，指导性案例可以弥补这一缺陷。从 2011 年发布第一个指导性案例至今，最高人民法院共发布了 16 批指导性案例，共计 87 个，其中知识产权指导性案例 20 个，占到 23%。最高人民法院于 2010 年 11 月 26 日发布了《关于案例指导性工作的规定》，明确了最高人民法院发布的指导性案例，各级人民法院审判类似案例时应当参照。该规定包括指导性案例的定义、如何确定指导性案例、指导性案例的效力等内容。正在审理的案件在基本案情和法律适用方面与最高人民法院发布的指导性案例相似的，应当将指导性案例作为裁判理由引述，并写明指导性案例的编号和裁判要点，指导性案例不作为裁判依据引用。未来指导性案例在案件审判中会产生越来越重要的作用，同学们，请大家重视最高法院发布的指导性案例。

（四）司法政策

司法政策是指导审判实践，确保不同时期、不同地区、不同领域知识产权法律适用标准的统一、切实有效。目前，知识产权司法政策为"司法主导、严格保护、分类施策、比例协调"。司法主导是司法的本质属性和知识产权保护规律的内在要求，妥善处理司法保护和行政保护之间的关系，强化对行政执法行为的程序审查和执法标准的实体审查，在依法支持行政执法行为的同时，加强监督，严格规范。严格保护，要求严格执行法律。分类施策，要求正确把握技术成果类、经营标记类等不同类型知识产权的保护需求和特点，妥善界定不正当竞争和垄断行为的判断标准，根据知识产权的不同类型和领域分类施策，使保护方式、手段、标准与知识产权特质、需求相适应。比例协调，要求统筹兼顾保护权利和激励创新，坚持知识产权保护范围和强度与其创新和贡献程度相协调，侵权人的侵权代价与其主观恶性和行为危害性相适应，知识产权保护与发展规律、国情实际和发展需求相匹配，依法合理平衡权利人利益、他人合法权益和社会公共利益、国家利益，实现保护知识产权与促进技术创新、推动产业发展和谐统一。商标保护司法政策重点在于防止混淆，加强对知名品牌的保护。

二、商标案件审理实务

（一）几个重要的概念

1. 商标

关于商标，大家只要记住商标是识别商品或者服务来源的标记即可。2013年修订的《商标法》扩大了可作为商标标志的范围，在第八条中有具体规定，同学们可以看一看。《商标法》第十条、第十一条、第十二条规定了哪些标志不得作为商标使用和注册，规定很明确，这里不再重复。

2. 显著性

在商标授权确权中，商标是否具有显著性是其获得注册的先决条件。商标的显著性强弱在商标侵权案件审理中，对侵权人主观恶意的判断以及驰名商标跨类保护范围是一个重要参考因素。《商标法》第九条第一款规定："申请注册的商标，应当具有显著特征，便于识别。"商标只有具有显著性才可以进行注册。商标显著性可分为固有显著性和获得显著性。标志本身与指定商品或服务之间的关联程度越高，则固有显著性越弱；反之，则固有显著性越强。根据固有显著性强弱，商标大致可分为通用标志、描述性标志、暗示性标志、任意性标志、臆造性标志等类。获得显著性一般是指标志本身显著性不强，通过使用使其具有指示商品或者服务来源的特性，即具有"第二含义"。商标的显著性应结合相关公众的认知程度进行整体判断。下面举几个例子予以说明。

案例 1：Bestbuy 案件

基于超市的性质，商标局、商标评审委员会、一审和二审法院均认为其仅仅直接表示了服务的品质和特点，"Bestbuy 及图"标志缺乏作为商标的显著性，不予注册。

最高人民法院再审后认为，是否具有显著性应从整体上对商标是否具有显著特征进行审查判断。本案中，申请商标由英文单词"best""buy"以及黄色的标签方框构成，虽然其中的"best""buy"对于指定使用的服务具有一定描述性，但是加上标签图形和鲜艳的颜色，整体上具有显著特征，便于识别。同时，申请商标在国际上具有较高知名度，且申请商标在我国已经实际使用，经过使用也具有一定的知名度。

通过该案，对商标显著性的判断需要结合标志在整体上是否具有显著特征、相关公众认知以及有没有通过使用获得一定的知名度等因素综合判断。

案例 2："大高粱"案【最高人民法院（2011）知行字第 84 号】

黑龙江东北大高粱酒业有限公司申请注册商标"大高粱"，商标局、商标评审委员会依照《商标法》第十一条第一款第（二）项规定不予注册，一审和二审法院予以维持。

最高人民法院再审审查认为：申请商标"大高粱"的"粱"字不是表示常用酿酒原料"高粱"的"粱"字，将其归入《商标法》第十一条第一款第（二）项规定范围不尽符合该项规定的文义。但"粱"和"粱"读音相同、字形相近，该申请商标指定使用在白酒类等商品上，以普通消费者的一般注意力视之，极易将"大高粱"认读为"大高粱"，从而使消费者误认为是表示指定使用商品原料特点的字词，难以起到区别商品来源的功能，缺乏商标应有的显著性。基于这些考虑，虽然将本案申请商标归入《商标法》第十一条第一款第（三）项"缺乏显著特征的"情形更为适当，但认定其属于《商标法》第十一条第一款第

（二）项规定的不予注册的范围亦无不可。

这一案例反映出所有案件都需要细致地从各个角度进行考虑，从各个方面进行分析以达到公平公正的结果。

案例3：爱马仕"立体图形"案【最高人民法院（2012）知行字第68号】

《商标法》第十二条规定，以三维标志申请注册商标的，仅由商品自身的性质产生的形状、为获得技术效果而需有的商品形状或者使商品具有实质性价值的形状，不得注册。

爱马仕第798099号"立体图形"驳回复审案中，申请商标由"包体上的翻盖、由包背面穿出的两条平行皮带及开关挂锁"组成。

最高人民法院再审审查认为：对于申请商标是否具有显著性，应当结合指定使用商品的相关公众的通常认识，从整体上进行判断。申请商标是以商品部分外观的三维形状申请注册的情形，在通常情况下，这种三维形状不能脱离商品本身而单独使用，相关公众更易将其视为商品的组成部分。除非这种三维形状的商品外观作为商标，其自身具有区别于同类商品外观的显著特征，或者有充分的证据证明，通过使用，相关公众已经能够将这种商品外观与特定的商品提供者联系起来。

关于申请商标是否具有区别于其他同类商品的显著特征问题，最高人民法院认为，由于申请商标指定使用的商品主要为包类，如背包、旅行包、手包等，结合此类商品相关公众的通常认识，申请商标所包含的经过一定变形的皮包翻盖、皮带和金属部件均是包类商品上运用较多的设计元素，将这几种设计元素组合在一起的设计方式并未使其产生明显区别于同类其他商品外观的显著特征。仅从该三维标识本身来看，申请商标并不具有内在显著性。

关于申请商标是否通过使用获得显著性的问题，最高人民法院认为，爱马仕公司在诉讼过程中提交的证据难以证明申请商标通过使用而获得显著性。首先，爱马仕公司所提交的在世界其他国家的宣传资料也未涉及申请商标的相关内容。其次，未能证明作为商品组成部分的申请商标，通过爱马仕公司对商品的宣传而使申请商标具有了区分商品来源的作用。再次，虽然申请商标已经在其他国家获得了注册，但基于知识产权的独立保护和地域保护原则，上述事实仅是审查的参考因素，其对按照《商标法》的相关规定进行的商标审查行为并不产生直接的影响。最后，对于爱马仕公司其他已经获准注册的商标，由于其标识构成和指定使用商品均与本案情况不同，且未进入司法审查程序，故其是否被核准注册的事实与本案的审理并无直接的关联性。

再谈谈丧失显著性问题。先天具有显著性的商标经过长期使用之后可能逐渐丧失显著性。大致原因在于某种商标指代的商品在市场上过于成功，或者商标所有人对商标的使用和管理不当，导致人们习惯于用商标名称来代替商品名称，最终导致商标沦为一类商品的通用名称，丧失了区分商品来源的作用。如阿司匹林、巴斯消毒液。

欧洲共同体（简称"欧共体"）《有关协调各成员国商标立法的一号指令》和《欧共体商标条例》均规定：如果由于商标权人的行为或不作为，商标对于其注册的商品或服务而言变成通用名称，该注册商标可以被撤销。《欧共体商标条例》还规定：如果将一个欧共体商标收入字典、百科全书或类似的工具书之后，给人造成了该商标对于其注册的商品或服务是通用名称的印象，则商标权人可以要求出版商在下次修订时附加说明该名称是已注册的商标。我国《商标法实施条例》第六十五条规定："有商标法第四十九条规定的注册商标成为其核定使用的商品通用名称情形的，任何单位或者个人可以向商标局申请撤销该注册商标……"2013年《商标法》第四十九条第二款规定："注册商标成为其核定使用的商品的通用名称……任何单位或者个人可以向商标局申请撤销该注册商标。"

3. 商标的功能

通常认为，商标有识别功能、质量保障功能和广告宣传功能。此外，商标具有识别商品来源的功能。2013年《商标法》第五十七条规定了侵犯注册商标专用权的几种情形，如被控侵权行为符合上述法条的规定，则构成商标侵权。但在某些案件中，被控侵权行为形式上符合上述法条规定的情形，但却并不被认定为侵犯商标权，因为它没有破坏商标的识别功能。以"五粮液"案〔最高人民法院（2012）民申字第887号〕为例，有厂家在卖酒的过程中使用了五粮液的标识，它卖的酒就是五粮液公司生产经营的白酒，但是五粮液公司仍然对它提起了诉讼，原因是五粮液公司是通过渠道销售的，而这个厂家不在渠道之内。在这个案件中，我们认为该厂家没有构成商标侵权，厂家在经营过程中使用了涉案商标是为了更好地宣传推广和销售系列酒，主观上并没有恶意，这种行为并没有破坏商标识别商品来源的主要功能，所以没有侵犯五粮液公司涉案商标专用权。这本质上是一个商标保护范围的问题。对于是不是只要使用了商标就造成侵权这一问题，我认为是不一定的。我们仅从商标识别商品来源的功能上对商标进行保护，所以商标法也不是万能的，每个法律都有自己的局限性。在这个案件中，虽然它形式上符合《商标法》第五十七条规定，但是厂家的行为没有破坏商标的识别功能，也就不构成侵权。这种案子在司法实践中并不常见，商标的识别功能是非常重要的。

（二）商标侵权的判定

1. 商标侵权案件审理的一般思路

首先是要固定商标权利，就是说到底保护的是什么、拥有什么权利。接下来要固定被控侵权行为是否在生产经营和广告宣传、企业名称、域名等使用了涉案商标，这个非常重要。在我们审理的商标案件中，经常发现原告起诉时不加区分地将一系列被控侵权行为既认为侵害商标权又认为构成不正当竞争。有时候是竞合的，如果用商标法保护了，就不再用不正当竞争法加以保护；有时候是不同的，要区分什么行为落入商标法保护范围，什么行为落入不正当竞争法保护范围。今天我们讲商标审理实务，要将具体被控侵权行为归入到商标法具体法条以及司法解释中去。2013 年《商标法》第五十七条和《最高人民法院关于审理商标民事纠纷案件适用法律若干问题的解释》第一条规定了商标侵权行为的几种表现形态，同学们可以了解一下。要注意一点，注册商标与注册商标之间的侵权纠纷，人民法院不受理。但注册商标与驰名商标之间的侵权纠纷，人民法院应当受理。这在《最高人民法院关于审理注册商标、企业名称与在先权利冲突的民事纠纷案件若干问题的规定》第一条第二款和《最高人民法院关于审理涉及驰名商标保护的民事纠纷案件应用法律若干问题的解释》第十一条有规定。通常来说，大部分商标案件是相对比较简单的，了解 2013 年《商标法》第五十七条即可。如果无法对应第五十七条规定，就要充分利用现有资料，比如法律法规检索数据库、案例检索数据库等。类案检索是条捷径，可以尽快知道最高人民法院如何处理类似案件。

2. 商标近似、商品类似、混淆可能性判断

商标侵权判定里最常见的就是商标近似、商品类似、混淆可能性判断等。

商标近似的判断是有规则的，我们要通过规则来进行判断，要落实到每一个具体的案件中，而不能仅凭主观推断。关于商标近似的判断，《最高人民法院关于审理商标民事纠纷案件适用法律若干问题的解释》第九条第二款和第十条对商标近似进行了规定，这就是我们商标近似判断的方法和原则。商标近似判断是一种混淆性的近似判断，是一种法律判断，而不是事实判断。另外，比对不是把被告标识与原告产品上的标识进行比较，而是应该比对原告提供的注册证上的注册商标；比对对象是被控侵权标识和原告的注册商标。

商标近似有 3 种表现形态：商标标识近似构成商标近似；商标标识不近似构成商标近似；商标标识近似不构成商标近似。第一种情形最为普遍，判断起来也最为简单。通常商标是否近似。直接比对被控侵权的商标与原告的注册商标的字形、读音、含义或者图形的构图及颜色，或者各要素组合后的整体结构，或者其立体形状、颜色组合是否近似，如果商标标志近似，则认定为商标近似。第二种情形，在商标近似判断上只适用于请求保护的注册商标具有较高知名度的情形。通常情形下，原告注册商标具有较高知名度，而被告侵权具有主观恶意，为了制止恶意商标侵权，将商标标识不近似的商标纳入商标近似范畴进行保护。第三种情形，通常情况下，被控侵权标识具有一定知名度，其与原告的注册商标已经在市场上产生了区分，不易造成相关公众的混淆或误认。

商标近似要抓住是否构成混淆性近似这个本质要素，对于商标的音形义的判断，我们不能光看它们是否相同，关注点应该在它是否产生了混淆误认。如果构成混淆误认，我们认为商标近似；如果不构成混淆误认，我们则认为不近似。

下面我举一个商标近似的例子——"长城牌"与"嘉裕长城"[最高人民法院（2005）民三终字第 5 号]。

最高人民法院认为，本案讼争的"嘉裕长城及图"商标和第 70855 号"长城牌"注册商标均系由文字和图形要素构成的组合商标，其整体外观具有一定的区别。但是，第 70855 号"长城牌"注册商标因其注册时间长、市场信誉好等具有较高的市场知名度，被国家工商行政管理部门认定为驰名商标。中粮集团有限公司（简称"中粮公司"）使用第 70855 号"长城牌"注册商标的葡萄酒产品亦驰名于国内葡萄酒市场。根据该注册商标的具体特征及其呼叫习惯，其组合要素中的"长城"或"长城牌"文字部分因有着较高的使用频率而具有较强的识别力，在葡萄酒市场上与中粮公司的葡萄酒产品形成了固定的联系，葡萄酒市场的相关公众只要看到"长城""长城牌"文字或者听到其读音，通常都会联系或联想到中粮公司的葡萄酒产品及其品牌，故"长城"或"长城牌"文字显然具有较强的识别中粮公司葡萄酒产品的显著性，构成其主要部分。"嘉裕长城及图"虽由文字和图形组合而成，且其文字部分另有"嘉裕"二字，但因中粮公司的第 70855 号"长城牌"注册商标中的"长城"或"长城牌"文字部分具有的驰名度和显著性，足以使葡萄酒市场的相关公众将使用含有"长城"文字的"嘉裕长城及图"商标的葡萄酒产品与中粮公司的长城牌葡萄酒产品相混淆，至少容易认为两者在来源上具有特定的联系。因此，北京嘉裕东方葡萄酒有限公司（简称"嘉裕公司"）的"嘉裕长城及图"商标使用了中粮公司第 70855 号"长城牌"注册商标最具显著性的文字构成要素，并易于使相关公众产生市场混淆。

还有一个"红河红"案件［最高人民法院（2008）民提字第 52 号］，涉及商标"红河"和标识"红河红"，这两个词虽然都有红河两个字，但在这个案件中，我认为商标不近似。因为"红河"这个商标并不出名，而"红河"又是一条河的名称，对于使用"红河红"标识的这个公司来说，它并没有将"红河红"注册成商标，但是"红河红"这个标识，在长期的使用中已经有了一定的知名度。这两个标识的音形义近似，"红河红"和"红河"构成了标识近似，如果不考虑其他因素的话就是商标近似，在这个案件中我并没有认为近似，因为相关公众并不认为它们构成混淆性近似。

第三个案件是鳄鱼案。拉科斯特公司的商标是一个鳄鱼商标，鳄鱼头向右。而被控商品上的鳄鱼头向左，商标图案十分近似，但是我没有认定商标近似，考虑的主要是市场区分的问题。

类似商品的判断，《最高人民法院关于审理商标民事纠纷案件适用法律若干问题的解释》第十一条和第十二条进行了规定。在功能、用途、生产部门、销售渠道、消费对象等方面相同，或者相关公众一般认为其存在特定联系、容易造成混淆的商品，我认为就是类似商品。大家要注意一点，就是《类似商品和服务区分表》《商标注册用商品和服务国际分类表》是作为参考的，并不是分类表里把它分为一类了就认为是类似，不分一类就不是类似。司法解释里明确规定了可以作为参考，但不是绝对的。在司法实践中，商品类似的问题有的时候争议不是很大，但商标近似的问题争议非常大。最近非常有名的关于非诚勿扰的案件争议很大，这个案子中涉及商品或者服务是否类似问题。

混淆可能性判断考量因素。美国1938年《侵权法重述》第731条列举了认定非竞争性商品上的混淆可能性的9个基本因素：①使商品、服务或营业产生误认的可能性；②他人扩展其业务而与权利人产生竞争的可能性；③权利人与他人具有多少共同购买者或使用者的情况；④权利人和他人通过同样的渠道销售商品或者服务的情况；⑤权利人与他人的商品或者服务的功能上的关系；⑥商标或商号的显著性的程度；⑦购买者在购买权利人和他人的商品或服务时，对于商业标识通常的注意程度；⑧权利人使用标识的时间长短；⑨行为人选择和使用标识的意图。

美国联邦第九巡回上诉法院在AMF案中对于混淆可能性因素进行了归纳。该案判决认定，确定关联产品之间是否可能产生混淆时，考量以下因素：①商标的强度；②商品的类似程度；③商标的近似性；④实际混淆的证据；⑤所采用的销售渠道；⑥商品类型和购买者可能的谨慎程度；⑦被告选择商标的意图；⑧产品系列扩张的可能性。

《最高人民法院关于审理商标授权确权行政案件若干问题的规定》第十二条显然是对《商标法》第十三条第二款容易导致混淆的规定："（一）商标标志的近似程度；（二）商品的类似程度；（三）请求保护商标的显著性和知名程度；（四）相关公众的注意程度；（五）其他因素。商标申请人的主观意图以及实际混淆的证据可以作为判断混淆可能性的参考因素。"

　　商标使用行为在商标法中也是一个十分重要的概念。2001 年修订的《商标法》没有规定商标使用行为，商标使用行为规定在商标法实施条例里面，规定的是表现形式，如在商品外包装上出现就认为是商标使用行为。而 2013 年修订的《商标法》第四十八条增加了"用于识别商品来源的行为"对商标使用行为本质属性进行了规定。商标使用行为是一种识别商品来源的行为，这实际上就非常突出商标本质属性和功能。如果商标使用在商品包装和广告宣传中，不具有识别商品来源的功能，就不是商标使用。商标使用行为的认定非常重要，如果不是商标的使用行为就谈不上商标侵权了，后面就不需要判断商品是否类似、商标是否近似这些问题。在司法实践中，人民法院通过一些司法案例来明晰商标使用行为的内在含义，将商标使用行为区分为商标法中的使用和非商标法中的使用两种情况。如比较广告、新闻报道或者评论中需要使用他人商标不是商标意义上的使用。如下列案例、

　　辉瑞制药有限公司（简称"辉瑞公司"）蓝色菱形立体商标案［（2009）民申字第 268 号］，我就不认为是一种商标使用行为。辉瑞公司 2003 年 5 月 28 日在第 05 类医药制剂等商品上指定颜色为蓝色的菱形立体商标被商标局核准注册。被控侵权行为：该药品包装盒上载明药品名称为"甲硫磺酚妥拉明分散片"，用于男性勃起功能障碍。包装盒正、反面标有"伟哥"和"TM"字样，"伟哥"两字有土黄色的菱形图案作为衬底。盒内药片的包装为不透明材料，其上亦印有"伟哥""TM"和"江苏联环药业股份有限公司（简称"联环公司"）"字样，药片的包装有与药片形状相应的菱形突起。药片为浅蓝色，近似于指南针形状的菱形，并标有"伟哥""TM"字样。

　　最高人民法院认为：本案中，联环公司生产的"甲硫磺酚妥拉明分散片"药片的包装有与药片形状相应的菱形突起，包装盒上"伟哥"两字有土黄色的菱形图案作为衬底，但消费者在购买该药品时并不能据此识别该药片的外部形态。由于该药片包装于不透明材料内，其颜色及形状并不能起到标识其来源和生产者的作用，不能认定为商标意义上的使用，因此，不属于使用相同或者近似商标的行为。

　　本案关键是药片包装在不透明的材料中，因此其颜色和形状不能起到识别

商品来源的作用，不能认定为商标意义上的使用。

还有一个是无印良品的案件。

北京棉田纺织品有限公司（简称"棉田公司"）于 2000 年 4 月 6 日在第 24 类棉纺织品上申请注册"无印良品"文字商标，株代会社良品计画（简称"良品计画"）在其他类别上注册了"無印良品"商标，但在第 24 类上没有注册。良品计画以棉田公司申请注册被异议商标违反《商标法》（2001 年）第三十一条"不得以不正当手段抢先注册他人已经使用并具有一定影响的商标"为由，申请不予注册被异议商标。商标局、商标评审委员会、一审法院、二审法院均未支持良品计画的主张。本案关键点是良品计画提交的证据能否证明，在被异议商标申请注册前，"無印良品"商标在第 24 类棉纺织品上在先使用并具有一定影响。最高人民法院认为，良品计画在行政程序和诉讼程序中提交了一系列证据以证明"無印良品"商标在被异议商标申请日 2000 年 4 月 6 日之前在中国大陆境内在第 24 类商品上已经使用并有一定影响，但其提供的证据只能证明 2000 年 4 月 6 日之前良品计画的"無印良品"商标在日本、中国香港地区等地宣传使用的情况以及在这些地区的知名度情况，并不能证明"無印良品"商标在中国大陆境内实际使用在第 24 类毛巾等商品上并具有一定影响的事实。最高人民法院再审判决进一步指出：商标的基本功能在于商标的识别性，即区别不同商品或服务的来源，因此商标只有在商品的流通环节中才能发挥其功能。二审法院认为良品计画委托中国大陆境内厂家生产加工第 24 类商品供出口，且宣传、报道等均是在中国大陆境外，不属于《商标法》第三十一条规定的"已经使用并有一定影响的商标"符合商标法的立法原意，良品计画主张二审判决对"商标使用行为"和"相关公众"理解错误的再审理由依据不足。在该案中，良品计画除提交宣传报道的证据外还提交了委托国内企业加工棉纺织品供出口的证据。

最高人民法院在本案中没有明确指明委托定牌加工是否是商标使用行为，但从该判决隐含的态度来看，即便在委托定牌加工的产品上使用了商标，也不认为是商标法意义上的商标使用行为。其理论依据是：对产品完全供出口的委托定牌加工上使用的商标，因其未进入商品流通领域，在中国境内起不到识别商品来源的作用，只有在境外才起到识别商品来源的作用，因此不是商标法意义上的商标使用行为。

再谈谈驰名商标，《商标法》第十三条第一款规定了驰名商标的概念：相关公众所熟知的商标。商标的美誉度和商标使用时间不是驰名商标本身概念所具有的含义。判断驰名商标应当考虑的因素不同于驰名商标的概念。

该款规定持有人认为其权利受到侵害时，可以依照本法规定请求驰名商标保护。也明确了持有人只有认为其权利受到侵害时，才可以依照商标法的规定请求驰名商标的保护，离开商标权利保护并不存在独立的驰名商标保护。

2013 年《商标法》第十四条第一款增加了"驰名商标应当根据当事人的请求，作为处理涉及商标案件需要认定的事实进行认定"，明确了驰名商标的认定原则"被动保护、个案认定"。增加了第二款、第三款、第四款和第五款。第二款、第三款、第四款规定了认定驰名商标的主体以及事由。认定的主体是商标局、商标评审委员会和最高人民法院指定的人民法院。这些在司法实践中实际上也是一直明确的，2013 年《商标法》只是将其上升为法律规定。第五款规定了驰名商标不得作为广告宣传。这主要是为了遏制驰名商标异议现象，恢复驰名商标的本来面貌。其本来面貌在该法第十四条第二款、第三款、第四款规定的需要认定驰名商标的事由中体现出来。

（三）商标不侵权的抗辩

1. 滥用权利，违背诚实信用

2013 年《商标法》在第七条中增加诚实信用原则条款。此款是对申请注册和使用商标的总体要求，是指导性原则，不是提出商标异议、请求宣告注册商标无效或者撤销注册商标的具体依据。在商标民事案件审理中能否直接单独作为法律依据，在商标案件审理中，一般不宜将其单独直接作为法律依据，而应根据商标法具体法条来认定是否构成商标侵权。但是，如果商标法法条都不适宜作为法律依据，而被控侵权行为应适用商标法进行制裁，则可以单独直接适用该条款作为法律依据。

诚实信用原则是一切市场活动参与者应遵循的基本准则，民事诉讼活动同样应当遵循诚实信用原则。任何违背法律目的和精神，以损害他人正当权益为目的，恶意取得并行使商标权的行为属于权利滥用，相关主张不能得到法律的保护和支持。

"歌力思"案〔最高人民法院（2014）民提字第 24 号〕中，最高人民法院对于歌力思公司、杭州银泰公司的行为是否侵害"歌力思"商标权的问题：首先，歌力思公司拥有合法的在先权利基础。歌力思公司及其关联企业最早将"歌力思"作为企业字号使用的时间为 1996 年，最早在服装等商品上取得"歌力思"注册商标专用权的时间为 1999 年。经长期使用和广泛宣传，作为企业字号和注册商标的"歌力思"已经具有了较高的市场知名度，歌力思公司对前述商业标识享有合法的在先权利。其次，歌力思公司在本案中的使用行为系基于合法的权利基础，使用方式和行为性质均具有正当性。从销售场所来看，歌力思公司对被诉侵权商品的展示和销售行为均完成于杭州银泰公司的歌力思专柜，专柜通过标注歌力思公司的"ELLASSAY"商标等方式，明确表明了被诉侵权商品的提供者。在歌力思公司的字号、商标等商业标识已经具有较高的市场知名度，而王某未能举证证明其"歌力思"商标同样具有知名度的情况下，歌力思公司在其专柜中销售被诉侵权商品的行为，不会使普通消费者误认该商品来自于王某。从歌力思公司的具体使用方式来看，被诉侵权商品的外包装、商品内的显著部位均明确标注了"ELLASSAY"商标，而仅在商品吊牌之上使用了"品牌中文名：歌力思"的字样。由于"歌力思"本身就是歌力思公司的企业字号，且与其"ELLASSAY"商标互为指代关系，故歌力思公司在被诉侵权商品的吊牌上使用"歌力思"文字来指代商品生产者的做法并无明显不妥，不具有攀附王某"歌力思"商标知名度的主观意图，亦不会为普通消费者正确识别被诉侵权商品的来源制造障碍。在此基础上，杭州银泰公司销售被诉侵权商品的行为亦不为法律所禁止。最后，王某取得和行使"歌力思"商标权的行为难谓正当。"歌力思"商标由中文文字"歌力思"构成，与歌力思公司在先使用的企业字号及在先注册的"歌力思"商标的文字构成完全相同。"歌力思"本身为无固有含义的臆造词，具有较强的固有显著性。依常理判断，在完全没有接触或知悉的情况下，因巧合而出现雷同注册的可能性较低。作为地域接近、经营范围关联程度较高的商品经营者，王某对"歌力思"字号及商标完全不了解的可能性较低。在上述情形之下，王某仍在手提包、钱包等商品上申请注册"歌力思"商标，其行为难谓正当。王某以非善意取得的商标权对歌力思公司的正当使用行为提起的侵权之诉，构成权利滥用。

在这个案件中，依据《商标法》第五十七条的规定，这样的行为落入商标权的保护范围，构成侵权。但是，这样的结果显然是不公平的。最高人民法院通过多方面的分析后认定不构成侵权，但最重要的落脚点在于王某违反诚信原则，其取得和行使"歌力思"商标权的行为本身即不正当。塞克斯的案例也是一个利用职务上的便利和业务上的优势恶意注册商标损害他人在先权利，为自己谋取不正当利益，违反诚实信用原则，商标权不受法律保护的例子。我们在裁判规则中已经明确，即便有注册商标，只要违反诚信原则，就不应受到法律保护，当然个案中适用这个规则要慎重。

2. 正当使用

2013 年《商标法》第五十九条第一款、第二款规定了商标的正当使用问题。《商标法》第五十九条吸收了原《商标法实施条例》（2002 年）第四十九条的内容作为第一款。第二款是对三维标志商标有关形状正当使用的规定。

前两款因为注册商标本身的原因，《商标法》第十一条第一款明确规定商标中含有本商品的通用名称、图形、型号，直接表示商品的质量、主要原料、功能、用途、重量、数量及其他特点，不能作为商标注册的标志。第十二条规定了不能注册为商标的三维标志。通常来说，含有上述文字、图形和数字的标志以及三维标志是不能核准为注册商标，但由于历史原因或上述标志获得显著性而被注册为商标。但因这些注册商标先天不足、显著性弱，商标权人无权垄断这些标识元素，其他人在主观上没有恶意客观上不造成混淆的情况下，可以正当使用，且不构成对商标权人注册商标权的侵害。含有地名的标志也同样如此。

判断是否正当使用的红线是：合理使用，善意使用，不造成消费者对于商品或者服务来源的混淆。

3. 先用权

接下来讲讲 2013 年修订的《商标法》第五十九条第三款规定的先用权问

题。该条款规定:"商标注册人申请商标注册前,他人已经在同一种商品或者类似商品上先于商标注册人使用与注册商标相同或者近似并有一定影响的商标的,注册商标专用权人无权禁止该使用人在原使用范围内继续使用该商标,但可以要求其附加适当区别标识。"

如"好日子"案〔最高人民法院(2015)民申字第3513号〕,我认为更多地适用了诚信原则。好日子公司使用了涉案商标,表面上符合商标侵权的构成要件,好日子公司关于先用权抗辩方面所提供的证据并不多,难以判断是否达到了《商标法》第五十九条第三款规定的条件;但从诚信原则的角度,注册"好日子"商标的公司实际上注册了许多有名的商标,并没有用于生产和经营用途。综合各种因素后,认为该案符合第五十九条第三款的条件,好日子公司不构成商标侵权。关于先用权适用的条件问题争议还比较大,仍需进行相关研究。

三、提问交流环节

何隽老师:在研读最高人民法院案例的过程中,有些同学反映案件的思路比较复杂,难以把握,想请教钱法官从学习者的角度出发,应该如何进行案例的研读?

钱小红法官:现在非常重视案例分析的可视化,同学来一巡实习的时候,我们都会要求他们对案件特别是本院事实查明部分画图,并梳理法律关系。对于知识产权案件,尤其是商标案件,通常案件事实是比较清楚的。在画完图后,原告商标申请注册情况、注册的类别、被告被控侵权行为的表现形式等方面的事实都会比较清楚。一般文书的查明事实也是按照这些模块写的,如商标注册的时间与图样、被告侵权使用的时间、原告诉请、原告证明商标知名度、驰名商标的认定等信息。

何隽老师:读案例的时候,发现不同法官的风格不尽相同,比如说对于一些原告、被告的主张,有些法官在判决书中都有回应,而有些法官在判决书中可能就回避了这个问题,是什么原因呢?

钱小红法官:会有这种情况,因为有的问题可能比较偏常识性,有时候法官可能在判决书中就没有做出回应。

何隽老师：有一些商标案件跟市场有所关联，想请问法官在实际讨论案件时是否会利用一些经济学或者市场调研报告来进行参考？

钱小红法官：在案件的讨论过程中，我们会参考市场调研报告，但这里就存在市场调研报告的立场或者准确性的问题，特别是在调研报告由一方当事人提供，而另一方当事人又不认可的情况下，需要综合分析调研报告做出的主体的资质、调研报告的中立性和科学性等。

何隽老师：那有没有可能双方一起提供调研报告，法院综合两份报告进行讨论？

钱小红法官：很多时候一些标的额比较大的案件双方都会提供调研报告，这些报告我们都会参考。如果将来能用一些大数据来提供量化分析，那么对于商标案件的审判是一个很大的推动。现在的调研报告或者调查问卷的形式还是比较片面的，可信度也不是非常高，但我们在审判过程中都会参考。

何隽老师：也就是说，现在这方面主要是定性，还没有一个定量的判断方法。

钱小红法官：我觉得将来会有这种方法，对于学经济学的同学，他们是很擅长使用这种方法。我觉得从经济学的角度为案件提供参考挺好的，现在最高人民法院也有部分法官在学习经济分析的方法。

1.2 孙祥壮：民事证据要义——基本民事诉讼法及其司法解释的解读

孙祥壮：最高人民法院审判监督庭审判长，国际商事法庭法官，二级高级法官，全国审判业务专家。

讲座时间：2016 年 3 月 22 日

"对证据进行规定"是任何诉讼规则最重要的任务之一，因为权利的胜利很大程度上依赖于其可证明性。

——［德国］尧厄尼希

非常荣幸能够来到清华深研院和大家交流一下民事诉讼相关民事证据的内容。为什么选择民事证据来和大家交流呢？我觉得司法工作中民事诉讼是最重要的工作之一，而证据又是民事诉讼中最重要的内容。很多人和我说打官司就是打证据，这一点和上述德国学者的评论有异曲同工之妙。结合民事诉讼法2012 年修改及其司法解释 2015 年版的证据主要内容，我列举自己对主题对民事证据加以解读，期冀着同学们能以最短的时间获得最大的收获。

一、事实问题与法律问题

如何界定事实问题和法律问题，一直是一项似乎比较清晰，又似乎比较模糊的问题。一般认为，有关事实的事项包括：时间、地点、人物身份、所说、所做等；推断的事实，如行为人的意图、精神状态等。在当事人否认时，事实问题须经证人、专家或由文书、录音带等提供合法、相关的证据予以查明。相反，法律事项或法律问题包括：何为可适用于某个问题的法律规则，法律规则应当如何阐述、法律规则要求或允许做什么。未经承认的法律问题，必须通过解释成文法、判例法、法律的其他权威性渊源，辅之以当事人律师的辩论加以查明。解释公文通常也属于法律问题。在一些案件中，事实问题或法律问题可能是公认的、没有争论的，但在许多案件中，二者都可能是不确定的。"法律问题与事实问题之间的区分往往极难辨别"❶，许多情况下会产生事实和法律问题相混合，古今中外皆然。从目前的研究成果来看，上诉制模式（英、美）、撤销制模式（法、意）、更审制模式（德、日）在划分事实问题与法律问题的标准上并不完全一致。❷但总体上，事实是指实际发生的事情、事件以及实际存在的物体，并非是一种推测或假定；法律是指国家通过立法形式确定的社会行为规则和责任规则，是预设的行为规范。判断某一事实或行为是否存在，属于事实问题；判断某一事实或行为是否具有法律上的价值，属于法律问题。就事实问题的上诉，在上诉审理的过程中，允许调查取证；就法律问题的上诉，上诉审理的过程中，仅考虑承认的事实或者确证无误的事实是否允许对该案做出特定的判决或裁定，或者这样处理有无法律依据。从引申意义上讲，依证据及其推论裁决的任何事项是事实问题，其他的是法律问题，包括合同的定性、责任的分担、未明确的法律术语（如诚实信用、重大原因、合理性等）、经验法则和逻辑规则等蕴含价值判断和政策关怀的普遍性事项。

二、认定事实与适用法律

认定事实是指通过确定的证据，按照既定的规则推导出案件事实的过程。认定事实需要将现实生活中发生的纠纷，根据一定的框架分解、界定、重新解构成法律问题。也就是说，"事实认定"中的事实不是一般的事实，而是对本案裁判有法律意义的事实。❸

对于案件事实的重要性，德国的古老经验教谕为，"在实践中，一罗特（1/30 磅）中的法律问题建立于 50 公斤事实基础上"；❹英美法系中，威廉·布莱克斯通爵士在 1760 年代所说的，"经验将充分显示一百件基于事实纠纷所起的案件，可能仅有一件是纯适用法律问题❺"。由于裁判者要查明的是已消失并

---

❶ ［德］K. 茨威格特，H. 克茨. 比较法总论［M］. 潘汉典，米健，高鸿均，贺卫方，译. 北京：法律出版社，2003:187.

❷ 傅郁林. 民事司法制度的功能与结构［M］. 北京：北京大学出版社，2006:54-61.

❸ 梁慧星. 裁判的方法［M］. 北京：法律出版社，2003:11.

❹ 奥特马·尧厄尼希. 民事诉讼法［M］. 周翠，译. 北京：法律出版社，2003:114.

❺ Langbein J H. The Disappearance of Civil Trial in the United States［J］. Social Science Electronic Publishing，2012，122(3):522-572.

且永远不可能重现的案件事实，而法官的司法裁判需要建立于一定的证据基础之上，这个基础需要通过司法认知来实现，司法认知又总是逆向的，是从现在的事实和证据推断先前的事实。逆向推断的认定也就决定了人们可能无法完完整整地还原已经逝去的事实，也就是说在认定事实的证据证明中不太可能做到每一案件都能达到客观真实，只能达到法律真实。诉讼中的认知过程与自然科学的研究、论证也是不同的，因为自然科学的研究、论证过程相对单纯。案件客观真实的认知过程是一个复杂的社会科学求证过程，特别是在运用证据方面，达到法律真实的认知本身就是一门较难的学问，更何况裁判者面对的是利益互相对立的双方当事人。为了胜诉，当事人往往将歪曲的、甚至完全虚构的事实陈述于法庭，提供虚假的书证或指使他人作伪证，为法庭查明事实设置重重障碍。❶ 因此，面对这些现实中的复杂情况，法官的职业特征更像是考古学家、社会学家，需要根据现有的证据并结合自己的社会常识，尽量复原客观发生的情形。可以说，不是每一位刚刚经过法学专业教育的人都明白如何查清事实、认定事实。

三、客观真实与法律真实

案件的客观真实是指提起诉讼的民商事案件事实自身产生、发展的客观存在的状态和过程，这种状态和过程是不以人的意志为转移的，又能被人的意识所反映的一种客观实在性。所谓法律真实，是指从法律意义上看是真实存在的东西，是通过原发案件的证据以及由证据组织起来的具有法律意义的事实，即通过法定程序收集并具有合法形式的证据证明的事实。

司法实践中应当注意的是：①客观真实是事实认定的始终追求目标和最高目标，但实践中有其局限性；②法律真实是事实认定的最低标准；③不能以法律真实标准否定客观真实标准，应当尽可能地接近客观标准。不能轻易以超出举证时限等不予采纳基本证据。

从域外经验如美国民事诉讼中的审前会议、发现程序等看，重点是加大发现案件事实的方式和方法，事实查得越清楚，更易于适用法律、解决纷

---

❶ 李浩.证明标准新探［J］.北京：中国法学，2002(4):129–140.

争。因此，我国民事诉讼法的修改需要增加更多的事实发现手段，这点在民事诉讼法修改及其司法解释时作了一些努力，《中华人民共和国民事诉讼法》（2015 年，简称《民事诉讼法》）司法解释第一百一十九条的签署保证书、第一百一十二条规定的文书提出命令等。我赞成李浩教授所倡导的民诉法修改指导思想中应有"宁可慢些，但要好些"。因此，需要更多的手段和方法发现案件事实，把案件的基础部分弄清楚，否则在案件二审、再审时很难再查清事实。

四、基本事实与次要事实：作为审判对象的多种事实

事实认定是司法者的一项基本功。一切现代化的过程是精细分工的过程，民诉的现代化也体现在精细化上，其主要表现在如何界分作为审判对象的各类事实，并区别对待。

（一）基本事实或要件事实

案件的基本事实也称为主要事实或要件事实，是民（商）事实体法规定的、据以确定当事人之间民事法律关系性质、各自的权利义务和民事责任等主要内容的事实，它们对于权利发生、变更或消灭法律效果有直接作用，故也称为直接事实。比如，借款合同中，A 为贷款人，B 为借款人，B 向 A 借款 100 万元，A、B 两者之间缔结合同的事实与金钱交付的事实即为要件事实。上述缔结合同的事实与金钱交付的事实，是依据民法通则、合同法等实体法作为借贷合同要件的事实。从纠纷事实中抽出基本事实（要件事实）的工作，以及证据证明问题，"被认为是从事民事诉讼实务最起码的基本功，所以培训律师和法官的司法研修最主要的课程就是有关要件事实的教育"。❶《〈民事诉讼法〉司法解释》第三百三十五条对"基本事实"予以定义。

（二）次要事实或间接事实

为了进一步界定何为基本事实，有必要对其他事实作简要解释，以形成

---

❶　王亚新. 对抗与判定：日本民事诉讼的基本结构［M］. 北京：清华大学出版社，2002：104-106.

对比。与主要事实或基本事实相对应，次要事实是指对当事人之间民事法律关系性质、各自的权利义务和民事责任等主要内容存在与否起到推定作用的事实。它们是借助经验法则、理论原理能够推定主要事实真伪或存在与否的事实，故也称为间接事实。比如，上述借款合同中，如果贷款人 A 的账上突然少了 100 万元，而在同一时间借款人 B 的账上突然增加了 100 万元，以此推断两者之间存在着借贷关系。突然减少和突然增加的事实，即为间接事实。次要事实因对案件性质以及当事人权利义务和责任不起决定作用，原审法院判决、裁定虽然对该事实认定有误，但一般不会影响案件结果的正确处理。

（三）辅助性事实

辅助性事实是指能够用来推测证据可靠性或证明力的事实，证人的性质、证人与当事人的关系。比如，上述借款合同中，借款人 B 找来证人 C，来证明 A、B 两者之间的某一事实，如果证人 C 是借款人 B 的亲戚，则证明力下降。C 与 B 有亲戚关系的事实，即是辅助性事实。

（四）背景事实

背景事实是指能说明纠纷发生的原因、经过、当事人动机等背景情况的事实。比如，上述借款合同中，贷款人 A 与借款人 B 以前是否相识，在商业交易之外存在什么关系等情况，一般来说就是背景事实。

基本事实或要件事实是辩论主义的核心内容，是划分当事人责任和法院权限的基本问题。对于当事人所主张的基本事实，当事人负有证明责任，法院原则上不得自行收集。法院的释明义务，也只是限于基本事实。❶

五、证明责任：行为责任与结果责任

证明责任（Burden of Proof）过去多被称为 "举证责任"（Burden of Production）、

---

❶ 王亚新.对抗与判定：日本民事诉讼的基本结构［M］.北京：清华大学出版社，2002：104－106.

"立证责任"。在德国和日本民事诉讼法中，一般使用"证明责任"的说法。我国《民事诉讼法》（2012 年）第六十四条规定："当事人对自己提出的主张，有责任提供证据"。这里是从提供证据的行为角度做出的规定，很多人认为这是对"举证责任"的规定。但从目前我国民事诉讼法学界来看，很多人认为应当改称为"证明责任"，并争议多年。德国、日本以及国内民事诉讼法学界的主流观点认为，证明责任包括两层含义：一方面是客观的证明责任或结果责任，另一方面是主观的证明责任或行为责任、举证责任（"举"的含义就是提出）。英美法系也认为，证明责任包含说服责任（Burden of Persuasion）与举证责任。在德国、日本，证明责任主要是指结果责任，解决的是运用证据对要件事实进行证明处于真伪不明时，由哪方当事人承担不利结果。比如，前述借贷合同中，贷款人 A 依据有效合同到期时向借款人 B 主张本金及其孳息。关于合同成立的事实，证明责任在贷款人 A。如果 A 证明成功，则 A 对于合同成立这个事实胜诉；如果 A 证明不成功，则 A 败诉。证明责任解决的是如果贷款人 A 提供的证据对合同成立与否处于真伪不明状态，比如仅提供了合同复印件，又无其他证据予以佐证，则 A 对合同成立这节事实证明不成功，A 败诉。司法实践上，《〈民事诉讼法〉司法解释》第九十条中规定："当事人对自己提出的诉讼请求所依据的事实或者反驳对方诉讼请求所依据的事实，应当提供证据加以证明，但法律另有规定的除外"（行为责任）；"在做出判决前，当事人未能提供证据或者证据不足以证明其事实主张的，由负有举证证明责任的当事人承担不利的后果"（结果责任）。第二款中虽然用"举证证明责任"一词，实质是指承担不利后果的结果责任。从用词上来看，司法解释一改我国立法上原先所称的举证责任，逐渐向证明责任靠拢。

证明责任的分配有多种学说，但目前在德国和日本占通说地位的是"法律要件分类说"或"规范说"，其是指依据实体法规定的法律要件事实进行责任分配。这种学说对我国司法实践界的参考借鉴意义重大。❶首先按照系统化提出"规范说"的德国著名民事诉讼法学者罗森贝克的说法，"每一方当事人均必

---

❶ 有学者建议我国应采取这种学说，参见：张卫平.诉讼结构与程式：民事诉讼的法理分析[M].北京：清华大学出版社，2000:313.

须主张和证明对自己有利的法规范的条件"❶。具体分为以下 3 种情况：①对于权利发生（根据）的事实，由主张权利存在的人承担证明责任。比如，借贷合同中贷款人 A 向借款人 B 主张本金及其孳息，需证明自己已经按照合同放贷；②对于权利消灭的事实，由主张权利不存在的人承担证明责任。比如，借贷合同中借款人 B 主张贷款人无权再行要求其还款，B 需证明自己已经按照合同约定还款；③对于权利受到妨害的事实，由主张事实不存在的人承担证明责任。比如，借贷合同中借款人 B 主张贷款人 A 存在未按期、未按要求放款的事实，A 的权利行使有障碍，贷款人 A 若主张该事实不存在，则需证明自己不存在未按期、未按要求放款的事实。注意这里是 B 主张，而 A 举证，与人们常说的"谁主张，谁举证"规则不尽一致。在我看来，这里也正是不少司法工作人员对证明责任分配常感疑惑的原因所在。当然，这在学理上还存在不同的认识。

承担结果意义上证明责任的可能性的存在，是当事人必须履行行为意义上证明责任的原因，在证据不足时，负担着补充证据的责任。当然，实体法对要件没有规定的，应由法院结合立法意图进行分配，主要遵循"当事人对有利于自己的法律要件事实负举证证明责任"❷；实体上有特别规定的，如存在证明责任的转换，应遵从法律规定。

《〈民事诉讼法〉司法解释》第九十一条规定："人民法院应当依照下列原则确定举证证明责任的承担，但法律另有规定的除外：（一）主张法律关系存在的当事人，应当对产生该法律关系的基本事实承担举证证明责任；（二）主张法律关系变更、消灭或者权利受到妨害的当事人，应当对该法律关系变更、消灭或者权利受到妨害的基本事实承担举证证明责任。"该规定与学理解释基本一致。

六、证明标准：高度盖然性与优势证据

证明标准也称证明要求、证明度，是指在诉讼证明活动中，对于当事人

---

❶ 莱奥·罗森贝克.证明责任论［M］.庄敬华，译.北京：中国法制出版社，2002:104.
❷ 李浩.民事判决中的举证责任分配——以案例为样本的分析［J］.北京：清华法学，2008(6)：25-37.

之间争议的事实，法官根据证明的情况对该事实做出肯定或否定性评价的最低要求。

从当事人角度而言，证明标准为当事人完成证明责任提供了一种现实的、可预测的尺度，使诉讼证明成为一种限制性的认识活动，而非无止境的求真过程；从裁判者的角度而言，证明标准是裁判者对待证事实是否存在的内心确信程度；从证明标准的性质而言，证明标准具有法定性，是一种法律规定的评价尺度，当事人对待证事实证明到何种程度才能解除证明责任、裁判者基于何种尺度才能认定待证事实存在，必须严格按照法律规定进行。

证明标准来源于审判实践，是依审判实践经验形成的。各国民事诉讼与刑事诉讼的证明标准存在差别。我国民事诉讼法中并没有明确民事诉讼的证明标准。实践中，深受"客观真实"证明要求的影响，在一些事实无法得到证据完全证明时，特别是在有些证据相互矛盾但又要作出裁判时，不少审判人员感到无所适从。从各国立法例来看，代表大陆法系和英美法系典型国家的民事诉讼法中，均将"法律真实"作为裁判的基础。不过大陆法系和英美法系典型国家对于民事诉讼中何种程度达到了"法律真实"却是有分歧的：大陆法系国家如德国，认为证明标准最低达到"盖然性"（Probability）即已属于"法律真实"，可以作出裁判；英美法系国家如美国，认为证明标准最低达到"优势证据"（Preponderance of Evidence）即已属于"法律真实"，可以作出裁判。有的学者曾想用百分比量化这两个证明标准，认为"盖然性"是指法官心证最低达到 75%，"优势证据"是指法官心证最低达到 51%。❶当然，这里需要强调的是，两者所达到的法律真实均是作出裁判的最低限度的证明标准。为了填补法律上的空白，让审判人员在证据情况比较复杂时作出裁判有据可循，解决实践中因证明标准不明确而产生的问题，2001 年《最高人民法院关于民事诉讼证据的若干规定》（简称《民事证据规定》）第七十三条作了规定。对之加以沿袭，《〈民事诉讼法〉司法解释》第一百〇八条第一款规定："对负有举证证明责任的当事人提供的证据，人民法院经审查并结合相关事实，确信待证事实的存在具有高度可能性的，应当认定该事实存在。"此种"高度可能性"与"明显大于"类似。

❶ 李浩.证明标准新探［J］.北京：中国法学，2002(4):129-140.

由于"高度可能性"证明标准依然是法官依据自由心证原则，达到"内心确信"的程度，因此何为"高度可能性"成为需要进一步诠释的概念。"高度可能性"是指比"可能性"要求还要高的证明标准，产生近似确然性或接近全称判断的可能。有的学者将"高度可能性"证明标准用百分比描述为心证程度达到80%左右。❶

第二款为"对一方当事人为反驳负有举证证明责任的当事人所主张事实而提供的证据，人民法院经审查并结合相关事实，认为待证事实真伪不明的，应当认定该事实不存在"。该款实际是对证明责任的本质特征的表述。

第三款为"法律对于待证事实所应达到的证明标准另有规定的，从其规定"。我国民事诉讼中也有采用高于"高度可能性"标准的规定。本解释第一百零九条，《民事诉讼法》第四十四条均有特别规定。

七、证明责任的免除：相对免证事项与绝对免证事项

免证事项或免证事实，即免除当事人证明责任的事项或事实。在民事诉讼中，有些事实的真实性是一目了然的，有些事实的真实性已由人民法院在其他诉讼中查明，有些事实被法律假定为真实，也有些事实因为当事人之间无争议而被视为真实。2001年《民事证据规定》第九条规定了免证事项和相对的免证事项。《〈民事诉讼法〉司法解释》第九十三条沿袭了上述规定："下列事实，当事人无须举证证明：（一）自然规律以及定理、定律；（二）众所周知的事实；（三）根据法律规定推定的事实；（四）根据已知的事实和日常生活经验法则推定出的另一事实；（五）已为人民法院发生法律效力的裁判所确认的事实；（六）已为仲裁机构生效裁决所确认的事实；（七）已为有效公证文书所证明的事实。""前款第二项至第四项规定的事实，当事人有相反证据足以反驳的除外；第五项至第七项规定的事实，当事人有相反证据足以推翻的除外。"该条是关于诉讼上自认之外免证事项的规定。该条将众所周知的事实，自然规律及定理、根据法律规定推定的事实，根据已知的事实和日常生活经验法则推定出的另一事

---

❶ 李浩. 民事证据的若干问题——兼评最高人民法院《关于民事诉讼证据的司法解释》［J］. 法学研究，2002(3):63-76.

实，已为人民法院发生法律效力的裁判所确认的事实，已为仲裁机构的生效裁决所确认的事实，已为有效公证文书所证明的事实 7 项事实，规定为免证事项。同时，该条第二款规定（二）（三）（四）（五）（六）（七）项，当事人有相反证据足以反驳或者推翻的除外。也就是说，除了自然规律及定理、定律之外，其他事实被司法解释假定为真实，或者说为相对免证事项。

界定清楚免证事项的重要意义在于，由于民事诉讼是解决当事人私人之间的纠纷，双方当事人承认的事实以及显著的事实是不需要法院运用证据证明的，法院仅需对双方当事人发生争议的事实（或对方否认的事实）加以认定。

八、申请取证与依职权取证

我国民事诉讼中，主要由当事人收集和提供证据，然后才有申请调查取证以及依职权调查取证。调查收集证据是指对诉讼主体进行诉讼所需的各种证据，人民法院依照法定程序收集和调查的活动和程序。《民事诉讼法》第六十四条第二款规定："当事人及其诉讼代理人因客观原因不能自行收集的证据，或者人民法院认为审理案件需要的证据，人民法院应当调查收集。"这里，需要解决两个问题：一是当事人因客观原因不能自行收集，可以申请人民法院调查收集证据；二是人民法院认为审理案件需要的证据，即在当事人未能取证，又没有申请人民法院调查收集证据的情况下，人民法院在特定情况下，可以根据案件需要依职权调查取证。

（一）当事人因客观原因不能自行收集的证据

《〈民事诉讼法〉司法解释》第九十四条规定："民事诉讼法第六十四条第二款规定的当事人及其诉讼代理人因客观原因不能自行收集的证据包括：（一）证据由国家有关部门保存，当事人及其诉讼代理人无权查阅调取的；（二）涉及国家秘密、商业秘密或者个人隐私的；（三）当事人及其诉讼代理人因客观原因不能自行收集的其他证据。""当事人及其诉讼代理人因客观原因不能自行收集的证据，可以在举证期限届满前书面申请人民法院调查收集。"在司法实践中，该规定应注意以下几点：

1. 当事人因客观原因不能自行收集

这里的客观原因是指当事人及其诉讼代理人意志以外的原因。强调客观原因主要是试图划清当事人有能力、有条件收集而不去收集与因受到客观条件的限制确实无力收集的界限，并以此来分清人民法院依职权应当取证、可以依当事人申请调查收集证据以及当事人及其诉讼代理人应当承担的收集证据责任的标准。

对于当事人因客观原因不能自行收集，主要应当考虑的因素有"（1）因证据本身的特点和性质致使无法收集。这一点可以从相反方向判断，即如果不借助法院的职权，在同一条件下其他人可以取得证据的，则不予调取；（2）因对方当事人或者第三人的妨碍行为致使一方当事人无法收集；（3）因存在特殊情况无法收集或者难以收集。"❶ 本条司法解释规定，包括档案材料、秘密材料以及兜底条款。第（三）项是一个弹性条款，实际是除前两种情况以外的兜底条款。对该兜底情形的掌握上，必须仅限于确因客观原因不能自行收集的其他材料，比如当事人年老体迈、因病住院等自身存在的特殊情形。

2. 当事人的书面申请

"书面申请人民法院调查收集"是指当事人应当书面提出申请。在这里，是指当事人应当在原审规定的期间以书面形式提出申请。申请书应当载明被调查人的姓名或者单位名称、住所地等基本情况、所要调查收集的证据的内容、需要由人民法院调查收集证据的原因及其要证明的事实。一般情况下，由于当事人对证据的位置、由谁掌控等情况比较了解，为了便于诉讼资源的合理分配，故在原审期间当事人不仅要提出书面申请，还要提供相关的证据线索。人民法院调查收集证据对当事人利益影响较大，申请以书面形式提出可增强申请的严肃性和公开、公正性，维持人民法院发现客观真实与司法中立性的平衡。

3. 应当在举证期限届满前提出申请

（二）人民法院认为审理案件需要的证据

《民事诉讼法》第六十四条第二款规定："人民法院认为审理案件需要的证

---

❶ 李浩. 民事证明责任研究［M］. 北京：法律出版社，2003(9):100-101.

据，人民法院应当调查收集。"《〈民事诉讼法〉司法解释》第九十六条沿用《民事证据规定》第十五条、第十六条的思路和主要内容，进一步整理、补充和细化，规定为："民事诉讼法第六十四条第二款规定的人民法院认为审理案件需要的证据包括：（一）涉及可能损害国家利益、社会公共利益的；（二）涉及身份关系的；（三）涉及民事诉讼法第五十五条规定诉讼的 ❶；（四）当事人有恶意串通损害他人合法权益可能的；（五）涉及依职权追加当事人、中止诉讼、终结诉讼、回避等程序性事项的。""除前款规定外，人民法院调查收集证据，应当依照当事人的申请进行。"理解该条须注意：一是将《民事证据规定》"涉及可能有损国家利益、社会公共利益或者他人合法权益的事实"中可能损害他人合法权益的事实，内涵比较笼统，这次作解释时，结合 2012 年《民事诉讼法》第一百一十二条打击恶意诉讼内容予以整合，移至第（四）项；二是增加"涉及身份关系"的事实，主要考虑到身份关系涉及社会基本伦理，具有社会公共利益的属性，自认规则中排除身份关系，也是出于此原因；三是《民事诉讼法》第五十五条公益诉讼中，需大力发挥人民法院职权作用，调查收集证据；四是程序性事项，沿袭了《民事证据规定》的内容。五是该条规定的 5 种情形非常明确，没有兜底条款，也没有扩大适用的余地。司法实践中，人民法院遇有当事人诉讼能力弱的情形时，在遵守法律、司法解释的前提下，可以行使释明权，引导当事人调查收集证据。

九、质证与认证

（一）质证

所谓质证（Cross Examination，Examination of Evidence），是指一方当事人对对方当事人业已提出的证据通过质疑、辩驳和相应的说明、解释等方式呈现其内容，并直接影响法官判断认定证据的一项诉讼活动。质证的关键在于双方当事人从对立的角度展开的相互作用，其本质在于对对方证据的质疑。质证的基本原理首先在于，站在对立或相反立场上的主体围绕证据的对质辩驳可以使

---

❶ 指向公益诉讼。

案件信息的获得更加全面完备。在此意义上可以说，质证是为法官作出裁判之前必须做到"兼听则明"的制度性保证，意味着把一种认识论上的常识上升到法律规范要求的高度。质证制度的另一项原理是，质证本身是当事人参与民事诉讼中最重要的诉讼权利之一。也就是说，在当事人双方进行对抗而法官居中裁判并最终做出判定的诉讼结构中，质证给当事人提供了一种非常重要的程序保障。在质证制度中，程序保障主要是指由于从制度上保证了当事人能够按照自己意愿充分地展开攻击防御等诉讼活动，所以当事人必须对诉讼达到的结果承担风险或负有责任。❶

从民事诉讼法理论来看，辩论主义仅适用于主要事实的原理决定了主要证据必须经过质证才能作为认定事实的依据。辩论主义要求，只有当事人在诉讼中提出的事实，并经过辩论才能作为法院裁判依据。大陆法系国家民事诉讼中的辩论主义虽然与我国民事诉讼法理论中的辩论原则概念不同，但是建立于私权自治以及利用当事人利己之心尽力收集、提供诉讼材料基础之上的辩论主义，认为"当事人主张责任的范围被限定在主要事实上"❷。而主要事实又是为主要证据所证明的，若裁判认定的主要事实依据的主要证据未经过当事人自身的质疑、辩论，便应认为是在诉讼过程中没有切实保障当事人拥有并现实地行使质证的权利，审判的结果将不能以当事人自行负责的理由来获得正当性。

《〈民事诉讼法〉司法解释》第一百〇三条规定："证据应当在法庭上出示，由当事人互相质证。未经当事人质证的证据，不得作为认定案件事实的根据。""当事人在审理前的准备阶段认可的证据，经审判人员在庭审中说明后，视为质证过的证据。""涉及国家秘密、商业秘密、个人隐私或者法律规定应当保密的证据，不得公开质证。"第一百〇四条规定："人民法院应当组织当事人围绕证据的真实性、合法性以及与待证事实的关联性进行质证，并针对证据有无证明力和证明力大小进行说明和辩论。""能够反映案件真实情况、与

---

❶ 王亚新.民事诉讼中质证的几个问题——以最高法院证据规定的有关内容为中心［J］.法律适用，2004(3):3-6.

❷ 王亚新.对抗与判定：日本民事诉讼的基本结构［M］.北京：清华大学出版社，2002: 105.

待证事实相关联、来源和形式符合法律规定的证据，应当作为认定案件事实的根据。"

（二）认证

民诉法上的认证是指法官依法审查判断证据，进而认定案件事实的一种审判活动。《〈民事诉讼法〉司法解释》第一百〇五条规定："人民法院应当按照法定程序，全面、客观地审核证据，依照法律规定，运用逻辑推理和日常生活经验法则，对证据有无证明力和证明力大小进行判断，并公开判断的理由和结果。"该条是有关如何认证的规定。

认证的过程是法官依据良知和理性，运用逻辑推理和日常生活经验法则，对证据证明力的有无和大小独立地、自由地进行判断，并以此作为裁判的基础。这种表述，也被称为自由心证。现代自由心证制度是抛弃传统自由心证制度的非理性、非民主的因素，既强调法官的心证自由，也强调法律规则对法官心证必要地规制，强调心证过程与结果的公开。该条解释规定了公开心证的理由和结果，既是克服传统自由心证隐秘性的需要，也是定纷止争的需要。因为法官将自己接受的裁判基础公开，并以说服、训示和教化等方式灌输给当事人，才能使当事人做出接受认定事实的表示，进而形成法官和当事人在认识上达到"事实清楚、是非分明"的共有状态，基于这种共有状态所做的最后裁判结果才能易于被当事人所接受。与此紧密相关的是，只要当事人拒绝认识的共有，不以停止争议的实际行动接受法官判断的话，纠纷就不可能真正平息。❶ 由此可见，公开心证的理由和结果对最终裁判可接受性的决定性作用。

十、合法证据与非法证据

《〈民事诉讼法〉司法解释》第一百〇六条规定："对以严重侵害他人合法权益、违反法律禁止性规定或者严重违背公序良俗的方法形成或者获取的证

---

❶　王亚新. 对抗与判定：日本民事诉讼的基本结构［M］. 北京：清华大学出版社，2002：199.

据，不得作为认定案件事实的根据。"该条规定了民事诉讼中的非法证据排除规则。

（一）三种不合法的证据之一

证据能力与证明力是证据法中十分重要的一组概念，两者之间既有区别，又有联系。证据能力是指一定事实材料作为诉讼证据的法律上的资格，故又称为证据资格；证明力是指证据事实对案件事实的证明价值。前者涉及有无问题，后者涉及大小问题。前者是由法律作出规定或者法院通过司法解释、判例来确定，后者一般由法官依照自由心证的原则加以判断。只有先具备了证据资格而后才能有证明力的问题，因而在证明活动中首先要解决证据资格的问题。法庭首先要审查证据资格或证据能力，如果缺乏证据能力，则应当排除出去，不在诉讼中采纳。故合法性又同证据是否应当采纳与排除联系起来。在正常情况下，证据越多越容易发现案件事实，易于作出裁判；在常态下，证据一般也不预先加以排除，而是推定为有证据能力，除在少数情况下才产生证据不合法的问题。在我国民事诉讼中，有 3 种不合法的证据材料：一是形成证据的主体不合法，如无鉴定人资格的人出具的鉴定意见；二是证据材料的形式不合法，如当事人摘录工商登记材料未加盖工商部门印章；三是收集证据的形式不合法，如采用严重侵犯他人合法权益的方法收集证据。诉讼中非法证据排除问题，一般都是指排除程序不合法的证据材料。

（二）非法证据排除来源

非法证据排除问题，最初源自刑事诉讼，也主要发生于刑事诉讼中。刑事诉讼中的非法证据排除，可以分为以非法手段获得的被告人的供认和被告人供认以外的其他证据，后者包括通过非法的搜查、扣押、窃听等手段获得的证据。前者，根据联合国相关公约，各国普遍予以采纳；后者，各国的实践差异较大。美国是最早确立非法证据排除的国家。早在 1914 年，联邦最高法院通过解释《宪法修正案》第四条在维克斯 vs. 合众国一案的判决中提出了非法证据排除规则。第四修正案规定："人们保护自己的人身、房屋、文件及财产不受任何无理搜查和扣押的权利不容侵犯；除非是由于某种正当的理由，并且要有宣誓或誓言的支持并明确描述要搜查的地点和要扣押的人或物，否则均不得签发搜查证。"直至 1961 年，通过判例才将该规则适用于各州。以往的民事非法证据排除研究，主要是指以非法手段获取书证、物证、视听资料等，与刑事诉讼中的非法证据排除规则一种情况类似，因而做了比较研究。

（三）该规则在刑事诉讼中与民事诉讼中不同

实际上，刑事诉讼与民事诉讼中的非法证据排除存在很大差别，比如美国在民事诉讼中无非法证据排除规则，认为在刑事诉讼中，主要防止公权力侵犯私人行为；而民事诉讼中非法取证，若违法会受到追究，与证据能力不相干。故在民事诉讼中未排除私人违法收集的证据。

（四）各国立法例差别较大

与美国同一法系的英国，对待非法证据排除上与美国不同。刑事诉讼中，是否排除违法取得的证据由法官裁量决定；民事诉讼中，则未排除非法证据。

德国、法国的刑事诉讼、民事诉讼中，对违法取得的证据，未采用排除的方法，而是由法官根据自由心证原则，对证据证明力作出自由判断。法律未对证据能力做出限制。

日本刑事诉讼中受到美国影响，先依据"重大违法"标准（1975 年）来排除非法证据，后在民事诉讼（1977 年）中也将此作为排除非法证据的标准。

（五）《〈民事诉讼法〉司法解释》比先前规定更加合理

我国最早规范非法证据始于 1995 年最高人民法院做出的 2 号批复。最高人民法院就河北省高级人民法院冀高法〔1994〕39 号请示，做出《关于未经对方当事人同意私自录音取得的资料能否作为证据使用问题的批复》，答复如下："证据的取得首先要合法，只有经过合法途径取得的证据才能作为定案的根据。未经对方当事人同意私自录制其谈话，系不合法行为，以这种手段取得的录音资料，不能作为证据使用。"该批复首开民事诉讼中非法证据排除之先河，但各界褒贬不一。2001 年最高人民法院《民事证据规定》第六十八与第七十条从正反两方面予以规定。总体上，非法证据排除需要引入利益衡量的方法，也要考虑当事人收集证据能力弱的现实国情。《〈民事诉讼法〉司法解释》再次修订，在最高人民法院审理委员会讨论中，一些刑事委员提出，民事证据应当更加严格些，故规定"对以严重侵害他人合法权益、违反法律禁止性规定或者严重违背公序良俗的方法形成或者获取的证据，不得作为认定案件事实的根据"。

十一、当事人到庭作证与证人出庭作证

（一）当事人出庭作证

《〈民事诉讼法〉司法解释》第一百一十条规定："人民法院认为有必要的，可以要求当事人本人到庭，就案件有关事实接受询问。在询问当事人之前，可以要求其签署保证书。""保证书应当载明据实陈述、如有虚假陈述愿意接受处罚等内容。当事人应当在保证书上签名或者捺印。""负有举证证明责任的当事人拒绝到庭、拒绝接受询问或者拒绝签署保证书，待证事实又欠缺其他证据证明的，人民法院对其主张的事实不予认定。"上述是关于当事人到庭接受询问以及拒绝接受询问的后果的规定。

由于在一些特殊情况下，案件的待证事实除当事人陈述之外没有其他证据证明，如民间借贷案件中款项交付的事实真伪不明，简单根据举证证明责任分配规则进行裁判，驳回当事人诉讼请求，有时会引起裁判是否公正、法官是否尽到职责的质疑。因此，该解释中参考大陆法系国家的经验，将人民法院询问时的当事人陈述作为一种特殊情形，赋予其独立的证据效力。该条内容有 3：一是"人民法院认为有必要的"，虽然说人民法院可以行使裁量的权力使用该方法，但一般是指证据已经穷尽，而待证事实仍处于真伪不明的情况下，可以对当事人进行询问；二是询问当事人时的保证书。起草司法解释中曾使用"具结"，后为了便于理解、通俗易懂，改为签署保证书，其内容应当

包含对如实陈述的保证以及虚假陈述愿意接受处罚等。司法实践中，要求当事人朗读保证书内容，可以起到类似于英美法系出庭作证的宣誓效果；三是当事人拒绝接受询问的后果。负有举证证明责任的当事人拒绝到庭、拒绝接受询问或者拒绝签署保证书的，在待证事实真伪不明的情况下，应承担不利后果。

（二）证人出庭作证

证人证言是民事诉讼中最常见的证据形式之一，也是各国普遍承认的一种重要的证据类型。但在我国的司法实践中，较少得到运用。关于证人出庭的必要性，归纳起来有两个主要理由或根据：一是发现案件真实，分为提高证人证言的可靠性和方便法官正确认证；另一个是确保审判的正当性，分为体现直接言辞原则和保障当事人当面质证的诉讼权利。[1]英美法系国家奉行证人中心主义，证人证言在所有证据类型中居于核心地位，大陆法系国家证人证言的地位虽然不如英美法系国家，但仍然是一种重要的证据类型。证人证言从性质上区分为专家证人的意见证言；即专家证人基于其具有特定专门学科领域的知识或者经验而提供的证言，以及普通证人的感知证言，即普通证人依据自己感官获得的记忆而提供的证言。此处仅解释普通证人的感知证言。

《〈民事诉讼法〉司法解释》第一百一十七条至一百二十条关于证人出庭作证的规定，要义如下：

第一，提出证人、要求其出庭作证的行为，性质上属于提供证据的行为。当事人可以提出申请，人民法院可以依职权要求证人出庭作证。当事人提出申请的方式，在性质上与举证行为相同，因此应当遵守举证期限的要求。为了避免当事人携带证人的随意性，该条解释规定了人民法院许可通知的形式要件，即人民法院的通知是证人出庭作证的前提。

第二，根据《民事诉讼法》第七十四条的规定，增加了证人作证的经济保

---

[1]　王亚新.民事诉讼中的证人出庭作证［J］.中外法学，2005(2):129-155.

障，证人出庭费用最终由败诉一方当事人负担。《〈民事诉讼法〉司法解释》第一百一十八条进一步规定，证人因履行出庭作证义务而支出的交通、住宿、就餐等必要费用，按照机关事业单位工作人员差旅费用和补贴标准计算；误工损失按照国家上年度职工日平均工资标准计算。人民法院准许证人出庭作证申请的，应当通知申请人预缴证人出庭作证费用。

第三，签署保证书。与当事人到庭陈述的保证书相同。意在对证人心理产生威慑，确保证人证言的真实性。

第四，证人拒绝签署保证书的，不得作证，并自行承担相关费用。

十二、专家证人、鉴定人与专家辅助人

（一）专家证人

专家证人一般是具有专业知识和技能的人，是经法庭任命的专家，独立于双方当事人。

（二）鉴定人

《民事诉讼法》第七十九条规定，当事人可以申请人民法院通知有专门知识的人出庭，就鉴定人作业的鉴定意见或者专业问题提出意见。

（三）专家辅助人

专家辅助人是指在诉讼中协助一方当事人就有关专门性问题提出意见或者对鉴定意见进行质证，回答审判人员和当事人的提问，由当事人聘请的专家。专家证人与专家辅助人功能上存在差异，前者是辅助法庭查明事实，可谓是法官的"专业助手"；后者是辅助当事人充分有效完成诉讼活动，与日本民诉法中的"诉讼辅助人"非常相似。《〈民事诉讼法〉司法解释》第一百二十二条规定："当事人可以依照民事诉讼法第七十九条的规定，在举证期限届满前申请一至二名具有专门知识的人出庭，代表当事人对鉴定意见进行质证，或者对案件事实所涉的专业问题提出意见。""具有专门知识的人在法庭上就专业问题提出的意

见，视为当事人的陈述。""人民法院准许当事人申请的，相关费用由提出申请的当事人负担。"第一百二十三条规定："人民法院可以对出庭的具有专门知识的人进行询问。经法庭准许，当事人可以对出庭的具有专门知识的人进行询问，当事人各自申请的具有专门知识的人可以就案件中的有关问题进行对质。""具有专门知识的人不得参与专业问题之外的法庭审理活动。"这里需注意的是，专家辅助人是否具备相应的资格和能力，取决于当事人的认识，人民法院对其资格不作审查。

1.3 王晔：知识产权——利益的博弈与平衡

王晔：北京慧龙律师事务所合伙人、律师、专利代理师、商标代理人、世界知识产权组织中国区顾问、北京大学法学博士。

讲座时间：2015年3月18日

引言：五笔字型输入法案例

1978年，河南省南阳地区科学技术委员会（简称"南阳科委"）工作人员王永民开始研究汉字输入技术。1980年，著名语言文字学家郑易里先生，公开介绍了多年研究的汉字输入编码方案。河南省南阳地区科委正式立项，实施郑易里先生的"96键汉字编码方案"，课题的名称为"汉字编码键盘"，由王永民负责。1984年4月，王永民以个人名义将"五笔字型"第一版申请了美国和英国专利，并分别于1986年和1987年获得专利授权，人们习惯称之为五笔字型输入法第二版技术。1985年，王永民对于五笔字型输入法又进行了改进，产生了第三版技术。1985年4月1日，我国专利法正式实施，王永民向中国专利局提出"优化五笔字型编码法及其键盘"的发明专利注册申请。同时在申请专利的过程中，王永民也不断对该专利进行改进。1986年3月，五笔字型输入法第四版的技术完成，但是，王永民没有对第四版的技术提出专利注册申请。王永民当时认为，第三版技术和第四版技术之间改进和进步的部分并不是太大，第四版技术不能获得专利注册。就因为这么一个疏忽，为以后留下了隐患，并造成了无法弥补的损失。

1992年，河南东南技术贸易有限公司（简称"东南公司"）在其制造销售的东南汉卡中使用了五笔字型第四版技术。1992年2月26日，五笔字型输入法第三版（优化五笔字型编码法及其键盘）技术获得专利授权，权利人为王永民的北京王码电脑有限公司（简称"王码公司"）及另外3家单位。王码公司向法院起诉，要求东南公司停止对"优化五笔字型"专利的侵权，并且赔偿损失人民币 40 万元。

一审法院审理认定：五笔字型输入法第三版技术与第四版技术实质上是一种依存关系，或称从属关系。第四版技术确实有一部分技术因素是第三版技术所不具有的，但是第四版技术又包含了第三版技术的必要技术特征。因此，实施第四版技术时应当与第三版技术专利权人协商，对其中含有第三版技术部分应当支付合理的使用费。被告在使用五笔字型第四版技术时，未与第三版技术专利权人进行协商，未支付合理的使用费，损害了原告的利益，应予补偿。一审法院判决：东南公司向王码公司支付人民币 24 万元；东南公司今后继续使用第四版五笔字型技术，应当与王码公司协商，支付合理的费用。东南公司不服一审判决，上诉到北京市高级人民法院。北京市高级人民法院经过审理后判决：东南公司虽然在东南汉卡中使用了五笔字型第四版技术，但是，第三版专利技术与五笔字型第四版技术是两个计算机汉字输入方案，二者不存在覆盖和依存关系，因此，东南公司在东南汉卡中使用五笔字型第四版技术，不构成对第三版"优化五笔字型"专利权的侵犯。所以，北京市高级人民法院撤销一审法院判决，驳回王码公司的诉讼请求。对于此案，人们会怀疑，什么是知识产权？知识产权法律保护的是什么？

一、什么是知识产权？

知识产权的表现形式有专利权、商标权、版权等。我认为，知识产权用一句话来概括，就是创造者对其智力劳动成果所拥有的精神权利和财产权利，它是智力劳动所产生的一种结果，并对其拥有一定的权利。

《与贸易有关的知识产权协定》（简称 TRIPS）开宗明义提出：知识产权是私权（Intellectual Property Rights are Private Rights）。这种私权，有些人主张是一种天赋人权。但是，这种私权与其他所有者对有形资产的权利是不同的，有其特性，这种私权必须依据公权力才能得以实现。知识产权的确定、行使、获益，需要通过公权力的立法、司法、行政权力予以确认和保护。这与知识产权的特性有关。知识产权的"三性"，无形性是其中的一个主要的特性。怎么固定无形资产的权利、怎么确认其权利、如何对其予以保护，脱离不了公权力的行使。在立法、司法、行政上，利用公权力对知识产权进行保护，这种私权利才能实现。在这个过程中，国家就用立法权来确定知识产权的范围、种类、特性，保护的范围。行政机关依法对知识产权进行审查、授权。国家司法机关依法对知识产权进行保护。在国际范围内，则通过各种国际条约来对知识产权进行规定。

公权力对私权利的确认，最主要的是确认知识产权的独占权。这个权利与其他的有形资产权利是不一样的。法律规定，未经权利人同意，任何人均不得以任何形式行使知识产权：不得使用、制造、销售、进口知识产权产品。这是法律对专有权利的规定。实际上，知识产权的专有性、知识产权的垄断性，不仅简单地体现在这些方面，还体现在知识产权法律的各种规定当中。

在版权领域，依据《保护文学和艺术作品伯尔尼公约》（简称《伯尔尼公约》）和《与贸易有关的知识产权协定》，作者在成员国范围内对其作品享有独占权——版权；在专利领域，依据各种法律规定，发明者就可能对其技术发明，在世界范围内享有独占权——可专利性中的新颖性规定。专利法里规定专利的权利当中，隐含了一个非常独特的独占——专利技术的新颖性问题。发明获得专利权的条件之一，就是具有新颖性。其含义，就是这个技术发明，一定是在全世界范围内唯一的、是新颖的，这样才能确定该技术发明的可专利性，才能符合专利的条件。专利的独占性，还有一个地域性问题。知识产权有一个属性——地域性。任何一项知识产权想得到法律的保护，必须要在你寻求法律保护的国家进行申请注册。如果没有授权注册，法律是不能进行保护的。获得注册后，在该国地域范围内就是唯一的。

在商标领域，依据各国法律，享有该国地域范围内的独占权——相同性、类似性、近似性规定。商标的独占性，其实也有一个新颖性的问题。要获得一个商标注册，首先在注册的地域范围内，在确定的商品范围类别中，一定不能存在相同或者相似的商标，如此才能获得商标权。如果有第二个相同或近似的商标，就不能获得商标权。

二、知识产权的限制

知识产权的独占性是法律赋予的，它与有形资产的属性是不同的。知识产权有时被称为垄断权。❶这些在信息方面确立产权的每一种方法（专利制度、商

---

❶ Peter Drahos. A Philosophy of Intellectual Property [J]. Dartmouth Publishing Company Limited, 1996: 145.

标制度、版权制度）的显著经济特征，在于这些产权都是垄断权。[1] 法律赋予知识产权权利人以专有权，使其在一定领域形成独家垄断。这种垄断权存在于社会中，形成与经济学所涉及的垄断市场相似的情形。如果不对其进行适当的限制，容易对市场经济、社会、对公共利益产生消极作用。根据经济学理论，市场竞争程度越高，经济效率越高；反之，市场垄断程度越高，经济效率越低。而垄断市场的经济效率在各种市场形式中是最低的。

如图 1-1 所示，在 MR（边际收益）曲线与 MC（边际成本）曲线相交于 E 点时，边际收益等于边际成本，厂商得到了增加产量的全部好处，其利润达到最大值。该点就是厂商生产的均衡点，在这一点上厂商决定产量为 OQ。产量确定后，在需求曲线上对应于产量的点为 F，其对应的价格为 P。表明，在垄断市场情况下，根据市场需求情况，在产量为 OQ 情况下，其价格为 OP。OP 就是该厂商的市场垄断价格。市场价格乘以产量，就是厂商的总收益，即图 1-1 中 OPFQ 的范围。而该厂商的总成本是产量与平均成本的乘积，即图 1-1 中 OHGQ 的范围。总收益 OPFQ 减去总成本 OHGQ，剩余的 HPFG，就是该厂商的超额利润，即垄断利润。这一垄断利润有时远远超出其制造成本。例如，美

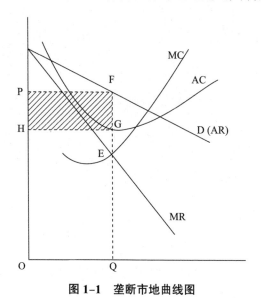

图 1-1 垄断市地曲线图

[1] 罗伯特·考特，托马斯·尤伦.法和经济学 [M].张军、陈昕译.上海：上海三联书店，1991：185.

国微软公司，在销售其英文版 Windows95 软件的最初 10 天内，净收入高达 1 亿美元，而该软件的生产成本只有几百万美元。[1] 为了获得垄断利润，垄断厂商或是控制产量，以保持其高于平均成本的垄断价格；或是制定较高的垄断价格，以保持其获得较高的垄断利润。因此，消费者购买该厂商的商品，就要付出比较高的价格，没有实现社会福利的最大化。

社会的目的可以认为是在相关的技术或资源的限制下，使社会效用或社会福利达到最大。换句话说，即在一定的环境中选择一个能产生最高社会福利的社会状态。[2] 图 1-1 所示垄断厂商的利润最大化状况，并不是最有经济效益的状态。如果厂商再增加产量，让消费者以低于垄断价格但大于边际成本的价格购买该产品，则社会福利得到了进一步的提高。

如图 1-2 所示，如果厂商将价格降低到垄断价格 P 点之下、社会平均成本 H 点之上、与边际成本等于社会需求的 F′ 点相对应的 P′ 点，社会需求量就可以增加到 Q′ 点。社会总产量增加，社会公众因此就会获得较多的利益，而该厂商的商品价格 P′ 仍高于产量变动后的平均成本（与 AC 曲线上 G′ 点相对应的 H′

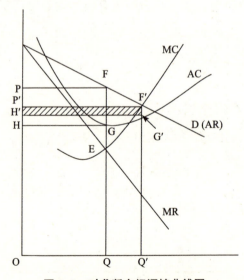

图 1-2　对垄断市场调控曲线图

---

[1]　陈昌柏 . 知识产权经济学 ［M］. 北京：北京大学出版社，2003(11):44.

[2]　肯尼思·约瑟夫·阿罗 . 社会选择：个性与多准则 ［M］. 钱晓敏，孟岳良，译 . 北京：首都经济贸易大学出版社，2000: 36.

点），仍可获得经济利润（H′P′F′G′ = OP′F′Q′ − OH′G′Q′），其利益仍可得到相应的保障。

个人与社会、个人与国家之间的关系，是现代法律的精神枢纽，二者之间并不存在非此即彼的"二律背反"关系，而是一种内在的有机统一体。[1]在确定知识产权政策时，应当寻求权衡权利人与社会公众利益的最优状态。市场交易过程往往会带来利益上的不均衡结构，从而给社会带来某种效益。[2]其垄断价格的适当降低，不但不会使厂商无所收益，反而带动社会需求量增加，促使其产量增加，以满足社会需求，因而增加社会经济效率。

通过给予思想的生产者以垄断权，该生产者就有一种强有力的刺激去发现新的思想。然而，垄断者对产品索取高价，将阻止该产品的使用。[3]法律赋予知识产权权利人垄断权利，通过授予独占权，知识产权权利人在许多方面限制了知识和信息的传播。知识产权人的垄断行为（如相对较小的产出和较高的价格）会不利于新知识和信息的良好传播（从静态来看）。[4]法律赋予知识产权以垄断的力量，造成知识产权商品垄断的情形，不能使相关的社会资源得到最佳配置。

正因为知识产权是一种私权、一种垄断权，为了达到社会效益的最大化，在法律中对知识产权做了诸多限制。最主要的一个原则性限制就是：知识产权不能损害、妨碍社会公共利益。

法律对于知识产权的独占权规定限制和条件，最明显的就是对专利权的规定。发明要获得专利权，必须具备"三性"：新颖性、创造性、实用性。符合这3 个条件，才能获得专利权，获得法律的保护。可专利性的 3 个条件在法律中的规定是很严格的。商标权与版权同样也是这样。虽然大家认为获得一个注册商标非常方便、非常便利，但实际上其要求也是非常严格，比如显著性、区别性、新颖性、绝对禁止的条件等。如一部作品要获得版权的法律保护，必须是原创的。

❶　公丕祥．法制现代化的理论逻辑［M］．北京：中国政法大学出版社，2003：244．

❷　公丕祥．法制现代化的理论逻辑［M］．北京：中国政法大学出版社，2003：111．

❸　罗伯特·考特，托马斯·尤伦．法和经济学［M］．张军，等，译．上海：上海三联书店，1991：185．

❹　Braga Carlos A. Primo, Fink Carsten, Pazsepulveda Claudia. 知识产权和经济发展［M］．姜丹明，何越峰，杨红菊，宋建华，张永华，译．北京：知识产权出版社，2002：294．

只有符合了法律的规定，才能获得知识产权的权利。同时，这一权利不是无期限的，还有时间限制。知识产权是在人类文明及文化发展基础上获得的，不能无限期的占有，影响社会文明与科学的发展。在时间限制上，发明专利权保护 20 年，实用新型专利及外观设计专利保护 10 年，而且还有进一步的限制。获得专利权以后，每年都要进行续展，如果不续期，专利权就会丧失，失去法律保护。有些权利人会忽视了这一点，认为获得了专利权，就当然获得 20 年保护，其实不然。商标权也是一样，法律规定保护 10 年，可以续展下去。但是，还有一个 3 年的限制。即商标法规定，如果注册商标 3 年内不使用，就有可能被撤销。版权保护时间比较长，但也并不是无期限。

还有一些其他方面的法律限制。比如：①专利法规定的对专利的强制许可、法定许可、公平使用，及其保护范围；②商标法规定，商标必须使用在指定商品或服务上，才受到法律的保护；③版权法规定，对受版权保护作品的法定许可使用、公平使用等。

三、对五笔字型输入法专利的分析

根据专利法的规定，单纯的计算机汉字输入技术不能获得专利保护，它们必须与计算机键盘相结合才有可能获得专利保护。汉字五笔字型输入法技术的要点是：汉字拆字方法 + 字根 + 键盘。

五笔字型输入法第一版没有申请专利，第二版申请了美国和英国的专利。第三版技术由 220 个字根 + 键盘构成，第四版技术由 199 个字根 + 键盘构成。对于汉字的输入，实际上是在前人对汉字的拆解基础之上发明创造的，对于公有领域的技术是不能给专利权人以独占权的。在五笔字型汉字输入技术里面，很多都是在前人的编码技术基础上发展起来的，这些公有的技术，不能划定在专利权保护范围之内予以垄断，专利权保护的只能是创新的部分。

汉字五笔字型输入法技术是：汉字拆字方法 + 字根 + 键盘。汉字拆字方法是公有领域的技术，任何人不能垄断、限制他人使用。专利予以保护的，是在字根 + 键盘技术上的创新。五笔字型输入法第一、二版技术是 235 个字根 + 键盘；五笔字型输入法第三版技术是 220 个字根 + 键盘；五笔字型输入法第四版技术是 199 个字根 + 键盘。从字面一看它们之间的区别是非常大的，而且，在键盘分布上还有显著的区别。由此可以看出，五笔字型输入法第三版技术与第四版技术是明显不同的。而第四版技术没有获得专利权，不受专利法保护，由此法院判决东南公司在其制造销售的东南汉卡中使用了五笔字型第四版技术，没有侵犯五笔字型输入法第三版技术的专利权，是符合知识产权法律的精神实质的。

在专利权保护方面，还有一个限制权利滥用的重要原则，就是禁止反悔原则。1989 年 9 月 25 日，王永民在五笔字型输入法第三版技术专利申请时，在答辩中表示，对于汉字输入方法字根的选取和组合，是整个编码设计中最繁重、最艰巨、最重要的工作。整个编码设计过程，是一个字根的选取和科学组合的过程。220 个字根的选取及其最终的排列组合，是发明人多年的心血所在，是本发明的精华和核心。这 220 个字根及其排列，是缺一不可的有机整体，增加、减少或者打乱这些字根，都会使得本发明成为任何人都无法实施的技术。

由此说明，如果打乱了这个编排，那其实是另一个新的技术。按照他的说法，如果做任何的变动，这个技术就不能实施。所以，从禁止反悔原则来讲，五笔字型输入法第四版技术减少了字根并且改变了技术的排列，由此，王永民承认：五笔字型几个版本应当也完全可以成为各自独立的发明专利。所以，二审法院认为，东南公司使用五笔字型输入法第四版技术，没有侵犯到第三版专有技术的专利权。

知识产权法律在于平衡个人权利与社会利益的关系。专利制度的作用，在于保障和促进科学技术不断地进步和发展，一方面要对发明人获得的专利权给予充分的法律保护，另一方面又不能因为保护专利权人的利益而妨碍科学技术的进步。知识产权法律所保护的个人权利范围，是其智力劳动的成果、发明创造的技术，非公有知识、公有技术。垄断公有知识、公有技术，就会阻碍文化、科技创新、发展和进步。

五笔字型汉字输入技术中，有哪些是专利法所保护的专有技术，有哪些是已有的公有知识和进入公有领域的公有技术，通过分析，就会一目了然。

这个案例充分说明了，知识产权法律是个人权利与社会利益的博弈、平衡、协调。专利制度的作用在于保障和促进科学技术不断地进步和发展，一方面要对发明人获得的专利权给予充分的法律保护，另一方面又不能因为保护专利权人的利益而妨碍科学技术的进步。知识产权法律寻求的是权利人利益与社会利益的平衡，这种平衡只是在特定时间、特定范围的平衡。社会是在不断打破旧的平衡，建立新的平衡中进步的。

这个案件判决之后，产生了一定的社会影响。一方面，由于判决认定了五笔字型汉字输入第四版技术是进入公有领域的技术，使得五笔字型汉字输入技术普遍以该技术为基础，得到广泛发展。另一方面，由于第四版技术没有专利权，在五笔字型汉字输入技术普遍发展的情况下，发明人对于其发明创造没有获得经济利益，使得王码公司的发展受到极大的影响，通过我国的 WPS 文字处理技术与微软的 office 文字处理技术的发展对比，就能够看到这种影响。

四、美国专利纠纷案件分析

（一）对黑莓专利案的分析

黑莓智能手机是由移动研究公司（Research in Motion Inc，RIM）发明并制造的产品。RIM 公司在 2000 年，拥有 16 项授权的实用新型专利；到 2007 年末，已经拥有 400 多项美国实用新型和外观设计专利。黑莓手机用户在 2004 年，已经达到 200 万；到 2007 年，黑莓手机已经拥有超过 800 万用户。在黑莓手机专利问题上，与美国 NTP 公司发生了专利纠纷。

NTP 公司是一家持有专利的公司，它本身并不生产、销售产品，主要利润来自向涉嫌侵害专利权的厂商索赔。工程师及发明家康帕纳于 20 世纪 70 年代早期创立了一家公司。20 世纪 80 年代，他专注于无线寻呼机技术，并获得了约 50 项专利。1991 年，他的公司破产倒闭。1992 年，康帕纳先生与美国 Antonelli，Terry，Stout & Kraus 知识产权律师事务所的合伙人唐纳德·史陶特律师，在美国弗吉尼亚合伙创立了 NTP 公司，来管理他的专利组合。

2000 年初，NTP 公司向几家公司发出律师信，其中包括 RIM 公司，告知他们正在侵犯 NTP 公司的专利权，并要求谈判许可 NTP 公司的技术。经过内部核查，RIM 公司认为自己没有侵权，并且没有回应。2001 年 11 月，NTP 公司向美国法院起诉 RIM 公司的黑莓智能手机侵犯了他们无线电子传送邮件的专利权。

美国弗吉尼亚西区地方法院受理了此案。在庭审过程中，RIM 公司试图证明这场专利官司指向的"无线收发邮件"技术，在 NTP 公司发明它的时候，就已经属于公用知识领域了，即是无效专利。法庭支持了这一说法。但是，NTP 公司的代表律师发现，RIM 公司提供的证据并不是真的，而是更为先进的版本，其出现已经是在 NTP 公司"无线收发邮件"专利之后的事了。最终，法庭认定 NTP 公司专利有效，RIM 公司侵权事实成立，并且是主观故意。

2002 年 11 月，陪审团判定 RIM 公司"故意侵权"成立。而且，法官判决，因为在审判过程中有欺骗行为，RIM 公司要承担额外的损害赔偿。RIM 公司要向 NTP 公司支付 5300 万美元的赔偿。其中的 2310 万美元是黑莓智能手机在美国销售和服务收入的 5.7%，作为专利的许可使用费。同时法院判决 RIM 公司要向 NTP 公司支付 450 万美元的律师费。法院同时颁发禁令，禁止 RIM 公司在美国制造或销售黑莓智能手机产品和软件，并停止服务。

RIM 公司向美国联邦巡回上诉法院提起上诉。在 2001 年"9·11"事件期间，当其他手机和设备不能工作时，黑莓手机仍能继续使用。基于黑莓手机的通用性和可靠性，黑莓手机用户很多是政治家、政府雇员、企业高级职员，以及其他非常依赖黑莓设备进行通信的人员。对此，美国国防部发表了一封简要说明，由于大量的政府工作人员使用黑莓产品和服务，保持该系统的运行，对于国家安全非常重要。为防止美国各州及联邦政府人员无法使用设备，2005 年 11 月，美国司法部签发了一份法律文件，RIM 公司可以继续为美国提供通信服务，原因是在联邦政府，实在有太多的人在使用黑莓手机了。

于是出现了法律与现实的冲突、法律利益与社会利益的冲突、公平与秩序的冲突：一方面，RIM 公司的黑莓智能手机侵害 NTP 公司的专利权，法院判决其承担侵权责任，并禁止在美国制造或销售黑莓智能手机产品和软件，停止服务；另一方面，黑莓智能手机在美国有大量的用户，很多是政治家、政府雇员、企业高级职员。如果 RIM 公司停止黑莓手机的服务，势必影响美国政府及商业机构的正常运行，引起社会动荡，不利于美国的国家社会安全。如何处置？理想的情况是，社会的稳定和客户的便利，以及维持 RIM 公司的服务，均不侵害到知识产权的保护。

2006 年 3 月，迫于法庭压力，RIM 公司和 NTP 公司宣布和解，RIM 公司同意付给 NTP 公司 6.125 亿美元赔偿。这一和解协议包括一次性永久付清许可费以及法律费用和损失赔偿费，并涵盖了 NTP 公司拥有和控制的所有专利。同时赋予 RIM 公司不受约束地继续开展所有业务，包括运营黑莓手机的权利，放弃对 RIM 公司合作伙伴、供应商以及与 RIM 公司产品或服务相关的客户的所有权利要求。NTP 公司对 RIM 公司的起诉被撤销，结束了这场法律争斗。随后，RIM 公司的股价，上涨约 13%，每股 27.05 美元，RIM 公司的价值增加了 6 亿美元。

通过上述案例及其对社会的影响，我们可以冷静地看到，在这场专利战中，每个当事者都是受害者，同时，也都是受益者。

（二）对苹果专利侵权案的分析

2013 年 5 月，Smartflash 公司指控苹果公司侵犯了该公司由 6 项相关专利构成的"数据存储及准入系统"专利组合，要求获得 8.52 亿美元赔偿。该专利组合目前广泛应用于消费电子产业，如：智能手机、游戏机、便携式卫星导航设备、机顶盒、平板电脑、App Stores（应用程序商店）、便携式计算设备、智能电视、数据访问系统等领域。该专利组合涵盖的技术范围包括但不限于数字权限管理以及支付服务系统。Smartflash 公司诉称，iTunes 作为苹果于 2001 年推出的用于播放、管理数字音乐与视频文件的媒体播放器应用程序，使用的相关技术均落入了涉案专利的要求范围，构成对其涉案专利组合的侵犯。此外，与 iTunes 保持有极高关联的 iTunes Store、App Store、iBookstore 等苹果其他软件，以及 iPhone、iPad、iPad Mini 和 iPad Touch 及 iAds 广告等产品与服务，亦未幸免均使用了涉案专利组合相关技术。

Smartflash 公司声称苹果公司有意侵犯他们的专利。早在 2000 年，涉案专利的发明人帕特里克·瑞兹（Patrick Racz）曾与多名人员讨论过涉案专利技术，而苹果现任高管奥古斯丁·法鲁贾（Augustin Farrugia）也是参与人员之一。2015 年 2 月 24 日，美国联邦法院法官裁定，苹果公司的 iTunes Store 和 App Store 等软件产品，在未经允许的情况下使用了 Smartflash 公司的专利发明，侵犯了 Smartflash 公司持有的数字权限管理、移动设备使用的 3 件数据储存和支付管理相关专利，并要求苹果向后者支付 5.329 亿美元赔偿。Smartflash 公司由帕特里克·拉奇（Patrick Racz）于 21 世纪初期创立，他于 1999 年发明了数据存储及准入系统的相关系统技术，并以此衍生出相关的专利组合发明。Smartflash 公司自身并未销售任何产品，其只是通过持有的 7 项专利进行授权而获得收入。除了苹果公司之外，Smartflash 公司还以相同诉由将三星、谷歌、亚马逊及 HTC 等知名科技企业诉至了法庭。

此案判决作出后，苹果公司随即发布声明，称：Smartflash 公司不制造产品、没有员工、不会为社会创造工作岗位，却利用苹果的发明创造来攫取专利许可费，这并不合理。

（三）对 NPE 行为的分析

对于 NTP 公司和 Smartflash 公司这类非实业机构（Non-Practice Entity, NPE）的公司来说，它们没有自己申请的专利技术，而是通过购买专利获得专利权，或者只是单纯地持有相关专利，不是通过运用专利技术经营实体制造业获利，而是通过专利授权，或者通过利用专利权起诉别人来获利，有的人称之为"专利流氓"或"专利蟑螂"。在知识产权所涉及的各种利益博弈当中，这种非实业机构的行为是不是应当得到法律的认可？它们的权利是否正当？它们的利益是否合法？是否应当依法获得保护？它们是不是不劳而获的恶棍、流氓？它们的行为是不是应当予以道德上的谴责，抑或受到法律的限制及惩处？这涉及如何客观地看待 NPE 及其行为？

罗伯特议事规则 ❶ 中有一项重要的原则：不质疑动机——不能以道德的名

---

❶　根据亨利·马丁·罗伯特撰写的《议事规则袖珍手册》（Pocket Manual of Rules of Order）所形成的"罗伯特议事规则"，是美国最广受承认的议事规范。这套规则对如何提出议事事项、如何听取和发表意见、如何提出动议和如何表决，都有非常详细的规定。《议事规则袖珍手册》于 1876 年出版，几经修改后于 2000 年出了第十版。

义去怀疑别人的动机。因为：首先，动机不可证；其次，要审议的不是某个"人"，而是某件"事"，对动机的怀疑和揭露本身就是对议题的偏离；最后，利己性是人类共有的本性，在不侵害他人和社会的利益前提下，追求利益最大化并不为过，指责他人动机毫无意义。

第一，NPE 获得的知识产权是否正当合法？NPE 的专利，或者是其自主研发获得的，或者通过收购专利而获得的，其来源并无不合法；第二，NPE 不自主应用专利技术生产专利产品是否为法律所禁止？各国法律并无此禁止性规定，只是在危及社会公共利益时，规定对相关专利实行法定强制许可；第三，NPE 向使用专利而不支付许可使用费的行为主张权利是否不合法？维护知识产权权利人的合法利益，促进社会科技文化不断发展，正是知识产权法律精神所在。知识产权权利人向使用其专利的行为主张权利，正是法律所赋予的权利，并无不当；第四，NPE 的行为是否是对社会秩序的破坏，是否造成社会秩序的混乱？NPE 只是依法维护自身合法利益，并对疏于合法使用他人知识产权的行为予以警示和教训，并未造成知识产权领域秩序的破坏和混乱，反而促进正常合法秩序的建立和遵从，是对社会发展有益的行为。

通过以上分析可以看出，NPE 的行为正是利益博弈的正当行为，它对于知识产权领域的法律秩序并无造成伤害，并未获得不当利益，反而使权利人的合法利益得到实现，推进了知识产权领域正当秩序的建立与发展。

总结起来，对于知识产权的保护，纠缠着各种利益，在相互之间的博弈当中，求得某种平衡。当形势、环境、条件、利益发生变化之后，原有的平衡被打破，各种新的利益通过新的博弈达到新的平衡，以此维护着社会秩序的稳定和发展。林肯说了一句经典的话："专利制度是为天才之火添加了利益的燃料。"这就是说，利益在知识产权这个领域里面，是一只看不见的手，它推动着知识产权制度的不断发展。同时，我们还应看到，在知识产权领域充满着利益的博弈，在维护权利人合法利益的同时，也限制着权利人权利的滥用，维护着社会的共同利益。归根结底，可以说，知识产权是"利益的宠儿"。

1.4　喻湜：知识产权侵权案件的审理要素及处理实例

喻湜，深圳市南山区人民法院知识产权庭审判员。

讲座时间：2018 年 10 月 20 日

知识产权涉及知识产权的创造、管理使用和保护多个方面。知识产权的司法审判处在知识产权的司法保护部分，属于知识产权保护的一个环节，也是保护知识产权的最后一道防线。作为知识产权的一线审判法官，我在案件的审理过程中发现，在知识产权的这些案件中，争议问题是可以类型化的，也可以把这些争议问题总结出一个共同的特点，我把这些争议问题叫作审理要素。

知识产权审理案件的侵权案件应该至少要包含 6 个要素，分别是权利基础、权利主体、被控行为、侵权构成、特殊免责、损害赔偿。其中，权利基础、权利主体、被控行为、侵权构成、特殊免责属于知识产权侵权认定的审理要素，损害赔偿是在侵权认定之后确定侵权责任的审理要素。此部分内容只涉及权利基础、权利主体、被控行为、侵权构成、特殊免责 5 个审理要素，损害赔偿审理要素留待以后探讨。

一、权利基础

知识产权具有无形性的特点。审理知识产权案件的第一步，就要确定无形的东西是不是知识产权的客体，能否被知识产权所保护。知识产权的客体并不可以通过当事人的约定所创设，审理知识产权侵权案件首先要考虑的是权利的客体是否属于知识产权保护的范围，即是否具有权利基础。

知识产权包括专利、商标和著作权等多种权利形式，商标和专利需要行政机关审查登记才能够取得，所以审查其权利基础比较容易，只需审查商标权证书、专利权证书是否合法有效。但是像著作权，其并不经过行政机关的审批，而且是一经创造就自动享有，所以对这一类知识产权的认定，难以寻求通常的做法来处理。接下来用几个案例做具体分析。

案例一：固件是否属于计算机软件的保护范围

深圳市和芯润德科技有限公司（简称"和芯润德公司"）研发的 USB 接口以太网控制器集成电路固件程序软件应用于和芯润德公司生产的 9700 芯片中。被告人罗开玉的深圳市久洲集翔电子有限公司（简称"久洲公司"），专门从事电子产品的销售；被告人徐振成立深圳市友芯电子商务有限公司（简称"友芯公司"），专门从事芯片的研发、设计。2014 年 4 月 11 日，被告人罗开玉以久洲公司的名义委托友芯公司研发仿冒的 9700 芯片，并提供和芯润德公司的正版 9700 芯片。被告人徐振、朱晓勇组织技术人员对正版 9700 芯片（含上述固件程序软件）各层电路布局进行拍照，然后提取、分析数据信息，后将提取的代码数据、电路图等提交给和舰公司生产出芯片晶圆，再切割、封装为仿冒 9700 芯片成品，数量巨大。

经鉴定，和芯润德公司软件源代码经编译生成的 ROM 数据与其型号为 9700 芯片的 ROM 数据相同，两者具有同一性。从被告人罗开玉处提取的芯片 ROM 层与和芯润德公司 9700 芯片的 ROM 层数据信息相似度 99.998%，均只有 4 位数据不同（共计有 13 万多个数据信息位置）。

此案件中，3 位被告人仿冒 9700 USB 网卡芯片的动机、目的和行为非常清楚。3 位被告人对提取分析正版 9700 芯片数据信息后，将提取的代码数据用于生产假冒的 9700 芯片的事实供认不讳。仿冒芯片和正版芯片的 ROM（只读存储器）层数据信息基本相同，涉嫌侵权的复制品的数量也已经查实，案件事实非常清晰。但是要认定 3 位被告人构成侵犯著作权罪，首先要解决一个重要的问题，就是已经固化到只读存储器中的固件程序是否属于受著作权法保护的计算机软件？

和芯润德公司通过烧录的方式，将涉案固件程序固化到 9700 芯片的只读存储器中，其代码数据的表现形式为物理结构。3 位被告通过对 9700 芯片的只读存储器进行分层打磨拍照，反向分析、提取其中的代码数据，然后再进行使用。有观点认为，对硬件的反向工程不属于著作权法所规范的范畴，已经固化到只读存储器中的固件程序是一种硬件结构，分层打磨、反向分析提取的行为，不能认定为是复制计算机软件的行为。

我国的《计算机软件保护条例》第二条以及第三条第（一）项明确规定，计算机软件保护的是计算机程序及有关的文档。计算机程序包括两种，一种是为了得到某种结果而可以由计算机等具有信息处理能力的装置执行的代码化指令序列；另一种是可以被自动转换成代码化指令序列的符号化指令序列，或者符号化的语句序列，即计算机软件的源程序和目标程序。目标程序是代码化的表达形式，也包括可感知的表达形式；源程序是符号化的表达形式，同一计算机软件的各种表达形式之间应当是相互一一对应的，属于同一作品。

固件和固件程序的概念有所区别，固件是载有程序的硬件，固件程序是硬件中的软件。常用的固件程序是一段存储在只读存储器上，在设备启动之后，自动引导配置特定芯片，使之完成特定功能的代码。从性质上看，固化在只读存储器中的这个程序，本身就是代码化的指令序列，可以由计算机等具有信息处理能力的装置执行。其次从固件程序生成的过程来看，固件程序需要首先编写源程序，然后再将源程序编译成目标程序，之后才能烧入到只读存储器中。

参考 1982 年美国的 Apple 公司诉 Franklin 公司案，我倾向于认定固件程序属于计算机软件。计算机软件中受著作权保护的对象为表达，固化在只读存储器中的代码只是改变了代码的存储形式，不能改变软件受保护的事实，固件程序属于受计算机著作权保护的对象。被告人分析反向只读存储器，目的是为了获得其中存储的程序代码。这一反向提取的过程，和从一台计算机中将某个计算机软件的目标程序复制到另一台计算机中，没有本质区别。故该案中被告人属于侵权行为。

案例二：中国喷泉著作权纠纷第一案

北京中科水景科技有限公司（简称"中科水景公司"）一审起诉称，其创作了青岛世界园艺博览会（简称"世园会"）《倾国倾城》《风居住的街道》乐曲的音乐喷泉，并享有著作权。杭州西湖风景名胜区湖滨管理处（简称"西湖管理处"）以考察名义获取了包含涉案作品在内的视频、设计图等资料并交给中科恒业公司，中科恒业公司剽窃涉案音乐喷泉编曲并在西湖施工喷放，侵犯该公司著作权。一审庭审中，中科水景公司解释其请求保护的是涉案的 2 首音乐喷泉的舞美设计、编曲造型、各种意象和装置配合而形成的特定音乐背景下的喷射效果。

《中华人民共和国著作权法实施条例》（简称《著作权法实施条例》），对著作权法所称的作品进行了明确的约定，著作权法所称的作品是文学艺术和科学领域内具有独创性，并能以某种有形形式复制的智力成果。该案中不容回避的问题就是：音乐喷泉的舞美设计、编曲造型、各种意象和装置配合而形成的特定音乐背景下的喷射效果是否属于著作权法中规定的作品？如果是，是哪种类型的作品？

一审法院经审理后认为，音乐喷泉作品所要保护的对象是喷泉在特定音乐配合下形成的喷射表演效果。著作权法虽无音乐喷泉作品或音乐喷泉编曲作品的类别，但作品本身确实具有独创性，应受到著作权法的保护。由于中科水景公司对涉案作品享有著作权，中科恒业公司、西湖管理处曾接触过中科水景公司的相关喷泉视频、资料，西湖音乐喷泉相关曲目的喷射效果又与涉案作品构成实质性相似，故认定中科恒业公司、西湖管理处侵犯中科水景公司对涉案作品享有的著作权，判令二者停止侵权、公开致歉、赔偿经济损失及合理支出共计 9 万元。中科恒业公司、西湖管理处不服一审判决提起上诉。

二审法院对作品类型进行了界定，首先判定该案不能适用《伯尔尼公约》和《著作权法》列举的作品兜底条款，因为并无有关法律、行政法规对音乐喷泉做出过规定。由于涉案客体通过对喷泉水型、灯光及色彩的变化与音乐情感结合而进行的取舍、选择、安排，展现出的一种艺术美感表达，亦满足"可复制性"要求，符合作品的一般构成要件。尽管不同于常见的绘画、书法、雕塑等美术作品静态的、持久固定的表达方式。但是，由于其客体是由灯光、色彩、音乐、水型等多种要素共同构成的动态立体造型表达，其美轮美奂的喷射效果呈现具有审美意义，构成美术作品。

在该案件中，我认为法院在保护创新、促进创造方面已经尽到了最大的努力。法院在理解著作权法的立法目的的时候，是有前瞻性的，著作权法鼓励创新和鼓励作品传播。但是对于把它解释为一种美术作品，我认为存在一些瑕疵。因为美术作品指的是绘画、书法、雕塑等线条、色彩或者以其他方式构成的有审美意义的平面或者立体造型的艺术作品。而音乐喷泉除了一些立体造型外，还有声音、灯光等多种要素的组合。如果我处理这个案件，可能会参考音乐喷泉的设计稿，基于设计稿是否受到保护来判定。因为音乐喷泉表演本身是一种表演的过程，过程不可能完全一致，本身不可复制和重现。

二、权利主体

在确定客体可以受到知识产权保护的前提下，要审查的就是权利属于谁？是否属于提起诉讼的当事人？基于《民事诉讼法》（2017）年第一百一十九条规定的起诉条件，原告必须是与本案有直接利害关系的公民、法人和其他组织。

案例三　原告是否可以以自己的名义提起诉讼

德国海福乐公司在中国注册了"HÄFELE"商标，核定使用商品包括门用金属附件等，且在有效期内。原告中国海福乐公司是"HÄFELE"商标的普通许可使用人，德国海福乐公司保留自行生产、销售，以及许可他人使用许可商标的权利，原告仅享有许可商标的使用权，不享有许可商标的所有权。原告在芜湖万达嘉华酒店 15—21 层客房中发现标有"HÄFELE"商标的浴室门夹，遂以自己的名义起诉该工程的建设方深圳市建装业集团股份有限公司，要求被告停止侵权并赔偿损失。

《最高人民法院关于审理商标民事纠纷案件适用法律若干问题的解释》第四条规定："商标法第五十三条规定的利害关系人，包括注册商标使用许可合同的被许可人、注册商标财产权利的合法继承人等。"但是在第二款又规定："在发生注册商标专用权被侵害时，独占使用许可合同的被许可人可以向人民法院提起诉讼；排他使用许可合同的被许可人可以和商标注册人共同起诉，也可以在商标注册人不起诉的情况下，自行提起诉讼；普通使用许可合同的被许可人经商标注册人明确授权，可以提起诉讼。"

在该案中，中国的海福乐公司是否可以以自己的名义提起诉讼？基于上述法律规定的最后一条，处理该案需要看中国的海福乐公司获得何种授权。

从德国海福乐公司向中国海福乐公司出具的授权书的内容中发现，德国海福乐公司并没有明确授权中国海福乐公司可以以自己的名义提起诉讼，而是授权中国海福乐公司可以代表德国海福乐公司。中国海福乐公司应当是委托代理人的地位，而不是诉讼主体的地位。所以，法官认为原告不具有起诉的主体资格，裁定驳回了原告的起诉。此案原告上诉到深圳中院后，深圳中院也维持了上一审的裁定。

一般情况下，与这个知识产权有直接利害关系的当事人以自己的名义才能起诉。但有一个例外，就是著作权集体管理组织。《最高人民法院关于审理著作权民事纠纷案件适用法律若干问题的解释》，赋予了集体管理组织以自己名义起诉的诉权。这是因为虽然集体管理组织本身不是著作权的权利人，但是著作权人将他享有的著作权交给集体管理组织来进行集体统一管理，因此法律赋予集体管理组织应诉的主体资格。

广东省高级人民法院也发布过《关于审理涉卡拉 OK 场所侵害音像著作权案件的参考意见》，其中第一条规定："非依据《著作权集体管理条例》成立的经营性公司，不是著作权集体管理组织，其通过与音乐词曲作者或 MTV 制片公司等音乐权利人签订合同获得授权，以音乐权利人的名义提起诉讼，人民法院应当受理。但是如果经营性公司以自己的名义提起诉讼的，人民法院依法不予受理，已经受理的应当依法驳回起诉。"这也说明虽然其他经营性公司可以管理音乐权利人的作品，因为在法律不禁止的情况下，应当认可这种行为存在的合理性，但是经营性公司不能以自己的名义起诉，只能以音乐权利人的名义来起诉。

三、被控行为

第三个审理要素称为被控行为，至少要审查 3 个方面的内容：①被告是否实施了被控行为；②被控行为是否可以区分；③被控行为是什么性质。下面通过几个案例进行具体分析。

案例四：被告是否实施了被控行为

原、被告均是同一地区从事水果类经营的经营者，原告称在 2016 年 12 月 21 日，被告在其注册的微信公众号上发布了一篇文章，文章的最后一段称原告的老板患有乙肝病毒，其儿子、媳妇等一家人长期生活在一起，并提醒各位同学最好不要去乙肝病毒患者经营的店铺消费，特别是餐饮类与快速消费类水果类的店铺。实际体检报告显示，原告经营者并非乙肝患者，因此被告微信公众号上的文章捏造了事实并进行谣言散布。但被告辩称涉案的公众号在 2016 年12 月 7 日被盗了，并提交了 12 月 7 日的一个报警回执以及当时 QQ 系统发送的一个被盗的风险提示，称后来工作人员也一直无法正常登录公众号，最后在2017 年的 1 月 6 日才登录成功，故其不具有在 2016 年 12 月 21 日发表文章的可能性。

该案审理的关键问题是该微信公众号上的涉案文章是不是由被告发布的，即被告是否实施了被控行为。

法院在审理案件时登录了该微信公众号，找到其发布的文章，并在查询其历史信息时发现公众号在 2016 年的 12 月 20 日发布了一篇为被告的另外一家超市进行宣传的广告文章。因此法院认为在 12 月 20 日被告还控制着其微信公众号，被告抗辩跟事实不符，驳回了被告的辩称意见，最终认定被告的公众号虽然有可能被盗，但是被告在 2016 年 12 月 20 日已经取回了公众号的控制权，能够在 2016 年 12 月 21 日发表文章，且被告构成不正当竞争。

案例五：被控行为的区分

QQ 音乐除了移动端软件，还有电脑端的软件以及网页版 QQ 音乐，都具有播放音乐作品的功能。案件中原告是某个音乐作品的权利人，其起诉被告通过移动端 QQ 音乐软件提供其某一音乐作品以后，又起诉被告在其 PC 端的 QQ 音乐软件提供了同一作品。针对这一控告，被告提出"其侵权行为是同一个行为"的抗辩意见，认为原告将这个行为分别起诉构成重复起诉。

此案中，法院需针对被告的抗辩意见，判断权利人针对内容提供商通过不同终端提供同一作品的行为分别起诉是否构成重复起诉。进一步，也就是判定内容提供商通过不同终端提供同一作品的行为，是一个行为，还是数个相互独立的行为。

经过论证，法院认为，不同终端的开放行为是相互独立的，而对于已经存在于服务器中的作品，开放行为是作品提供行为，所以，内容提供商通过不同终端提供同一侵权作品的行为是相互独立的侵权行为。权利人针对不同的侵权行为分别提起诉讼，其诉讼标的不同，不构成重复起诉。

案例六：被控行为的性质

原告陈广旭是《麻衣世家》3 部小说的著作权人，"企鹅 FM"是一款音频电台软件，提供各种网络电台节目，被告腾讯公司是该软件的经营者。原告发现在这个软件中存在 3 部小说的有声读物，该有声读物的内容与原告享有著作权的上述小说作品内容相同，便诉至法院，请求判定被告停止侵权并赔偿损失。被告人抗辩称涉案的 3 部有声读物是由一个软件用户主播"星魂故事"上传的，"星魂故事"用户的真实身份是名为薛陆飞的一个自然人，被告在得知侵权事实后及时删除了 3 部有声读物。

案件争议点在于，原告认为是被告腾讯公司直接提供了 3 部作品，但被告认为其提供的是网络服务行为，而非作品提供行为。这一问题的判断结果对案件的裁判有重要影响，因为内容提供商和服务提供商的侵权判定标准和免责条件是不一样的。该案中被告明确表明，涉案的音频文件由用户"星魂故事"提供，被告所提供的作品在"星魂故事"这个用户的界面下，且被告还提供了主播"星魂故事"的真实身份信息，故被告在该案中提供的是信息存储空间的服务。因此法院认定被告是 ISP，即服务提供商，提供网络服务行为。

在此基础上，按照服务提供商的侵权认定方式，结合被告没有改变主播"星魂故事"提供的音频文件，且主播"星魂故事"提供的音频文件多达 453 个，法院认为被告不知道，也没有合理的理由应当知道主播"星魂故事"提供的上述文件是侵权的，被告也从未从主播"星魂故事"提供的音频文件中直接获得经济利益。结合原告在起诉前并未通知过被告，而被告在得知主播"星魂故事"提供的音频文件涉嫌侵权后已经删除了上述音频文件的事实，最终认定被告作为提供信息存储空间的网络服务提供商，在该案中不应当对原告承担赔偿责任。

这个案件判决以后，原告提起了上诉，中级人民法院维持了原判，此案件最后被深圳中级人民法院评为当年的十大知识产权案件。

四、侵权构成

下面阐述的第四个审理要素是侵权构成，这跟传统案件的侵权构成相比有相同的部分，如主体要件、客体要件以及客观要件等。下面我将主要阐述知识产权所特有的侵权构成的审理要素——产品比对。

案例七：费列罗公司诉金莎巧克力案

费列罗公司起诉被告蒙特莎（张家港）食品有限公司（金莎巧克力）仿冒其产品，擅自使用与其知名商品特有的包装、装潢相同或者近似的方法，使消费者产生混淆。被告公司的上述行为以及销售方正元经销公司销售仿冒侵权产品的行为，给原告造成了重大的经济损失。原告请求判定被告不得生产销售，另外销售商也不得销售之前使用了他们特有的包装装潢的产品，并承担赔礼道歉、消除影响、赔偿损失的法律责任。

该案关键在于涉案产品包装、装潢的比对，判定其是否相似。对费列罗巧克力的包装、装潢特征概括为 5 个特征，如果只把每一个特征单独拿出来看，其不具有值得保护的地方，但是把所有特征完全融合到一起就值得保护。经过对比，被告产品完全使用了这 5 个特征，因此法院认为产品比对结果显示其构成实质性相似。

对于商品的包装、装潢的设计，不同的经营者之间可以相互学习、借鉴，并在其基础上进行创新设计，形成明显区别于各自商品的包装、装潢。上述案件中，这两个巧克力产品的包装、装潢除了商标不一样，其他主要特征基本上一模一样。对该两者商标不是特别了解的消费者看到这两个产品时，可能会产生误解。

下面的一个案例涉及一个比较重要的法律概念——著作权中的复制行为。

案例八：腾讯公司诉音响著作侵权案

原告腾讯公司是美术形象"Q 哥 Q 妹"的著作权人，其发现被告在所经营的一个百货商场销售一款叫"QQ 多媒体有源音响"的产品，其外形与原告享有著作权的美术作品极其相似。原告认为被告销售企鹅卡通形象的"QQ 多媒体有源音箱"侵犯了其著作权，所以起诉要求被告停止侵权和赔偿损失。该案的关键也在于对于音响产品和原告的艺术形象之间的对比。

《著作权法》第十五条第（五）项规定的复制权是以印刷、复印、拓印、录音、录像、翻录、翻拍等方式将作品制作一份或者多份的权利。其中，司法层面上对于复制行为的解释，并不是按照狭义的精确复制，实际上是用实质性相似来判断是否构成复制。

该案中原告的美术作品是拟人化处理的两只卡通企鹅形象。能够清楚地分辨为一男一女，体型是浑圆的，在颈部都系有一条围巾，围巾的一头在企鹅身体左侧自然下垂至腹部。"Q 哥"有一只眼睛闭着呈弯月状；"Q 妹"眼睛上方有具有女性特征的眼睫毛，头部右上方扎有一个蝴蝶结。原告美术作品的特征和独创性很明显。而对于被告的有源音箱，我认为是构成复制。两者的卡通企鹅形象除在颈部和眼睛的倾斜程度存在细微的差别外，在体型、眼睛的拟人化处理以及表情等方面均是基本相同的。所以法院最后认定两者构成实质性相似，该音响的外观造型是对原告享有著作权的美术作品的使用，这种使用是通过对 QQ 企鹅美术作品的结构、布局、拟人化造型等特征的使用，达到了从平面到立体的复制，是一种再现的复制。

五、特殊免责

特殊免责是知识产权一个特有的规则。在一些侵权案件中，从表面证据上判断被告的行为已经构成了侵权，但由于存在某些特殊的免责条款所规定的事由，被告不需承担侵权责任。这些免责条款事由在著作权法中就包括合理使用、避风港原则、合法来源等，在商标法中有商标权用尽、商标的描述性使用、平行进口、涉外定牌加工、在先使用、合法来源抗辩等。

案例九：涉外定牌加工

原告宋红星是第 5219041 号"mica."商标在中国大陆地区的注册人，核定使用的商品包括毛巾。2014 年 8 月 30 日，被告江西嘉兴纺织品有限公司以一般贸易方式申报出口带有"MICA"商标的棉质浴巾 13 720 条，总价 93 982 美元，运抵国为智利。SACI. 公司是智利的第 762079 号"MICA"商标的注册人，它下属一个授权公司是"MICA"商标在智利的使用权人，该使用权人委托被告生产带有"MICA"商标的棉质浴巾，约定被告向其交付 45 100 条带有"MICA"商标的棉质浴巾，金额总计 25 万多美元。原告诉至法院，请求判定被告立即停止侵犯原告注册商标专用权产品的生产、销售行为，并销毁被深圳海关扣留的 13 720 条毛巾，被告承担原告经济损失人民币 30 万元。

涉外定牌加工是境外的权利人委托中国境内生产商生产产品并贴上商标，然后将所生产的产品全部出口到委托人所在国的行为。该案中，该涉外定牌加工生产的商品带有商标，因此只要商标与在中国注册的商标能够构成相同或者近似，满足商标侵权的构成要件，就应当认定为侵权。但现阶段的主要观点基本上是"非侵害"，比如说最高人民法院在 2014 年的民提字第 38 号和 2016 年最高人民法院的民再字第 339 号案件中，均明确确认了这种涉外定牌加工的行为是不构成侵权的。另外存在折中论观点，或称为有条件的贴牌侵权论，该观点认为如果是境外的委托人涉嫌在境外抢注本国知名商标或者驰名商标后又回到我国进行委托贴牌加工，应当认定其对我国注册商标造成实际性损害，其应当承担相应的侵权责任。同理，如果国内的商标权人在抢注国外知名商标或驰名商标，则不能针对定牌加工行为主张商标侵权。

我比较赞同最高人民法院的观点。在处理该案时，被告作为境内的加工方，在接受国外的权利人委托的时候，对其是否为"MICA"商标在智利的使用权人这一事实进行过严格的审核，因而接受委托，并按照该公司的指示，在其生产的棉质浴巾上贴附"MICA"的商标，主观上没有过错。且被告将涉案的

13720 条"MICA"棉质浴巾全部出口到智利并交付给委托人,并没有在中国境内进行销售,所以国内的相关公众不存在对被告生产商品的来源发生混淆和误认的客观基础。被告的涉外定牌加工行为不会对原告在中国境内的商标权造成损害,因此被告行为没有侵害原告的注册商标专用权,所以驳回了原告的全部诉讼请求。

案件十:商标的描述性使用

原告公司和被告公司都是从事教育培训服务的公司,原告是脑力锦标赛文字商标的注册人,该商标核定服务项目为第 41 类,包括组织教育和娱乐竞赛教育培训等。原告自 2007 年起,从事技艺教育行业的培训,并将其涉案商标许可给案外人在核定范围内使用。被告于 2015 年在其微信公众号"中胤文化"中宣传其承办的 2015 年"中胤杯"第 24 届世界脑力锦标赛,并进行了大量的宣传报道。原告认为被告未经其许可,擅自将涉案的脑力锦标赛商标应用于教育培训和比赛活动,侵犯了其商标专用权,要求被告赔偿其经济损失。

根据《商标法》(2013 年)第四十八条规定,所谓商标的使用是指将商标用于商品、商品包装或者容器以及商品交易文书上,或者将商标用于广告宣传展览以及其他商业活动中,用于识别商品来源的行为。商标性使用情况下,如果商标近似或相同,构成侵权的可能性是非常大的。

该案中,一方面,被告使用的"脑力锦标赛"是对比赛内容及性质的描述,该处的"中胤杯"作为冠名商标,具备使相关公众区分服务来源的商标特性,即被告在使用脑力锦标赛的时候,前面其实是使用了自己注册的"中胤杯"商标,对脑力锦标赛这个名称的使用,不能构成商标性使用。

另一方面,原告虽然取得了涉案商标专用权,但该商标的显著性和知名度仍未达到相关公众对该脑力锦标赛商标与原告提供的服务产生特定联系的程度。因此被告的使用行为不易产生导致公众对原、被告服务来源混淆的后果。综合分析,法院认定被告使用脑力锦标赛系合理使用,驳回原告全部诉讼请求。

案例十一：合法来源抗辩

原告华强方特公司是动画片《熊出没》的著作权人，同时也是《熊大》《熊二》《光头强》等美术作品形象的著作权人。原告发现被告蚝之味餐厅在西丽店门口放置了一套雕塑，其中有 3 个形象与原告享有著作权的美术作品基本相同，所以起诉被告，要求被告停止侵权、并赔偿其经济损失。被告主要的抗辩意见是被告有合法的来源，原告主张的涉案雕塑是从深圳市宏盛艺术雕塑公司工程公司承租而来。被告既没有复制行为，也没有发行销售行为，所以应当由这个雕塑公司来承担相应责任。被告已尽到了提供合法来源的义务，即提交了雕塑的租赁合同和工商登记信息的查询单，证明深圳市宏盛艺术雕塑公司是合法成立的公司，还提交了支付业务回单来支持他的抗辩意见。

《著作权法》第五十三条规定，复制品的出版者、制作者不能证明其出版、制作有合法授权的，复制品的发行者或者电影作品或者以类似摄制电影的方法创作的作品、计算机软件、录音录像制品的复制品的出租者不能证明其发行、出租的复制品有合法来源的，应当承担法律责任。因此复制品的提供者如果能够提供复制品的合法来源证据，那就不应当承担法律责任，这就是合法来源抗辩的依据。具有合法来源的复制品至少应当是从正规的渠道去获取的，能提供正规的票据，有正规的市场价格，有符合法律规定的合同的。

对于此案，法院审理后认为：虽然被告在其西丽店门口放置的"玻璃钢熊出没一套雕塑（4 个）"中有 3 个卡通形象，分别与原告主张的享有著作权的《熊大》《熊二》《光头强》基本相同，而且从视觉上属于对原告作品的再现，虽然其载体不同，仍然可以认定被控的雕塑中 3 个卡通形象的外观造型构成对美术作品《熊大》《熊二》和《光头强》从平面到立体的复制，被告未经原告许可放置雕塑的行为侵犯了原告的著作权。

被告虽然构成侵权，但被告已经提交证据证明其在西丽店门口放置的雕塑是从案外人深圳市鸿城艺术雕塑工程科技有限公司处租赁而来，且提供了合法来源。被告作为一家餐饮企业，不应当被要求承担审查其通过合法和市场渠道租赁的雕塑是否侵犯他人著作权的义务。

案例十二：避风港原则

原告深圳市美丽视界文化传播有限公司是一家专业图片公司，通过转让方式获得了《湖光岩》摄影作品的著作权。原告发现，被告在其所经营的网站——梧桐子（www.wutongzi.com）中使用了原告公司享有著作权的摄影作品。原告认为被告是作品提供者，遂诉至法院，请求判令被告停止侵权，赔偿损失。被告辩称：①涉嫌侵权网页内容由署名为"ShirleyMo"的用户于2014年12月4日上传至梧桐子网站，被告是梧桐子网站的运营维护单位，非侵权内容发布者；②原告事先并未联系被告删除相关信息，被告在收到应诉通知书后已在第一时间删除了网站涉嫌侵权的内容，并且积极联系文章发布者，被告已尽到了网站运营管理的责任。

避风港原则，即对于网络服务提供者，权利人如果认为其构成帮助侵权，应当先行通知，让网络服务提供者删除侵权作品。在没有通知的情况下进行起诉，网络服务提供者不需要承担赔偿责任。所以在网络侵犯著作权的案件中，经常有被告援引避风港原则来进行抗辩，这也是为什么避风港原则是法官们需要经常审查的一个内容。

在该案中，涉案的《湖光岩》作品是由名为"莫晓兰"的用户通过被告的网站向公众提供，被告提供的是信息网络存储空间的服务。对于被告是否应当承担赔偿责任，应当根据它作为网络服务提供商，提供的是信息存储空间服务的定位进行评判。被告在网络中明确表明涉案文章及配图是由用户发布，并提供了用户的信息。被告未对用户发布的上述文章进行编辑整理，提供该服务时，不知道也没有合理的理由知道名为"莫晓兰"的用户发布的文章配图涉嫌侵权。原告提交的证据也不足以证明被告从"莫晓兰"发布的文章中直接获得经济利益，被告在得知用户发布的配图涉嫌侵权后，及时删除上述文章及配图。原告也未在起诉前通知过被告其用户涉嫌侵权，因此被告作为提供信息网络存储空间的网络服务提供者，在该案中不应当对原告承担赔偿责任。

1.5　胡晋南：近期热点知识产权案件点评

胡晋南：广东国欣律师事务所的合伙人，深圳市知识产权局知识产权专家委员会委员，深圳国际仲裁院的仲裁员。

讲座时间：2016 年 5 月 26 日

很高兴与清华大学深研院的同学们就 iPhone 案、乔丹案、微信案、非诚勿扰案等热点案件进行点评和交流，希望和同学们分享我的分析思路和方法。我认为把方法和要点掌握好了，解决问题的能力就会有很大提高。

一、"iPhone" 商标案

2002 年，苹果公司注册"iPhone"商标，核准日期为 2013 年，核定第 9 类计算机硬件，计算机软件（已录制）等商品上。2007 年，新通天地科技（北京）有限公司注册"iPhone"商标，核定第 18 类仿皮、牛皮、钱包、小皮夹、皮制绳索等商品上使用。二者在不同类别注册"iPhone"商标。

案件涉及新通天地科技（北京）有限公司在第 18 类中注册的用于仿皮、牛皮的钱包上使用的 iPhone 商标。我看到报道上的图片是一个有 iPhone 标志的小钱包。在第 18 类 iPhone 商标被注册之后，苹果公司就比较着急了，因为很多人愿意为手机配一个印有 iPhone 的手机套或者钱包，这样一来就涉嫌搭车销售。因此，苹果公司要求对该商标宣告无效。

（一）争议焦点

为了宣告第 18 类 iPhone 商标无效，苹果公司代理人提出两个依据。

1. 公共利益注册保护

《商标法》（2013 年）第十条规定，有害于社会主义道德风尚或者有其他不良影响的标志不得作为商标使用。苹果公司代理人将该条款解读为"公共利益条款"。这个条款很多人使用,律师和裁判者都使用,但这个条款本身并没有说清楚,有很大的弹性空间。我对这个条款的理解是善良风俗条款,即标志应该是善良风俗的,不能包含黄赌毒、反动、暴力等相关内容,如纳粹党徽就不能用来作为标志申请商标。同样,色情内容也不能用作标志,这就是用作标志的善良风俗条款。目前很多人在滥用这个条款,把它当作一个公共利益条款。

按照苹果公司代理人的说法:现在大家都知道 iPhone 商标,使用 iPhone 就影响了每个人的利益,也就是影响了公共的利益了,公共利益大于个人利益,所以应该取消新通天地科技(北京)有限公司在第 18 类中的注册。微信、乔丹商标案件也使用了类似逻辑。但我在这里强调,商标法中没有公共利益条款,只有标识上限制违反道德风尚的条款,也就是要文明一点,不要使用恶心的东西来做标志。

2.驰名商标跨类注册保护

《商标法》第十三条规定,就不相同或者不相类似商品申请注册的商标是复制、模仿或者翻译他人已经在中国注册的驰名商标,误导公众,致使该驰名商标注册人的利益可能受到损害的,不予注册并禁止使用。

《商标法》中对驰名商标是有特殊保护的,主要体现在两个地方:一是跨类注册保护;二是跨类侵权保护。驰名商标跨类注册保护是要求他人不得将驰名商标相同或近似的标志在其他类别中进行注册。一般的商标是同类注册保护,一旦注册之后,就不允许其他人再在同一个类别中注册。但是驰名商标有其特殊性,它是可以跨类保护的。

(二)点评

苹果公司提出这两点争议焦点和观点,商标评审委员会(简称"商评委")和法院的裁判是这样裁决的:

第一,苹果公司的所有证据都证明被异议的商标实际上不具有影响社会主义道德风尚和妨碍社会道德秩序的行为。即标志没有黄赌毒的情况,没有违反善良风俗条款,这个标志是正常的,两个 iPhone 商标都可以使用。说得更直白些，如果被异议的商标违反了善良风俗的条款，那么原来的商标同样也会违反善良风俗条款，这就使得这两个商标都不能再使用。善良风俗条款是一把双刃剑，如此大家可能都不能再使用这个商标标志了，因此，判决否定了这个观点。

第二，被异议的牛皮包上的 iPhone 商标是在 2007 年注册的，而 iPhone 手机于 2009 年在中国上市，晚了两年。而且是在上市一段时间以后，iPhone 手机商标才成为驰名商标。所有的证据都表明，被异议的商标在之前注册，而 iPhone 手机的驰名商标在之后才被认定，采用之后的驰名商标来否定之前他人注册的商标是行不通的。这样一来，苹果公司对驰名商标进行跨类保护的要求也是不符合相关法律规定的。这里需要注意的是，跨类保护是有时间点的，必须在成为驰名商标之后才能进行跨类保护，在此之前是不行的。换句话说，只有在成为驰名商标后才能用跨类保护来否定其他的商标的注册，这也就是跨类保护时间先后的问题。

我认为商评委和法院的裁判是正确的，标志善良风俗条款不应该滥用。另外，驰名商标的跨类注册保护应该以驰名商标的形成时间为标志，只有在形成驰名商标之后才能用来跨类保护，并用来无效他人的商标注册，否则将不予保护。如果从行业内来评价，我觉得这可能是代理人实在找不出合适的法律依据或理由来无效他人跨类 iPhone 商标，只能按照委托人的期望值硬上。如果我是这个案件的代理律师，我会和委托人讲清楚这两点是行不通的。

二、"乔丹"案

这个案件涉及真乔丹申请无效"假乔丹"使用其运球人物的剪影、肖像权与姓名权注册的商标。我早期曾经关注过这个案件，当时我看到卖"乔丹"球衣的时候很高兴，我是乔丹的粉丝，所以准备去买。后来，我一打听这个"乔丹"并不是真正的乔丹，就再也不看这个牌子的商品了。仿冒的东西是有"瓶颈"的，仿冒在起步的时候很有效果，但要做强、做大就变成障碍了，变成一个麻烦。很多人认为"搭顺风车"有好处，但要做强、做大就有一个"天花板"，别人把你盖住了，所以仿冒者就丧失了上升空间。

（一）争议焦点

1. 肖像权

关于肖像权，先讲一下裁判认定。商评委认为争议商标图形为运球人物剪影，动作形象较为普通，并不具有特定指向性，难以认定该图形与迈克尔·乔丹存在——对应关系；法院认为争议商标图形人体形象为阴影设计，未能清楚反映人物的容貌特征，相关公众难以将争议商标中的形象认定为迈克尔·乔丹。

争议的地方是人物运球的剪影，原告律师把这两个照片高举对比，一张是乔丹运球的照片，另一张是乔丹运球镂空照片，运球外形一模一样，只是"假乔丹"商标上的图形是镂空的。对于镂空的商标，商评委认定实在牵强；而法院认定是正确的，因为肖像权是要认清人的面部，就如照登记照片一样，认得清的才是肖像，认不清就不能算是肖像。因此，法院关于这一点的评价是正确的。原告用肖像权来打这个官司是失策。

2. 姓名权

关于姓名权，我认为商评委和法院的判决出了很大的错误。商评委认为 Michael Jordan 和中文音译迈克尔·乔丹存在一定的差距，是有区别的。乔丹作为英美普通的姓氏，很难和 Michael Jordan 存在——对应的关系。同时，法院的认定中还提到了拼音 Qiaodan。我认为这个拼音 Qiaodan 提不提都无所谓，因为这个不会影响乔丹本人，也不存在与 Michael Jordan 的对应关系。如果真乔丹的律师用这一条，也应该是被否定的，拼音 Qiaodan 与 Jordan 没有直接的对应关系。然而中文乔丹是 Jordan 的规范中文翻译，对于真乔丹是有影响的，姓名权争议的焦点就在这里，商评委和法院的认定出现问题。

3. 公共利益条款

第三个争议的焦点就是双方都提到的问题。原告律师提的观点也就是标志的善良风俗原则，即《商标法》第十条。很多代理人将这一条款当作"公共利益条款"在案件中适用，其实都用错了。真乔丹说"假乔丹"的注册违反了"公共利益"，所以注册应该无效，这种法律理解和适用均是错误的，商评委不予支持是对的。

4.欺骗和不正当手段注册

这个条款真乔丹的代理律师也用错了，欺骗和不正当手段注册是指一方知道另一方的商标申请方案或者曾代理过乔丹相关商标事务，或者是一方与另一方投资、合作期间获悉对方有这个商标申请方案，然后去抢注，这才是欺骗注册、不正当手段注册，这是对注册手段的一个界定。因此，对这一条的判决也不存在问题。商评委把这两点否定了是正确的。

（二）点评

我的观点是首先应该确定一个在先权利，因为这个案件确立的主要根据是《商标法》第三十二条（申请商标注册不得损害他人现有的在先权利，也不得以不正当手段抢先注册他人已经使用并有一定影响的商标），即如果你有在先权利，而他人使用你的在先权利去注册商标的话，这个商标注册是不被允许的。下面分析乔丹案的两个在先权利。

1.在先照片著作权而不是肖像权

事实依据：乔丹运球照片；"假乔丹"的商标图形来源于乔丹运球照片的镂空。"假乔丹"的商标图形涉及著作权而不是肖像权，如果笔者是原告律师的话，我不会提在先肖像权，而会提在先著作权。因为乔丹运球的照片是著作权，这么漂亮的一个运球照片完全是一个艺术作品，具有著作权的权利。而"假乔丹"的商标图形来源于乔丹运球照片的镂空，这是对乔丹运球照片的修改、篡改或改编。

《著作权法》第十条规定了修改权、保护作品完整权和改编权。著作权法上述 3 项著作权权利规定都与该案相关。"假乔丹"的商标图形实际上是对乔丹运球照片完整性的修改、篡改或改编，即将原照片中间进行镂空处理，只留下了外形，这些都是著作权调整的范围。从法律上来说，这种修改、篡改或改编未经著作权人许可，"假乔丹"将乔丹运球照片镂空仍损害了著作权人的在先权利，其将乔丹运球照片镂空外形作为商标图形不应获得法律支持。事实上，著作权是一个很大的领域，它的空间特别大，大家在处理商标等知识产权问题时，可以多从著作权方面来寻求解决方案。在这里，我认为如果真乔丹律师以著作权提起在先权利,"假乔丹"将很难应对这个法律问题。

2. 在先姓名权

这就回到案件争议的问题了。民事主体姓名既是一个事实问题,又是一个法律问题。民事主体都有姓名,并与民事主体发生指代关系,这是事实问题;同时法律上对民事主体姓名又赋予了权利,所以姓名又是一个法律问题。法律依据:《中华人民共和国民法通则》(简称《民法通则》)第九十九条"公民享有姓名权,有权决定、使用和依照规定改变自己的姓名,禁止他人干涉、盗用、假冒。"

姓名的法律权利,包括命名权、使用权和更改权。《民法通则》规定民事主体有权决定、使用和依照法律规定改变自己姓名,这就表明姓名权是由本人享有的。基于姓名的事实性和法律性,在现实中,姓名的特征表现为对应指代性和使用多样性。姓名对应指代是指他人使用当事人多样化名字讲当事人的故事,这个对应名字使用被当事人认可的话,就是当事人的名字。中文乔丹、迈克尔·乔丹都被 Michael Jordan 认可,因为媒体报道的时候都是用的这些名字,名字对应指代都是 Michael Jordan,讲的故事也都是属于他的,这样一来,姓名对应指代就表现出来了。不管是乔丹两个字,还是迈克尔·乔丹这个整体,都属于他。

姓名使用多样性。我们知道一个人并不只有一个名字,就如我们知道我们有学名(实名)、乳名、小名、笔名、网名、中文名、英文名等。因此,名字有各种不同的表现形式。法律对姓名使用多样性没有强制性和禁止性规定,也没有明确规定户籍登记为唯一使用的姓名,只是在相关法律文件中须使用实名制。同样的道理,乔丹有 Michael Jordan、Jordan,中文名乔丹、迈克尔·乔丹,这些都是他的名字。一个人姓名使用的多样性是现实存在的,也是作为事实存在的。我们对姓名使用权的理解应该更广泛一些,名字并不是一定要写到户口上才是你的名字。

根据《中华人民共和国国家通用语言文字法》以及国家语言文字工作委员会制定的标准,要求所有的新闻报道、文字报道都应该将外国人的名字翻译过来,而不能整篇都用英文名。虽然专业文章可以通篇使用英文名,但是普通的文章中，都需要将这些英文名字翻译为中文名字，所以也就有专门关于英文名字的大辞典，这都是国家语言文字工作委员会指导编辑的，所以新闻报道中的中文乔丹或迈克尔·乔丹就是对应指代 Michael Jordan。遗憾的是，可能真乔丹律师没有将外国人中文名的法律依据或规范标准阐述清楚。

因此，我认为裁判者在认定姓名权的时候是歪曲了姓名权的法律性和姓名的事实性，裁判者用自定的标准来歪曲事实和法律，譬如商评委要求姓名全称是统一的，认为乔丹和迈克尔·乔丹就不是同一个人，这与事实和法律不符。同样法院也认为 Jordan 是普通姓氏不足以与乔丹对应，这些都是自定标准，和事实标准和法律标准不相符合。

3. 商标法的判断标准

我认为在这类案件中，特别是在商标名称和姓名权或其他名称冲突的时候，我们要关注商标法的一个特性，也就是商标分类。为什么要商标分类，这牵涉到相关领域、相关公众这个概念。所以大家在判断商标相关案件的时候，一定是与相关领域、相关公众有关的。如果"乔丹"商标出现在体育这个类别中，那么迈克尔·乔丹作为体育巨星，一定是和他有关系的，相关领域、相关公众一定知道篮球巨星乔丹。

商标法中有很多痛点，有很多不合理的规定，譬如"普通消费者、相关公众、相关领域"这些法律概念，经常被裁判者拿来当作自由裁量的工具。裁判者往往把自己当作普通消费者或相关公众，但实际上他并没有真正进入普通消费者或相关公众的思维中去，这些抽象、模糊的规定均给裁判者违法操作提供了绝对的操作空间。总体归纳一下，乔丹案有 3 个法律适用问题，第一个是《民法通则》中关于姓名的法律适用，第二个是《著作权法》第十条作品修改权的适用，第三个是《商标法》第三十一条（2001 年商标法）关于申请商标注册不得损害他人在先权利。我的结论是乔丹案是一个错误判决，应予以纠正。

三、"微信商标无效"案

创博亚太（山东）科技有限公司（简称"创博亚太公司"）注册了第 38 类的微信商标，而第 38 类和现在腾讯公司所使用的微信是相同类。张新河作为申请人对创博亚太公司注册的第 38 类微信商标提起无效宣告，实际上他"绝不是一个人在战斗"。商评委和知识产权法院是以标志善良风俗条款（《商标法》第十条）对创博亚太公司注册的第 38 类微信商标不予注册。

（一）争议焦点

二审法院第一个问题就是适用法律问题，纠正了一审法院错误适用《商标法》第十条规定，更改了理由，虽然结果是不予注册，但更改是纠正适用法律错误，也就是改掉了使用善良风俗条款，这个是对的。

二审法院第二个问题是程序上的问题，也就是使用全面审查程序。我认为该案二审全面审查的程序是错的。它错在哪里呢？法院是司法行为，司法行为判断行政行为是否正确，适用法律是否正确，这是可以的。而现在二审法院还做了别的事，在审查之后发现行政行为的适用法律条款错误，然后又开始审查，除对被异议商标的申请注册是否违反《商标法》第十条规定做出认定外，还根据原异议人张新河二审新提出的意见，同时对被异议商标的申请注册是否违反《商标法》第十一条规定做出了认定。因此，根据全面审查原则，法院对被异议商标的申请注册是否违反《商标法》第十一条规定一并予以审查。

问题是异议人张新河在商评委行政审查时并没有要求对被异议商标的申请注册是否违反《商标法》第十一条规定予以审查，商评委也没有审查。按照行政诉讼程序，二审是不能变更或增加诉讼请求，而二审却主动跨越行政审查将商评委没有审查的《商标法》第十一条情形进行审查，这是通过一个程序走了 3 步，所以这个程序是错误的。这也就为二审越界审查打下一个基础，就是对微信进行事实识别。这样一来，二审就做了一个越界的行为，就是司法审查代替行政审查行为，其程序是错误的。

（二）点评

最后来看裁判者是如何否决"微信"注册的。该案中，商评委和一审判决将"微信"识别认定为有害于社会主义道德风尚或者有其他不良影响的标志，从而套用《商标法》第十条善良风俗条款，显然太笨拙无理了。二审实在看不过去将其否决改判。为此，二审重新在不予注册规定条件中选出了一项，即《商标法》第十一条第一款第（二）项："仅直接表示商品的质量、主要原料、功能、用途、重量、数量及其他特点的。"为了将"微信"套进《商标法》第十一条规定不予注册，判决首先对"微信"进行识别解释。

二审判决认为，中文"微信"二字的构成，指定使用"信息传送、电话业务、电话通信、移动电话通信、电子邮件、传真发送、电信信息、语音邮件服务"上，"微"具有"小""少"等含义，与"信"字组合使用在上述服务项目上，易使相关公众将其理解为是比电子邮件、手机短信等常见通信方式更为短小、便捷的信息沟通方式，是对上述服务功能、用途或其他特点的直接描述，而不易被相关公众作为区分服务来源的商标加以识别和对待。因此，被异议商标在上述服务项目上缺乏显著特征，属于《商标法》第十一条第一款第（二）项所指情形。

事实上，一方面，腾讯公司正在使用的"微信"是代表"即时通信"的功能，又称为实时通信（Instant Messaging，IM），即是一个实时通信系统，允许两人或多人使用网络实时传递文字消息、文件、语音与视频交流。这个功能与"短""小"并没有关系。"即时通信"功能并不只腾讯公司一家在运行，类似的有很多，比如 IBM 的 Lotus Sametime、中国移动飞信等。另一方面，腾讯公司的"微信"功能远不止即时通信一项功能，它已经有了好多功能，如摇一摇、发红包、支付转账等。按照裁判者的说法，所有的即时通信都叫微信，那这样一来，"微信"就成了一个功能用词，这显然与"即时通信"的技术标准、行业标准完全不符。

通过以上分析，大家可以清楚地看到裁判者是怎样将"微信"识别解释成"即时通信"的功能，从而将"微信"套进《商标法》第十一条，达到商品功能的标志不予注册的目的。还有第二点，按照第十一条，对于功能性的标志，如果经常使用，它也构成一种可以注册的商标。裁判者认为创博亚太公司没有长期的使用，所以该公司与其没有对应的联系，第十一条第二款对创博亚太公司也不能适用，裁判者依据这两点就把创博亚太的"微信"商标给否决掉了。

由此可见，裁判者在这里完全是在偷换概念，将"微信"识别解释成"即时通信"的功能，这样是不符合法律规定，也不符合"即时通信"事实标准的认定。我认为，纠正标志善良风俗使用错误是正确的；所谓的全面审查程序是错误的；程序错了，最后依据法条裁决的另一个结果也是错的。这个案件从商评委到一审、二审都有错误，所以我认为对于"微信"案的判决是错误的，应该予以纠正。

四、"非诚勿扰"案

原告以第45类交友服务、婚姻介绍所"非诚勿扰"商标专用权状告江苏电视台使用《非诚勿扰》栏目名称（对应"电视节目"，即第41类）侵犯商标权。电视节目属于第41类，第45类和第41类属于类似服务，争议的焦点就是这两者是不是属于相同或者近似的商品服务。二审的终审判决把这个案件改判了。我认为一审判决是正确的，二审改错了。

（一）法律依据

《商标法》第五十七条规定：未经商标注册人的许可，在同一种商品上使用与其注册商标近似的商标，或者在类似商品上使用与其注册商标相同或者近似的商标，容易导致混淆的，属于侵犯注册商标专用权。《最高人民法院关于审理商标民事纠纷案件适用法律若干问题的解释》第十一条规定，"类似服务，是指在服务的目的、内容、方式、对象等方面相同，或者相关公众一般认为存在特定联系、容易造成混淆的服务。"

二审判决认为：从江苏电视台的《非诚勿扰》节目服务的目的、内容、方式、对象等判定，其均是提供征婚、相亲、交友的服务，与上诉人"非诚勿扰"商标注册证上核定的服务项目"交友、婚姻介绍"相同。由于江苏电视台的知名度及节目的宣传，而使相关公众误以为权利人的注册商标使用与被上诉人产生错误认识及联系，造成反向混淆，故判决认定构成侵权。

（二）点评

二审改判的理由基于两点：一是类似服务；二是反向混淆。

1. 类似服务

我认为类似商品、类似服务判定是商标法中最难的问题之一，因为不同类别会有重合的部分，因而产生部分模糊地带。譬如，造车的、买车的和修车的属于不同的类，但是大家都涉及车，这样形成类似商品和类似服务，怎么来判定这个问题？该案中原告是第 45 类"非诚勿扰"交友服务、婚姻介绍所，被告是第 41 类《非诚勿扰》相亲电视节目。被告电视节目中有相亲的部分，而"非诚勿扰"婚介则是专门做相亲的，这就有了交集部分。根据《最高人民法院关于审理商标民事纠纷案件适用法律若干问题的解释》第十一规定，类似服务不等于侵权，只有发生混淆时才构成侵权，而判断混淆的标准就是"服务的目的、内容、方式、对象等方面是否相同"或相关公众认为二者之间是否存在特定联系。

该案原被告类似服务的目的、内容、方式、对象是不同的。原告婚介服务的目的是相亲，内容是论嫁，方式是私下，对象是单身男女之间。而被告的电视节目则不一样，电视节目服务目的是看相亲，内容是议论嫁，方式是公开秀，对象是观众。在电视节目中我们是看相亲，而不是本人在相亲，虽然观众中可能会有人打电话去相亲，但绝大部分人是不会去相亲的，即使电视节目现场观众也远远多于 24 位相亲女嘉宾，且不说电视机前的收看观众。在电视节目里谈婚论嫁是相关和不相关的人士都在议论，并花大量时间宣扬传导正确的婚姻观；而原告的婚介所相亲论嫁则是男女两个人相互见面，各自揣摩决定合不合适嫁娶。同时，被告电视节目方式是一种公开秀，嘉宾说得最多是"来到非诚勿扰舞台"，各种花式表演也层出不穷。而原告婚介所则是私下的相亲活动。两者的对象也不同，电视节目的对象是所有看电视的观众，不只是单身男女。据统计，看相亲电视节目的观众主要是大爷大妈们，然而婚介所的对象就是单身男女。由此可见，这两者是完全不同的。

从另一个角度来看，我们都知道婚介所追求的是相亲成功率，而电视节目追求的是收视率。至于相亲问题，对于电视节目来说只是一种题材，如果只聚焦题材，那么各类电视节目就会与各类商标类别发生重合，这显然不是商标法适用的本意所在。为了进一步说明原告婚介所与被告电视节目在内容上的区别，一审判决中援引了广电总局对相亲电视节目的规定，广电总局规定相亲节目中要使用文明语言，体现社会主义道德风范等。然而，婚介所是不受广电总局文件规范要求的，二者内容存在重大区别。

因此，原被告提供的服务的目的、内容、方式、对象不同，不会发生混淆。我觉得裁判者有可能没有看过这个节目，如果真是这样的话，那就是代理人的失误。代理人应该将"非诚勿扰"电视节目作为证据提交并在法庭演示对比，使裁判者明白"非诚勿扰"电视节目和婚介所并不是一回事。我认为裁判者对于生活的理解、对事实的了解，会对案件的正确处理有帮助。这个案件我觉得再申诉应该是会改判。

2. 反向混淆

目前，反向混淆更多地出现在商标理论讨论中，立法上并没有做出明确规定。对该案中出现反向混淆的认定和适用，我就案件实务操作做出如下简要点评。

社会经济迅速发展，调整规则也应当与时俱进，这是指立法创新。司法机关是适用法律规范，其职责是有法必依。因此，裁判者对于新情况的处理应该谨慎和保守。在案件操作中，明确事实与确定法律适用是代理人必须完成的功课。在"非诚勿扰"案件中，我注意到原告代理人用了相当篇幅主张"反向混淆"构成侵犯商标权，如果我提出抗辩，两个问题必须明确：一是"反向混淆"有没有法律规定；二是如果有规定，是哪一条、哪一款，并请法庭记录在案，从而避免一方利用未定理论误导法庭。

通过这个案例的分析，我们知道该案的难点是"类似服务"的区分以及"相关公众"的定位。在我们明确"类似服务""相关公众"事实后，案件判决正确与否也就一目了然。我的点评结论是二审判决认定事实不清、适用法律不当，应予以纠正。

第 2 章

知识产权与创新驱动

　　本章精选 4 篇讲座稿，包括世界知识产权组织（WIPO）中国区顾问、WIPO 驻中国办事处原副主任吕国良主讲"WIPO 与全球知识产权保护体系"；华大集团知识产权总监邢伟主讲"生命科学新进展与知识产权挑战"；广东省原工商行政管理局处长吴励超主讲"商标的运用与保护"；深圳中细软知识产权运营有限公司 CEO 李飞主讲"知识产权与城市未来"。

2.1 吕国良：WIPO 与全球知识产权保护体系

吕国良：世界知识产权组织（WIPO）中国区顾问，曾任世界知识产权组织驻中国办事处副主任、WIPO 品牌与工业品外观设计注册部门的高级顾问。

讲座时间：2018 年 10 月 14 日

一、世界知识产权组织及其全球知识产权法律框架

（一）WIPO 简介

世界知识产权组织（World Intellectual Property Organization，WIPO）是致力于利用知识产权激励创新和创造，促进全球发展的联合国专门机构，其使命是领导发展兼顾各方利益的有效国际知识产权制度，让创新和创造惠及每个人。WIPO 总部位于日内瓦，有 191 个成员国，约 250 个观察员。WIPO 总部大楼独特的建筑造型一直是日内瓦万国宫（联合国欧洲总部所在地）周边的显著地标。它的新办公大楼采用绿色设计，利用日内瓦湖水的制冷系统使其成为日内瓦新的节能型标志性建筑。

除了日内瓦总部以外，WIPO 在巴西的里约、中国的北京、日本的东京、俄罗斯的莫斯科和新加坡设有 5 个办事处。办事处作为总部的延伸，它完成总部交办的任务，比如说大家知道的《专利合作条约》（PCT）、《商标注册马德里协定》（简称《马德里》）、《工业品外观设计国际注册海牙协定》（简称《海牙体系协定》）以及《原产地名称保护及国际注册里斯本协定》（简称《里斯本协定》）和仲裁调解这方面的推广任务，同时密切和成员国的关系，进一步和企业界、各利益攸关方包括申请人加强联系。WIPO 中国办事处设在北京西城区靠近后海的一个漂亮四合院内。

　　WIPO 的起源可以追溯到分别签订《保护工业产权巴黎公约》(简称《巴黎公约》)和《伯尔尼公约》的 1883 年和 1886 年。这两项公约都规定建立"国际局"。这两个局于 1893 年合并（为管理《巴黎公约》和《伯尔尼公约》而设立的两个秘书处整合形成了 WIPO 的前身——保护知识产权联合国际局，其法文缩写为 BIRPI），并于 1970 年根据《WIPO 公约》为世界知识产权组织所取代。世界知识产权组织赖以组成的文书——《WIPO 公约》，于 1967 年 7 月 14 日在斯德哥尔摩签订（WIPO 成立于 1967），1970 年生效，并于 1979 年做出修正。WIPO 是一个政府间组织，1974 年成为联合国系统中的一个专门机构。

　　WIPO 的职责：可以通过 WIPO 在 2008 年 12 月通过的 9 大战略目标来了解（这些战略目标反映了在当今迅速变化的环境中 WIPO 和知识产权所面对的不断演变的各项挑战）：

- 以兼顾各方利益的方式发展国际规范性框架；
- 成为全球知识产权服务的首要提供者；
- 为利用知识产权促进可持续发展提供便利；
- 协调并发展全球知识产权基础设施；
- 为全世界提供知识产权信息与分析的参考源；
- 开展国际合作、树立尊重知识产权的风尚；
- 根据全球政策主题处理知识产权问题；
- 在 WIPO 及其成员国和所有利益攸关者之间建立密切的交流关系；
- 建立有效透明的行政和财政资助结构以便 WIPO 完成其各项计划。

　　从这 9 大战略目标来判断，WIPO 是一个涉及知识产权政策、服务、信息和国际合作的国际组织。

　　其中有两个主要目标：一是通过缔结国际条约的方式制定知识产权保护和执法的规范和标准，以兼顾各方利益的方式发展国际规范性框架；二是成为全球知识产权服务的首要提供者。为了实现这些目标，WIPO 努力通过协调各成员国知识产权制度的发展，建立兼顾各方利益的有效的国际知识产权制度，促进全球范围内的知识产权保护。

（二）WIPO 全球知识产权法律框架

《巴黎公约》奠定了保护工业产权的基本原则（国民待遇、优先权、共同规则、专利的独立性等），非常重要，是帮助创造者确保其智力成果在别国受到保护的重要发端。1886 年，确立国际版权规则（国民待遇原则、自动保护原则和保护的独立性原则）的《伯尔尼公约》缔结，其规则为当今国际版权保护提供了许多标准。1891 年《马德里协定》诞生，它的缔结迎来了第一项国际知识产权申请注册服务——商标国际注册马德里体系。在随后的几十年里，一系列的国际知识产权条约、协定随着 WIPO 的演变并在其主导下应运而生。

目前，WIPO 管理着 26 项国际条约（包括《WIPO 公约》），这些条约可归纳为 3 组：

第一组条约确定了知识产权的国际保护。也就是说，这组条约规定了国际上议定的各国知识产权保护的基本标准，如《巴黎公约》《伯尔尼公约》。这类协定共 15 部。

第二组条约称为"全球保护体系（制度）条约"。这是有助于国际保护的条约，确保一次性国际注册或在任何一个有关签署国中的申请有效。世界知识产权组织依据这些条约所提供的服务，简化了在这些国家中需要对某一具体知识产权进行保护而逐个提出或提交申请的手续流程，也降低了其处理费用。这类条约共有 6 部，且全部与工业产权相关，分别是《国际承认用于专利程序的微生物保存布达佩斯条约》《海牙协定》《里斯本协定》《马德里协定》《商标国际注册马德里有关议定书》《专利合作条约》。

第三组条约为分类条约，包括建立分类体系及对其不断改善和更新的程序的条约。这类条约有 4 部，全部与工业产权相关，分别是《建立工业品外观设计国际分类洛迦诺协定》《商标注册用商品和服务国际分类尼斯协定》《国际专利分类斯特拉斯堡协定》《建立商标图形要素国际分类维也纳协定》。这些条约将关于发明、商标和工业品外观设计的信息按可操作的结构编成索引，以便于查询。

不断修订这些条约，并不断制定新的条约，是一项需要在 WIPO 协调下，与成员国一道通过国际合作与磋商进行不断努力的工作。

上述 WIPO 管理的 26 项国际公约构成了全球知识产权的法律框架，这一法律框架已经成为全球经济中创新生态不可缺少的一部分。而依据"全球保护体系（制度）条约"分别建立的 PCT 体系、马德里体系、海牙体系和里斯本体系等，以及 WIPO 替代性争议解决机制（WIPO ADR）就构成了 WIPO 全球知识产权服务体系。

下面将通过简要介绍 PCT 体系、马德里体系和海牙体系以及 WIPO ADR 等，使大家对现行国际知识产权保护的状况有一个概况的了解。

二、WIPO 全球知识产权服务体系

（一）PCT 体系

依据 PCT 建立的国际专利申请体系称为"PCT 体系"。目前 PCT 成员超过了 150 个，覆盖全球大部分国家。PCT 体系旨在为申请人提供一套简便、高性价比的国际申请程序：申请人只需提交一份 PCT 专利申请，即可请求在所有成员国同时对其发明进行专利保护。但是，PCT 体系并不授予"国际专利"，专利权的授予仍由各国家或地区专利局负责（称为"国家阶段"）。

1. PCT 体系的好处

（1）简化流程。在 PCT 体系建立前，申请人如果想在海外取得多国的专利保护，不得不在这些国家分别提交多个不同的专利申请，申请程序可能相当烦琐。现在只需提交一份 PCT 国际专利申请，就可以向多个国家申请专利，而不必向每一个国家分别提交专利申请，简化了申请流程；只需向 PCT 受理局缴费，而不是向所有要求获得专利保护国家的专利局缴纳以不同货币计价的专利申请费用，简化了缴费手续。

（2）节省费用。根据 PCT 的规定，国际申请自提交国际专利申请日起到进入国家阶段的期限为自优先权日起 30 个月。在此期间，申请人有充分的时间对市场、对发明的商业前景以及其他因素进行调查，在花费较大资金进入国家

阶段之前，决定其国际申请是否继续向国外申请，以及向哪几个国家申请专利保护。这样就可以避免在未充分决策前，就大量投入成本。申请人还可以节约用于文件准备、通信和翻译等其他方面的费用，因为进入国家阶段之前所完成的工作在各国家局一般不再重复。例如，申请人只需提供一份优先权文件副本，而无须提供多份副本。

（3）帮助决策。PCT 程序中产生的国际检索报告和书面意见中含有发明专利性的重要信息，为申请人决定如何采取下一步行动提供了坚实的基础。申请人还有机会在可选的国际初步审查阶段修改国际申请，与审查员对话以对申请进行充分说明和解释，并且在各国家专利局处理之前做好申请准备。

2. 谁在使用 PCT

PCT 已成为全球很多大型企业、研究机构和大学在寻求国际专利保护时的首选程序，中小型企业（SME）和个人发明者也会使用 PCT。自 2002 年以来，来自中国的 PCT 申请每年都保持两位数的增长。2017 年，中国的华为（4 024 件已公布 PCT 申请）和中兴通讯（2 965 件）分别排名全球 PCT 申请人第一和第二位；京东方科技集团股份有限公司（1 118 件）排名全球第七位。

3. PCT 的最新发展

2018 年是 PCT 正式生效和实施的 40 周年。PCT 于 1978 年生效，当时只有 18 个成员。但是经过仅仅 40 年的发展，成员已经发展到了 152 个，涵盖了所有工业化国家和大部分发展中国家。PCT 并不授予国际专利，它是一个只涉及申请程序的条约。但 PCT 是 WIPO 所管辖条约中除了《WIPO 公约》《巴黎公约》和《伯尔尼公约》以外，加入国家最多的条约，并成为很多公司包括跨国公司首选的程序。所以，回顾历史，不能不赞叹 PCT 体系的奠基人，他们那个时候就有这样的眼光，就可以看到现在潜在的需要。

PCT 自运作开始已经取得了令人瞩目的发展。从 1978 年非常有限的开始，最初有 18 个成员，PCT 已经成为国际专利制度的中心支柱，这是申请人在 PCT 现有的 152 个成员中寻求国际专利保护的主要工具，也是成功且最好的多边工作分享和合作的例子。在近 40 年的运作中，提交的国际申请数量从第一年的 459 件到 2017 年的近 24.3 万件，稳步上升，甚至超过了在 20 世纪 60 年代 PCT

创始人最乐观的预期。如今，它是 WIPO 的关键资产之一，占其收入的 76%。同时也为该组织及其许多其他的发展合作方案提供资金，并且期望它的增长和活力将继续下去。

PCT 申请数量增长迅速，WIPO 的 PATENTSCOPE 数据库平均每周公布约 5 000 件 PCT 申请，数据库现包含 350 万件通过 PCT 体系提交的国际专利申请。PCT 申请一经公布，即自公布之日起便成为现有技术的一部分，并被包括在 PCT 规定的 "PCT 最低限度文献" 之中。由于当代最新技术常常以国际专利申请的形式首次公开，因此已公布的 PCT 申请就成为权利人在进行海外专利申请之前查新检索，用以了解技术发展和专利申请趋势的重要参考依据。

PCT 体系可以说是全球国际合作当中的典范。随着知识经济的发展，知识产权越来越走到经济活动的中心。在东亚，特别是包括中国这样的知识产权或者说 PCT 使用国家正在进一步崛起。中国 1994 年加入了 PCT，为中国改革开放后的国际合作提供了很好的机遇。当时中国加入 PCT 的条件是中国不仅要成为受理局，而且要成为国际检索单位和国际初审单位，中文要作为公布语言。这样不仅方便了外国人通过 PCT 的途径到中国来申请专利保护，同时，也为中国的申请人向 PCT 的缔约方提出国际专利申请创造了非常有利的条件。而且，一下子就把当时的中国专利局提升到或者放到了与美国、日本、德国以及欧洲专利局同样的水平上。从这个意义上说，中国以这样的身份加入国际条约，不仅有助于提高中国在国际知识产权舞台上的地位，也有助于中国在知识产权国际事务上发挥积极作用。而且，极为有利地推动了中国进一步的改革开放，推动了中国经济和贸易的发展。目前，中国已成为全球 PCT 的第二大申请国。

（二）马德里体系

马德里体系为个人和企业提供一个独特的机会。仅用一种语言（英语、法语或西班牙语），用一种货币（瑞郎）支付一组费用，就能在包括非洲知识产权组织（OAPI）和欧洲联盟（EU）在内的 110 多个国家获得其商标并持续保护。

1. 马德里体系的好处

要获得这种保护，只需要提交一份申请，即"国际申请"，列明商品和服务并指定感兴趣的国家或地区，即"被指定缔约方"。被指定缔约方根据其国内法规来确定商标是否应予保护，以及此种保护的范围。

商标一旦获得注册（"国际注册"），就可以很容易地通过马德里体系对其进行管理。事实上，国际注册的续展或变更（如所有权变更或者注册人名称地址变更），只需通过一个简单的流程就能对所有被指定缔约方在国际注册簿上进行登记。

此外，马德里体系具备一个独特优势，即在商标获得国际注册以后，任何时候都可以通过增加缔约方（"后期指定"）来扩大商标被保护的地域范围。举例来说，某商标可以最初在 5 个国家被保护，以后再在 100 个甚至更多的国家被保护，所有这些都在同一个国际注册号下。

最后，但也是很重要的一点是，马德里体系非常灵活，允许各种量体裁衣的变更，如仅在部分被指定缔约方或仅就部分商品或服务转让某项国际注册。

马德里体系简单、高效，而且可以节约费用（没有翻译费用或法律费用，由于不强制要求指定当地代理人，也没有当地代理费），因此颇受欢迎，这一点从国际申请量的增长以及满意用户的积极反馈得到了印证。

2. 马德里体系的发展

到 2018 年，马德里体系已经走过了 127 年的历史。近些年，随着全球经济的迅猛发展，各个国家越来越注意到知识产权的重要性，所以马德里体系的成员方得到了迅速的发展。现在，马德里体系的成员方有 102 个，涵盖 118 个国家。目前，马德里体系事实上已成为单一条约体系，因为所有《马德里协定》的成员也是《马德里议定书》的成员。

马德里体系目前支撑了全球 85% 的市场，所有著名的公司或者说重要的跨国公司都在广泛的采用马德里体系。通过马德里体系 1893 年注册的瑞士手表"浪琴"商标，现在仍然是有效的国际商标。随着它的普及和被各国所采用，它的生命力仍然保持旺盛。

中国于 1989 年加入《马德里协定》，1996 年加入马德里议定书。中国的申请人在国家知识产权局商标局提交一份国内的商标申请，就可以此为基础申请（必须有一个国家作为申请基础），通过马德里体系提交国际注册申请。马德里体系也在根据各成员方用户的需求进行相应的改革。国际局最新推出了马德里监视器，综合了之前所有的电子工具，无论是监视商标申请的过程，还是进行商标检索，或是监视同行对手商标申请的情况，都可以通过这个监视器更清晰简便地进行。

（三）海牙体系

依据 WIPO 管理的《海牙协定》建立的国际注册体系称为"海牙体系"。《海牙协定》作为一项条约，为缔约方的设计人和持有人提供了一套简单、经济的国际注册程序，设计人和持有人只需注册一次，便可在所有缔约方获得工业品外观设计的保护。换句话说，通过"海牙体系"途径，申请人向 WIPO 国际局仅提交一份国际申请就有可能在若干个国家或政府组织间（统称为"缔约方"）获得工业品外观设计的保护。

1. 海牙体系的法律框架

《海牙协定》于 1925 年通过，1928 年生效。此后有过 3 次修订，每次均通过一个新的文本。这 3 次修订的地点分别是伦敦（1934 年文本）、海牙（1960年文本）和日内瓦（1999 年文本）。《海牙协定》的各个文本相互独立，自成一体。鉴于 1934 年文本已于 2016 年 10 月 18 日正式废止，故以下介绍将仅涉及1999 年文本和 1960 年文本中的内容。

《海牙协定》1960 年文本和 1999 年文本的缔约方共同组成海牙联盟。1999年文本于 2008 年 1 月 1 日对欧盟生效（包括 28 个欧盟成员国），于 2008 年 9 月16 日对非洲知识产权组织（OAPI）生效（包括 17 个非洲法语区国家）。近年来，海牙体系的成员进一步扩展。继 2014 年 7 月韩国成为 1999 年文本的缔约方之后，美国和日本于 2015 年 2 月正式成为 1999 年文本缔约方。韩国、美国日本的加入以及之后土库曼斯坦、朝鲜、柬埔寨、俄罗斯、英国、加拿大、比利时、荷兰、卢森堡等国相继成为 1999 年文本成员，使 1999 年文本的缔约方达到 58个（包括欧盟 28 个国家和非洲知识产权组织 17 个国家）。现在，海牙联盟共有

69 个缔约方，覆盖面超过 85 个国家。

作为海牙体系法律框架的一部分，《〈海牙协定〉1999 年文本和 1960 年文本共同实施细则》（简称《实施细则》）于 2010 年 1 月 1 日生效，最近一次修订于 2017 年 1 月 1 日生效。《适用〈海牙协定〉的行政规程》作为对《实施细则》的补充于 2010 年 4 月生效，最近一次修订于 2014 年 7 月 1 日生效。

2. 海牙体系的基本特征

《海牙协定》旨在为缔约方的设计人和持有人提供一套简单、快捷、经济的程序，使他们只需完成一次国际注册，即可在所有缔约方取得和维持工业品外观设计保护。

国际申请可直接提交日内瓦的 WIPO 国际局，也可通过缔约方主管局提交；国际申请须满足某些形式要求，同时要缴纳规定的费用。在国际申请中需指定为工业品外观设计寻求哪些缔约方的保护（即必须指明"被指定缔约方"）。

WIPO 国际局审查国际申请是否满足规定的形式要求。如不符合，国际局将通知申请人在 3 个月内更正。未在此期限内更正，将视为申请人放弃申请。国际局不进行实质审查（如审查外观设计的新颖性），因而不能以实质理由驳回申请。是否予以保护的决定，仍然是国家或地区主管局的特权，该权利限于做出保护决定的主管局管辖地区。

如果国际申请满足规定的形式要求，注册被录入国际注册簿。通常，国际注册自国际注册日起 6 个月内在《国际外观设计公告》上予以公布。在《国际外观设计公告》中公布视为通知申请人选择的被指定缔约方。除非，申请人请求立即公布或延迟公布。根据 1999 年文本，申请人请求延迟公布的最长期限为 30 个月。

通知被指定缔约方的国际注册与按照缔约方有关工业品外观设计保护的国内法律向该缔约方主管局提交的申请具有同等效力。换句话说，通过海牙体系提交的国际申请与通过《巴黎公约》途径单独向该缔约方主管局提交的申请具有同等效力。

根据 1960 年文本和 1999 年文本，被指定的缔约方主管局驳回按照本国法律提交的工业品外观设计的实质性理由，同样适用于拒绝对国际注册中的一项或多项工业品外观设计提供保护。如保护申请未被驳回，国际注册人所享受的权利等同于缔约方主管局直接对工业品外观设计授予国内注册而产生的权利。

3. 谁可以使用海牙体系

申请人只要满足下列条件之一，即可通过海牙体系提交国际申请：①缔约方的国民；②在缔约方领土内有住所；③在缔约方有真实和有效工商营业所；④在缔约方有经常居所。

由此可见，在我国尚未加入《海牙协定》的情况下，如果我国企业在《海牙协定》缔约方有真实有效的工商营业所（通俗地讲就是企业在《海牙协定》缔约方拥有海外机构），就可以利用海牙体系在国外寻求工业品外观设计的保护。这种提交国际申请的方式被称为所谓的"后门申请方式"。2013 年，中国企业联想集团就是通过"后门申请方式"利用海牙体系成功实现了外观设计海外申请和保护，成为海牙体系的受益者。在 2014 年 WIPO 国际局公布的海牙申请全球排名中，联想位列第七的好成绩为企业赢得了良好的国际声誉。目前，除联想外，越来越多的中国企业，如中兴、华为、小米、格力、美的以及纳恩博等公司已在通过"后门申请方式"积极尝试利用海牙体系在海外寻求外观设计申请和保护。

4. 使用海牙体系的好处

对于工业品外观设计的设计人和持有人而言，《海牙协定》的主要好处是扩大了设计人的选择范围，使其能够在缔约国简捷、经济、一次性地获得其工业品外观设计在多个缔约方国家的保护。在未缔结《海牙协定》的国家，如果设计人或其他欲在海外取得工业品外观设计的人不具备使用海牙体系的资格（比如在海牙缔约方没有商业机构），则他们不得不通过《巴黎公约》途径在希望取得保护的国家分别提交申请，承担由此产生的成本，还要面对办理过程中出现的困难。此外，工业品外观设计在海外成功注册后，出口企业仍必须对在出口市场生效的注册进行维护。续展或在所有权、名称、地址上的变更必须在持有人注册工业品外观设计的不同国家分别完成。这样就得在各个国家办理不同的手续，还要交纳相应的费用、进行翻译和委托代理人。相比之下，《海牙协定》缔约方的国民、居民或企业能够以较低的成本和较少的手续，在所有缔约方获得工业品外观设计保护。特别是，他们无须以几种语言提交文件，也不用为了续展而密切关注多个国家注册的截止日期。另外，还可避免用不同货币支付国家费用。通过《海牙协定》，用一种语言（英语、法语或西班牙语）提交一份国际申请，用一种货币（瑞郎）支付一套费用，即可在所有缔约方取得同等的保护，并且只需与 WIPO 国际局打交道。只有在该外观申请在指定缔约国被驳回时，才需要聘请外国代理人。此外，海牙体系允许一件申请最多包含 100 项不同的外观设计，只要这些外观设计属于国际分类（洛迦诺分类）的同一大类。

国际注册的首期为 5 年，从国际注册日起计，并可续展二个 5 年期。如被续展，在每个被指定缔约方，国际注册的保护期至少为自国际注册日起 15 年。另外，如果按照被指定缔约方的法律，对于依国内法律给予外观设计的保护期超过 15 年，就该缔约方而言，国际注册可额外续展一个 5 年期，直至该国法律规定的总保护期届满。

国际注册的集中化管理。《海牙协定》除了使申请人更易于获取这些权利外，还给国际注册人带来了额外的好处，即注册人可以对这些国际注册实施集中化管理。例如，注册人名称或地址的变更，或者仅就部分或全部被指定缔约方进行的所有权变更，均可通过国际局执行的一个简单程序即可发生效力。特别是在首个 5 年保护期结束后，注册人向国际局提出单一续展申请，即可在全部或部分缔约国完成国际注册续展。注册人可请求变更国际注册的所有权、注册人名称、地址或代理人，变更适用于该注册的全部或部分被指定缔约方。

费用方面的优势。相比《巴黎公约》途径而言，海牙体系在费用上有明显优势。WIPO 国际局 2014 年提供的一个关于申请费的测算这里可作为参考：一申请人有 5 件外观设计，每个设计包含 4 个视图，想在欧盟以及突尼斯、挪威、乌克兰、新加坡、瑞士和土耳其寻求保护。通过《巴黎公约》途径，分别向每个国家或地区知识产权局提出申请，申请费相当于 4 903 瑞士法郎（简称"瑞郎"）。而采用海牙体系途径，以电子申请方式向 WIPO 国际局提出国际申请，申请费仅为 1 808 瑞郎。不算通过《巴黎公约》途径可能需要的代理费和其他相关服务费，仅申请费一项，采用海牙体系途径就可节省近 63%。可见，海牙体系可使外观设计申请人通过履行最少的手续、花最少的钱在相关申请目的地缔

约方获得外观设计保护。❶

（四）WIPO 替代性争议解决

WIPO 全球服务体系，除了上面介绍的 PCT 体系、马德里体系和海牙体系以外，还有一项非常重要服务就是 WIPO 提供的替代性争议解决服务（WIPO Alternative Dispute Resolution，WIPO ADR）。

替代性争议解决办法适用于大多数知识产权争议，尤其适用于来自不同司法辖区的当事人之间。许多知识产权争议或技术争议的当事人来自不同国家，涉及在多个管辖区受保护的权利。在这些案件中，如果采取法院诉讼，很可能要在不同国家走大量程序。而通过调解或仲裁的方式，当事各方可商定将相关争议整合在一个程序之中。与法院诉讼比较，仲裁和调解有其独特性和便利性，比如说节约时间、保密性、当事人制定程序的可能性，以及结果的国际执行力等。

大家知道，地域性是知识产权的本质属性，然而国际经济和贸易的发展却跨越了国界，很多知识产权纠纷会同时发生在多个不同国家。如果通过传统的诉讼方式来处理纠纷，每一个纠纷都要适用不同的法律法规，这就带来了不同结果的国际执行力问题。如果可以采用 WIPO ADR 解决所述争议的话，我们就可以跨越"不同司法管辖"这一障碍。替代性争议解决办法可以通过提高当事人对争议解决程序的控制，赋予当事人更多能力。另外，如它的保密性，通常争议的当事方原本是合作伙伴，如果走法院诉讼途径，彼此将扯破脸皮，未来的合作也就进行不下去了。但通过仲裁或调解的方式解决彼此纠纷，情况就不一样了。

WIPO 仲裁与调解中心（WIPO 中心）于 1994 年成立，总部设在瑞士日内瓦，在新加坡设有办事处。WIPO 中心是一个中立、国际性和非营利的争议解决提供机构，提供多种省时合算的替代性争议解决（ADR）选项。WIPO 调解、仲裁、快速仲裁和专家鉴定让当事方可以在法院外有效解决国内或跨境知识产

---

❶　通过海牙体系注册工业品外观设计的具体费用取决于申请保护的外观设计的件数以及要求给予保护的国家数量。具体请参阅 http://www.wipo.int/hague/en/fees/sched.htm。

权与技术争议。WIPO 仲裁与调解中心亦是全球领先的提供由其倡导的 UDRP 域名争议解决服务的机构。

1. WIPO 调解

调解程序中，一个中立中间人即调解员会协助当事人就争议达成和解，和解协议将被记录在一个可执行的合同中。调解不仅可以高效及低成本地和解案件，还能够保持甚至加强当事人间的关系。调解的主要特点包括：调解是一个由当事人控制且不具有约束力的程序；调解是一个保密的程序；调解是一个基于共同利益的程序。未决的法院案件的当事人如欲将他们之间的争议交由 WIPO 调解，可向 WIPO 中心提交同意 WIPO 调解的协议。

WIPO 中心在收到该协议后会就调解员的指定和适用的费用联系当事人。尽管当事人完全可以共同指定一名合适的调解员候选人，WIPO 中心在考虑案件的案情后亦可提供一份合格的候选人的名单以协助当事人。

2. WIPO 仲裁

仲裁是一个由一名或多名仲裁员依当事人合意而提交的争议所作出的具有约束力的裁决的程序。当事人选择仲裁就是选择了以私人争议解决机制来替代法院诉讼。仲裁的主要特点包括：仲裁体现了当事人的合意；仲裁员由当事人选择；仲裁是中立的；仲裁是一个保密的程序；仲裁庭的裁决具有终局性且易执行。未决的法院案件的当事人如欲将他们之间的争议交由 WIPO 仲裁，可向 WIPO 中心提交同意 WIPO 仲裁的协议。

WIPO 中心在收到该协议后会就仲裁员的指定和适用的费用联系当事人。尽管当事人完全可以共同指定合适的仲裁员候选人，WIPO 中心在考虑案件的案情后亦可提供一份合格的候选人的名单以协助当事人。WIPO 中心亦提供 WIPO 快速仲裁的服务。快速仲裁是一个耗时短且费用较低的仲裁程序。

3. 选择 WIPO ADR 好处

灵活：具体解决方式由当事人自行协商选择。

快速：调解、仲裁时间可约定。

经济：WIPO 中心的非营利机构特性。

公正：国际组织保持独立和公正。

专业：来自全球 70 多个不同国家、超过 1500 名独立仲裁员、调解员和专家，覆盖知识产权和商法的全部领域。

保密：所有案件处理均在保密状态下进行，有效维护当事人形象和商业秘密

语言便利：当事人可选择解决程序使用的语言。

除了提供上述的调解、仲裁和快速仲裁外，WIPO 中心还提供一种特别程序供商标注册人解决恶意注册和使用域名（"抢注"）的案件，即互联网域名争议解决机制，它无须进行法院诉讼。这个机制是 WIPO 首创的，而且得到了全世界的认可。这项服务包括 WIPO 发起的《统一域名争议解决政策》（UDRP），WIPO 中心已依据该政策办理了 41000 多起案件，涉及的域名超过 70000 个。

随着 WIPO 中国办事处的建立，越来越多的中国用户开始熟悉 WIPO ADR。企业在跨境知识产权的保护过程当中，怎么利用好 WIPO 的资源，是我们需要给予充分关注的。

除了上述介绍的全球知识产权服务体系外，WIPO 还与各国知识产权主管部门协调开发信息化工具和技术标准，使世界各地的人们可以更便捷地访问和获得信息。WIPO 创建了 PATENTSCOPE 数据库、全球品牌数据库和全球外观设计数据库。通过 PATENTSCOPE 数据库，可以对 350 万 PCT 国际申请进行全文检索，也可以对国家和地区参与专利局的专利文献进行查询，可免费检索文献总数超过 7200 万。通过全球品牌数据库，可以方便地免费查询 3680 多万项记录，涉及受国际保护的商标、原产地名称和国徽、国旗及其他国家徽记，以及政府间组织的名称、缩写和徽记。而全球外观设计数据库用户可以通过一个简单直观的界面免费同时检索 WIPO 管理的海牙体系下注册国或参与国数据库中的 528 万件工业品外观设计。此外，WIPO 提供有全球法律数据库（WIPO Lex），它汇集 WIPO 各成员国、世界贸易组织和联合国有关知识产权法律的电子数据库，其中还包括由各种多边组织和区域性组织管理的与知识产权相关的条约，以及含有知识产权相关条款的双边条约。上述各数据库是非常好的数据资源，可以通过登录 WIPO 网站查询。

另外，知识产权和经济的结合使 WIPO 越来越重视知识产权如何和经济发生关系，或者换另一种说法就是知识产权在经济当中的中心作用如何体现。

WIPO 开发了一系列的资源，比如说每两年一期的世界知识产权报告。2017 年世界知识产权报告的主题是"全球价值链中的无形资本"，其中有 3 个专题报告，分重点探索了咖啡、太阳能电池板和智能手机领域。报告在对各企业产品生产的全球价值链进行研究后，给出了有史以来第一例数字，揭示出全球销售的制成品近三分之一的价值源于品牌、外观设计和技术等"无形资本"。2015 年《世界知识产权报告》对创新做了回顾，包括历史上重要的创新对经济社会发展带来的影响，比如说飞机、半导体的出现，当然也有 3D 技术、纳米技术、机器人技术对未来社会的发展进行了展望。这个报告实际为政府的政策制定、企业制定自己的发展战略提供了重要的参考源。另外，还值得一提的就是 WIPO 全球创新指数发布，其从 2008 年开始由 WIPO 联合康纳尔大学和英士国际商学院联合发布。全球创新指数报告的核心部分由全球经济体创新能力和结果的排名组成，它依据全球 141 个国家的相关情况，根据近 80 个参数得出排名和优劣势情况。此外，WIPO 还出版了《世界知识产权指标报告》，它汇集来自 188 个成员国和地区知识产权局以及世界银行的相关数据，对于全球知识产权申请量的变化趋势给出了分析。

三、结束语

2014 年 7 月 10 日，WIPO 中国办事处在北京成立，到现在已 4 年多，我有幸一直在办事处工作，从而有更多机会在国内介绍 WIPO 和拥有的丰富的知识产权资源。非常高兴能给大家介绍 WIPO 及全球知识产权保护体系。我的体会是，大家在了解和学习知识产权国际条约和全球知识产权保护体系的过程中，最重要的要树立国际观，即国际视野。无论以后进行学术研究还是到企业参与研发或是从事相关知识产权工作，都需要具有国际视野。

2.2　邢伟：生命科学新进展与知识产权挑战

邢伟：华大集团知识产权总监，深圳基因产学研资联盟知识产权委员会秘书长，深圳市知识产权局专家。

讲座时间：2017 年 10 月 14 日

1953 年，詹姆斯·沃森和弗朗西斯·克里克发现了 DNA 双螺旋的结构，揭开了基因的面纱，开启了辉煌的分子生物学时代。1980 年，第一个被完全测序的基因组 Φ-X174（5368 碱基对）由弗雷德里克·桑格完成。1990 年，人类基因组计划（Human Genome Project，HGP）正式启动，在美国、英国、法国、德国、日本和我国科学家共同参与下于 2003 年完成测序工作。人类基因组计划是为了探索自身的奥秘所迈出的重要一步，是继曼哈顿计划和阿波罗登月计划之后，人类科学史上的又一个伟大工程。

近十几年来，测序技术迅猛发展，人类已完成了众多数量的动物、植物和微生物的基因组序列测定。在人类认识生命的过程中，测序技术逐渐成为一种工具，帮助我们从根本上认识生命的本质。我从 3 个方面分享：第一，测序技术的发展；第二，测序技术的应用；第三，知识产权挑战。前两个方面主要是技术方面的进展，是近几十年，甚至最近十年人类探索生命奥秘的知识结晶，最后一方面是我结合产业发展从知识产权角度的一些思考。

一、测序技术的发展

我们知道人类的遗传物质是由 DNA 组成的，包含 4 种碱基：A、T、C、G。这 4 个简单的字母排列出了我们所有的遗传物质，生命的奥妙就藏在这一张图谱网络中。人类基因组约由 30 亿个碱基对组成，人与人之间的差异大概只有千分之一，即 300 万个碱基对不一样。目前，我们认为人类的基因组由 3 万个基因构成，3 万个基因构成复杂的网络，行使了所有的生命功能，如高矮胖瘦、眼睛的颜色、头发的卷曲、运动的能力等。生命从一个受精卵细胞开始，慢慢发育成为包含数十万亿个细胞的成人，基因主导了这个过程。

测序技术经过 30 多年的发展，经历了第一代、二代、三代，测序片段也由长变短，再从短到长。目前看，第二代"短读长"的测序技术仍然处于绝对优势地位，但第三代测序技术也在快速发展着。

第一代测序技术以桑格于 1975 年发明的双脱氧末端终止法为代表。该方法的原理是：使用 DNA 聚合酶来延伸结合在待定序列模板上的引物，直到掺入一种链终止核苷酸为止。每一次序列测定由一套 4 个单独的反应构成，每个反应含有所有四种脱氧核苷酸三磷酸（dNTP），并混入限量的一种不同的双脱氧核苷三磷酸（ddNTP）。由于 ddNTP 缺乏延伸所需要的 3-OH 基团，使延长的寡聚核苷酸选择性地在 G、A、T 或 C 处终止，终止点由反应中相应的双脱氧而定。每一种 dNTPs 和 ddNTPs 的相对浓度可以调整，使反应得到一组长度为几百至几千碱基的链终止产物。它们具有共同的起始点，但终止在不同的核苷酸上，可通过高分辨率变性凝胶电泳分离大小不同的片段，凝胶处理后可用 X- 光胶片放射自显影或非同位素标记进行检测。在人类基因组计划中立下汗马功劳的 ABI 公司的毛细管自动测序仪，就是利用该原理。第一代测序技术以今天效率来看相对比较低，但其完成了人类基因组测序，使人类的基因组获得了解码：13 年时间，30 亿美元，6 个国家的科学家。第一代测序技术的主要特点是测序读长可达 1000bp，准确性高达 99.999%。但其测序成本高，通量低等方面的缺点，严重影响了其真正大规模的应用。因而第一代测序技术并不是最理想的测序方法。

第二代测序仪以 Roche 公司的 454、Illumina 公司的 Solexa/Hiseq 和 ABI 公司的 Solid 为代表。第二代测序技术大大降低了测序成本的同时，还大幅提高了测序速度，并且保持了高准确性，但在序列读长方面比起第一代测序技术则要短很多。最早推出的二代测序仪是 2005 年罗氏的 454 系统，又称为焦磷酸测序。其原理是：DNA 在延伸过程中会释放焦磷酸，焦磷酸通过硫酸化酶和荧光素的级联放大，产生荧光信号。当荧光信号足够强时，机器读取荧光，将核苷酸的信息 A、T、C、G 读取出来。第二种技术是 Illumina 的可逆终止测序技术，其原理也是在合成过程中读取荧光，使用保护基团封闭了 3-OH 的 dNTP，每一个延伸反应只能延伸一个核苷酸，但是该保护基团过程又是可逆的，当它读取完荧光之后，去掉终止子和荧光染料后，下一个核苷酸就可以聚合上去。目前来讲，这是全世界使用最广泛的测序平台，占据全球大约 70% 的市场份额。Solid 测序仪使用连接测序，反应的底物是 8 碱基单链荧光探针混合物。连接反应中，这些探针按照碱基互补规则与单链 DNA 模板链配对。探针的 5′ 末端分别标记了 4 种不同的颜色的荧光染料。这个 8 碱基单链荧光探针中，第 1 和第 2 位碱基（XX）上的碱基是确定的，并根据种类的不同在 6~8 位（zzz）上加上了不同的荧光标记。这是 Solid 的独特测序法，两个碱基确定一个荧光信号，相当于一次能决定两个碱基。后来，Life Technologis 公司发布了 Ion Torrent 测序仪，即半导体测序，可以称为是 2.5 代测序。这个仪器原理是利用在 DNA 合成过程中有氢离子释放，氢离子释放引起了电势的变化，通过读取电势的变化读取出合成上去的是 A、T、C、G 的哪一种，但在每一轮测序过程中只能加入一种核苷酸。由于读取的不是荧光信号而是电信号时，机器可以做得比较灵巧，仪器价格相对便宜，比较容易投入到临床应用中。目前，半导体测序仪获得了世界上大约 20% 的市场份额。

第三代测序技术以 PacBio 公司的 SMRT 和 Oxford Nanopore Technologies 纳米孔单分子测序技术为代表。与前两代相比，第三代测序技术无须进行 PCR 扩增，可以对单分子测序且读长非常长。其中 PacBio SMRT 技术其实也应用了边合成边测序的办法，并以 SMRT 芯片为测序载体。基本原理是：DNA 聚合酶和模板结合，4 色荧光标记 4 种碱基（即 dNTP），在碱基配对阶段，不同碱基的加入，会发出不同光，根据光的波长与峰值可判断进入的碱基类型。PacBio SMRT 技术的关键是怎样将反应信号与周围游离碱基的强大荧光背景区别出来。Oxford Nanopore Technologies 公司所开发的纳米单分子测序技术与以往的测序技术皆不同，它是基于电信号而不是光信号的测序技术。该技术利用一种特殊的纳米孔，孔内共价结合有分子接头。当 DNA 碱基通过纳米孔时，它们使电荷发生变化，从而短暂地影响流过纳米孔的电流强度（每种碱基所影响的电流变化幅度是不同的），灵敏的电子设备检测到这些变化从而鉴定所通过的碱基。

二、测序技术的应用

在未来，每个人都有机会获得自己基因组的数据。这一数据将来怎么用呢？会提供给医生，来做正确的诊断与治疗。生命科学的基础研究成果有两个主要的应用出口，一个是人类疾病的诊断治疗，一个是动植物的育种。当然也还有一些其他方面的应用，比如说环保方面。我下面列举两个已经转化产业应用的例子，这些对我们的健康状况和人类的生活方式产生重大影响。

第一个是无创产前基因检测。我们知道每个人有 23 对染色体，也就是46 条染色体。有些疾病的患者染色体数目异常，不是 46 条，如有 47 条染色体，这类疾病属于染色体病。其中一种染色体病就是大家广为所知的唐氏综合征，多了一条 21 号染色体，给胎儿的发育和健康状况带来非常大的影响。基因测序可以实现对染色体数目的精确检测，原理在于胎儿细胞在胎盘中会脱落，脱落之后会进入妈妈的静脉血中，通过捕捉细胞破碎后的核酸片段，可以进行基因测序，然后通过生物信息学分析就可以得出胎儿的染色体是否异常的信息。中国在 2010 年开始在临床上进行科研性质的推广应用，目前国内已经有 6 家公司提供无创产前基因检测服务，中国受益孕妇群体数量世界第一。

第二个例子是遗传病基因检测。全世界目前认知的单基因遗传病有 6000种，如地中海贫血、苯丙酮尿症、遗传性耳聋、遗传性乳腺癌等。每个人都不是完美的人，每个人都带有基因突变。就拿地中海贫血来说，在我国的两广地区携带率相对较高。如果夫妻双方都是致病突变携带者，生的小孩就可能表现出贫血，情况严重的就会影响其发育，并对一生的生活质量都有严重影响。测序技术可以在备孕前就提前检测有没有这种风险，如果有高风险，可以通过PGS（第三代试管婴儿）的方法解决。还有些疾病可以在新生儿出生后进行检测，比如有一种叫囊状纤维化的疾病，新生儿肺部会出现反复感染，严重的会导致死亡。通过检测基因可以正确区分是肺炎，还是囊状纤维化这种单基因遗传病，选择正确的药物进行治疗就能够挽救新生儿的生命。再比如遗传性肿瘤，如遗传性乳腺癌，很大一部分与 BRCA1 和 BRCA2 这两个基因的突变有关，也可以通过基因检测做提前干预。安吉丽娜·朱莉的家族成员有若干位罹患乳腺癌，基因检测发现其有高风险，于是她做了双侧乳腺切除手术。通过手术及早干预能极大地延长寿命。南希·里根在 1987 年确诊为乳腺癌，手术后恢复非常好，直到 2016 年因心脏病去世，活了 94 岁。

还有些基因检测转化医学应用的例子，比如肿瘤个体户用药、HPV 分型、病原微生物检测、细胞免疫治疗等。基因测序成本的不断下降将使基因检测技术越来越人人可及。

三、知识产权挑战

改革开放以来，经过多年的快速发展，我国已成为世界第二大经济体，世界第一大贸易国，制造业规模世界第一。我国的知识产权事业也经历了高速发展，2016 年发明专利申请量已达到 133 万，3 种专利总申请量超过 300 万。但我认为中国的生物公司在知识产权方面仍要面临比较大的挑战，以下是我的一些简单的思考。

第一是培育高价值的专利。我们看到 A61K 蛋白肽类药品，C07K 肽及其制品，C12N 微生物、酶、组合物和核酸，C12Q 检测方法或试剂及其制备方法等几个类别的专利，在申请量前十名的申请人里面几乎全是中国公司。但通过进一步分析我们发现，中国公司的核心专利比国外企业要少很多，通常表现为权利要求保护范围较窄、同族专利数量少、他引数寥寥无几。中国企业往往采用数量优先的战略，但应清醒地认识到数量只是基础，而最终要以质量取胜，质量应优先于数量。我们要坚持进行持续的研发投入，没有创新成果就不可能有高价值专利。在对创新成果进行综合评估的基础上，资源应主要向高价值专利倾斜。对高价值专利要坚持用长远眼光进行专利布局，十年磨一剑。中国公司不仅要在中国做专利布局，在国外也要进行合理的布局，逐渐积累，形成自己的知识产权优势。考虑到目前很多科研工作者和企业管理者的知识产权意识还要加强，甚至还有些片面或者错误的认识，该项工作任重道远。

第二是专利和标准如何进行结合的问题。我说的主要都是和生物相关的。人们经常会说生物医药，其实有时候人们认为生物和医药是两个行业。医药行业长期以来是有大量标准的，每一个药品都是有标准的，如药典其实就是标准汇编。目前生物行业，尤其基因检测方面标准还很少。在我国，有关标准又分别归口到国家质量监督和国家卫生行政管理部门进行管理。我们现在所看到的标准里面几乎没有看到专利的影子。目前生物产业专利与标准的结合还处在探索阶段，未来如何结合体现价值是我们目前需要思考的一个问题。尽管还在探索，但对于国际标准化组织的技术委员会，如 ISO/TC276 Biotechnology，我们也要加入进去，积极主动地参与规则的制定。

第三个挑战是科研工具专利的存在。在生物领域，基因编辑其实是从微生物的研究中发现的一种现象，类似于哺乳动物的二次免疫应答，细菌在受到感染时，就会把外源 DNA 俘获，变成间隔序列，从而形成免疫记忆。二次感染的时候基因编辑系统就会转录出向导 RNA，对外源核酸进行剪切。在 CRISPR–Cas9 体系中，基因编辑这个复合体是由一个 Cas9 蛋白质加两条 RNA 组成的，通过 RNA 可以识别外源核酸，然后蛋白质去切掉外源核酸，切掉之后就会降解掉，这是一个免疫机制。我们后来发现这个编辑体系不仅在微生物中适用，在真核生物中也起作用，包括哺乳动物。基因编辑既是一个科研工具又是临床医疗工具。掌握核心专利的研究所制定了一些相关的许可政策，给某些科研组织提供免费的基因编辑的质粒，对商业用途的开发也设计了相关的许可政策。科研工具是人类进行创新活动所不可缺少的要素，由于其在科研中的广泛使用，适宜采用友好的许可政策。美国国立卫生研究院主导的囊状纤维化基因检测专利所采用的广泛给予许可并逐渐降低许可费率的友好政策可以借鉴。

第四个挑战是在美国进行专利布局遇到的 101 问题❶，也就是客体问题。有两个重要的案例明确了自然现象和自然规律不可专利。第一个是关于 Myriad 公

---

❶ 《美国专利法》第 101 条，即 35 *U.S.C.*101 规定了专利权的客体。近年来，在 Myriad, Mayo, Alice 等美国最高法院案例影响下，美国专利商标局对客体的审查变得异常严格，许多生物领域的专利申请面临是否满足《美国专利法》第 101 条的问题。

司的案例。Myriad 是一家做乳腺癌检测的生物公司。基因 BRCA1/2 和遗传性乳腺癌密切相关，Myriad 申请了两个基因及其检测应用方面的专利。Myriad 公司将乳腺癌检测于 20 世纪 90 年代在美国进行了产业推广，但价格昂贵，一次检测大概需要 3000 美元，因此一些学术团体和民权组织就向法院提出起诉，挑战这两个基因专利的有效性，声称基因不应该被专利。最后美国最高法院认同了民权组织的意见，否定了基因组 DNA 的可专利性。其主要理由是基因组 DNA 不管有没有从生物体中分离出来，它其实都和自然界中的基因一模一样。天然存在的物质不可以申请专利，法院认为这是自然现象，不可以申请专利。所以，天然的基因在美国已经具有不可专利性，也就是基因组 DNA 不可以申请专利。但是 cDNA 是可以申请专利的，因为 cDNA 把基因组中的内含子去掉了，是人工制造的分子，cDNA 在自然界是不存在的，所以法院认为 cDNA 可专利。

第二个案子是 Mayo 和 Prometheus 之间关于给药量的治疗方法专利。病人吃某种药来治疗一种肠胃病，检测代谢物的时候，如果代谢物浓度比较低，那增加给药量；如果这个代谢物浓度比较高，那就降低给药量，就是这样一个药物代谢物浓度和药物给药量的关系。具体讲，检测中以每 8×10^8 红细胞中含有 230pmol 代谢物作为一个阈值，当浓度低于 230pmol 的时候，应该增加药量；当高于 400pmol 的时候应该降低药量，药物剂量依据这个代谢物的浓度区间进行调节。美国最高法院认为这个治疗方法不可以专利，这种关系是自然现象。除了该自然现象之外，其他的手段，包括注射药物、检测药物的浓度，这些都是常规手段，也就不具有可专利性。

这两个案子之后，基因诊断方法在美国专利就很难拿到了。实务中，几乎每个案子都是第 101 条的问题。当然，对所有的中国公司和美国公司来说，所面临的形势是一样的，大家都很难拿到专利。这对于中国企业来讲是一个机遇还是一个挑战？如果说是机遇的话，因为没有知识产权门槛，都可以冲进去。如果说是一个挑战的话，因为大家都拿不到知识产权，创新的积极性受挫。

第五个挑战，也是中国所有生物企业面临的挑战，因大多数基础专利都在美国公司和大学手中。中国企业进军发达国家市场，必须充分考虑知识产权风险。举个例子，CAR-T 是治疗肿瘤的一个特异性方法，原理是 T 细胞本来是可以杀死它不喜欢的细胞的，但是 T 细胞没办法识别哪个是肿瘤细胞。而现在就有一个技术可以让 T 细胞去特异性识别肿瘤细胞，并把它杀死。到目前为止，CAR-T 已经发展到第四代了，对于肿瘤治疗取得了非常好的疗效。

这个治疗方法的第一款产品是诺华公司和该技术发明者合作开发的，产品于 2017 年在美国批准上市了。我们分析诺华公司的专利布局情况，发现它涉及该技术的每一方面，包括细胞改造、应用场景、辅助方法等。其他公司如 Cellectis、JUNO、Celgene 也做了比较多的专利布局。在每一个点上基本上都有相关的专利，CAR-T 大多核心专利主要由这几家公司包揽。现在国内非常多的公司也在做 CAR-T，但多数做一些改进技术。这也说明虽然我们有很多公司在做相关研究，但是我们走出去的时候可能会遇到很多障碍。

2.3　吴励超：商标的运用与保护

吴励超：副巡视员，自 1996 年起在广东省工商行政管理局从事商标行政管理工作，曾任副处长、处长，兼任广东商标协会秘书长。

讲座时间：2016 年 5 月 15 日

商标是知识产权的重要内容，是品牌的法律载体和表现形式。加强商标权保护是营造良好的品牌建设环境和投资环境的根本保障。中国一直以来高度重视包括商标在内的知识产权保护运用工作，2008 年印发《国家知识产权战略纲要》。2015 年以来先后颁布了《国务院关于新形势下加快知识产权强国建设的若干意见》《国务院办公厅关于发挥品牌引领作用推动供需结构升级的意见》，规定了商标保护和运用的任务。2016 年 11 月的《中共中央国务院关于完善产权保护制度依法保护产权的意见》更是强调"加大知识产权保护力度"。

市场经济的发展，使得商标品牌与百姓的生活和社会经济发展的关系更加密切。品牌的运用，不仅深刻地影响消费取向和品质，也改变着竞争的方式。品牌的强弱和数量不仅能衡量国家或地区的综合实力，也可作为评估区域投资环境的重要指标。因此，加快实施国家知识产权战略，创建知识产权运用和保护的良好环境，对于培育自主品牌意义深远。在实践中归集商标注册、管理和保护所产生的数据信息，对分析和预测区域经济发展趋势、产业分布、开放程度，以及评估政府政策的响应及管理效能等，同样具有可参考的价值。

一、商标与经济发展

注册商标阶段性变化趋势能够反映区域经济的发展状况。

第一，商标申请和注册量的变化能够反映区域经济发展的活跃程度。从1980—2015年，经过30多年的改革开放，广东GDP增长了近292倍，从位居全国第六，跃升到全国第一。与此同时，广东的商标注册数量增长了1095倍，有效注册量连续21年稳居全国第一。各省（自治区、直辖市）经济发展与注册商标的数量变化也同样有一定的对应关系。因此，在一定程度上，商标注册数量的变化反映了一个地区经济的活跃程度。

第二，注册商标在商品（服务）类别上的变化能够反映区域经济的产业布局及经济增长方式。

通过对注册商标在类别上的分布，可以清晰观察一个地区的产业结构、行业特点以及发展方式。改革开放后广东经过30多年发展，在各个领域均取得突飞猛进的进步，尤其是在洗涤用品、医药、家用电器、建材、服装和服务业方面更为突出。在这些突出领域中，也成长出一批享誉全国，并且正在走向世界的广东品牌，例如，"华为""格力""美的""立白""白云山"，以及佛山陶瓷等诸多的知名品牌。

通过地区之间商标注册类别分布比较，相对直观地看出地区之间在产业发展上的差异。例如，通过对北京、深圳和成都3个市在各类别上注册商标的比较，可以发现：深圳在家电制造业方面领先于北京；北京则在服装、体育产业、广告、金融保险等领域强于深圳；成都在各产业的布局方面与北京、深圳有着相似之处，但明显落后于北京和深圳，尤其在家电、服装、广告、金融保险和服务业方面的差距较大。

第三，注册商标在类别或者具体商品上阶段性变化不仅能够反映出政府相关政策得到的响应程度，据此可以评估相关政策取得的成效。

国务院2010年印发《关于加快培育和发展战略性新兴产业的决定》，提出要根据战略性新兴产业的特征，立足我国国情和科技、产业基础，现阶段重点培育和发展节能环保、新一代信息技术、生物、高端装备制造、新能源、新材料、新能源汽车等产业。

对此，我选择"机器人"领域的发展作为代表，验证政策的响应程度。机器人与信息技术和高端制造业有着密切关系，属于新兴产业的组成部分。在国务院产业政策的指引下，从 2009 年开始，我国在这个领域的发展呈现出突飞猛进的态势。尤其是广东、江苏、上海成为引领发展的龙头，名列前三位。这不仅验证了国家产业政策得到了广大企业的积极影响，同时也反映了东南沿海地区经济结构和工业基础与内陆省份的差异。尽管商标信息还不一定能真实地反映出相关地区在某一领域发展的真实状况。但通过这些商标注册人的信息，至少可以锁定一批企业，再通过企业注册信息筛选出一批对象企业。在此基础上，可以进一步调研分析，观察这个企业群体的规模、科研能力、生产实体、融资环境等。通过这种方式，可以对一项产业政策的实施情况做出评估。

第四，外国企业在华的商标注册情况，一定程度反映出中国的投资环境、开放程度以及国家之间的贸易发展领域和趋势。

随着中国的对外开放，投资环境得到很大的改善，美国、欧盟和日本等发达国家和地区的企业对华投资、合作的意愿持续强劲，从这些国家在华商标注册的情况就可以略见一斑。近年来，美国、日本等国家和欧盟地区的企业每年在华申请注册的商标均在万件以上。而俄罗斯尽管是中国的战略合作伙伴，但由于受经济发展规模等因素的制约，相比较美国、欧盟和日本在我国的商标注册还有较大的差距，每年在 1000 件左右徘徊。2010—2013 年和 2015 年后的注册量有所回落，原因是 2013 年我国第三次修正《商标法》前，对商标注册申请的审查无时限要求，商标申请到获准注册耗时较长，通常要 1—3 年。受 2008 年国际金融危机以及 2015 年以来全球经济持续不景气的影响，发达国家自身的经济发展放缓甚至停滞，来华的注册申请明显下滑，在一定程度上反映了投资意愿有所减缓。上述情况，在来华的外国企业申请商标注册的情况上也得到了验证。

从上述列举对商标注册信息几个方面的运用可以看出：一个地区商标注册量的变化，在一定程度上反映出区域经济的活跃程度；而注册商标在类别上的分布，可以反映出地区产业发展及变化和趋势。通过注册商标对某一类具体商品或服务的变化情况分析，可以用来评估某一项政策得到社会的响应程度。此外，通过对各个国家和地区在华注册商标的数量及类别的分析，在一定程度上能反映国家之间的重点贸易领域和发展趋势等。因此，进入大数据时代，商标注册的动态数据也应当很好地加以运用。通过系统分析，来验证某一区域的市场环境，评估政府的管理效能、企业发展水平、创新能力等，同样具有可参考的价值。

二、注册商标与品牌建设

（一）注册商标是品牌建设的基础

商标是品牌的表现形式及法律概念，注册商标也因此成为培育品牌的基础。近年来，随着中国经济的崛起，以及"走出去"战略的实施，一批中国企业在探索中走向世界，使得一些中国品牌逐步在世界上崭露头角，而创建品牌的前提就是注册商标。由于各国的法律体系不同，取得商标权的方式也存在差异。因此，不仅是在中国，甚至是在其涉足的主要贸易国家和地区，同样需要取得商标权。正因如此，中国企业对注册商标和商标权的保护越来越重视，无论是在国内还是在全球，注册商标均在持续增长。

一批中国企业的商标注册量逐年增加，甚至也在不断向海外延伸注册。腾讯公司在国内就注册了 6000 多件商标。我曾在 10 年前问过索尼公司的法务代表，当时索尼公司在全球的商标注册已超过了 25000 多件；飞利浦注册了 10000 多件；美国通用公司仅在中国就注册了 1000 多件。据了解，联合利华在全世界的商标注册量达 70000 多件。如此众多的注册商标，一是为了更好地保护企业自身的权益，以满足在竞争中不断细化产品的需要，通过主品牌与副品牌的联合运用，进一步细分消费群体。有这样的战略规划，就需要企业有足够的注册商标储备。二是为企业未来的产业拓展预留足够空间。就像海尔最早从冰箱开始，逐步拓展到整个白色家电，其前期的商标注册储备是至关重要的。三是防御性注册。通过在相关和其他领域的注册，以阻止他人在其他类别的不同商品或服务领域上的注册或不良使用行为，给公司造成负面影响。近几年来，频频出现的抢注纠纷，往往就是因为缺乏对覆盖商品类别的注册或防御性注册而导致的。

（二）自主创新与自主品牌相辅相成

提高自主创新能力，转变经济增长方式，推进科学发展，关系到中国在世界产业链中的分工，对未来的可持续发展乃至国家安全至关重要。永无止境的技术创新是形成企业核心竞争力的重要组成部分，但企业是否具有竞争能力，还要看技术与市场的融合程度，看技术在市场上的转化能力，特别是以品牌为依托的市场营销能力。品牌通过产品或服务作为载体走入千家万户，成了使自主创新成果实现市场价值的途径。只有被消费者认可的品牌，才能促进商品在市场上的流通，更好地实现社会价值。没有自主品牌，则所有资源投入的创新成果，将有可能替他人作嫁衣。

广东东莞，作为知名的制造业基地，相当多的企业从事贴牌加工。近年来，在政府鼓励支持下，企业大力投入技术创新，相当一部分企业由最初的 OEM（贴牌加工、代工生产）转型为 ODM（原始设计制造）模式，但仍不能从根本上转变处于产业利润分配底端、发展受制于人的局面。佛山一批为国际品牌代工的小家电企业虽然已完全掌握核心技术，达到较高的制造水平，相对提高了博弈实力和利润率，但仍然受制于国际品牌和国际检测标准。这就是没有自主品牌的结果。一些具有创新、设计和制造能力的企业甚至还面临被品牌企业收购的危机。这样的结果，有可能使政府鼓励和支持并投入的资源，使企业形成的技术创新能力和成果成为国家资产、资源流失的一种新形式。因此，仅仅依靠自主创新，还不能让我们真正走向世界。因为，还缺少一张让世界认可的中国品牌的名片。

中国经济要实现真正的转型升级，就应当构建以自主创新、自主品牌为核心竞争力的经济发展模式。不仅要提高自主创新的能力，还应当加快培育我国的自主品牌。从党的十六大报告开始，中央就提出，我国要"形成一批有实力的跨国企业和著名品牌"。此后，党的十七大和十八大报告，均对加快培育自主品牌建设有明确的阐述。近年来，《国家创新驱动发展战略纲要》《中国制造2025》《国务院关于新形势下加快知识产权强国建设的若干意见》《国务院办公厅关于发挥品牌引领作用推动供需结构升级的意见》等对品牌建设做出一系列新的重大部署。自主创新是提升自主品牌价值的核心要素，而自主品牌是自主创新实现市场价值的重要载体，二者相辅相成。在新形势下推进创新驱动发展战略实施，推动中国制造向中国创造转变，引领供需结构升级，离不开商标品牌强省、强国建设。

（三）支撑品牌的要素

在当今的信息社会，一个商标（品牌）符号所能承载和反馈给消费者的信息是丰富的。商品流通或服务使得企业的信誉等各种信息不断向品牌输入，最终让消费者通过品牌感受到的是商品或服务的质量、技术含量和适用性；而起到支撑作用的，却是企业的管理水平、创新能力、人才素质、社会责任和企业文化等要素。始创于 1880 年的美国柯达公司，2006 年名列世界品牌 500 强中的第 80 位，但 2012 年 1 月向法院提出了破产保护。一个百年品牌的影像巨头走到了破产地步的经历，说明仅仅依靠传统产品作为核心竞争力，而缺乏创新的动力，就不能使品牌永葆活力。另外，某韩国著名品牌手机的炸机事故，在社会上引起很大反响。对品牌形象同样产生巨大的影响。因此，品牌的培育，不仅仅是提高产品的质量，还应当不断提高企业在创新能力、服务水平、企业管理、人才素质、企业文化和社会责任等方面。

三、商标知识产权的行政保护

（一）广东行政保护在全国所占的比重情况

广东的经济发展与广东知识产权的保护环境建设是密不可分。近年来，在广东发生的一些涉及商标权的比较有影响力的案例，如美国苹果公司与唯冠科技（深圳）有限公司（简称"唯冠公司"）的"iPad"商标纠纷、广州医药集团有限公司（简称"广药集团"）与加多宝集团"王老吉"商标纠纷、"红罐"的版权和"广告用语"的纠纷案、香港"荣华"与顺德"荣华"的商标权争议等。尽管上述纠纷最终是由法院裁定的，但在其纠纷过程中或是在诉讼裁定前后，当事人也均有向行政部门提出过相关诉求，行政机关也介入了部分案件的处理。上述发生在广东比较有影响的商标案例，以及许多没有被媒体曝光的商标权纠纷，反映了广东在向市场经济过渡过程中，竞争的领域和方式在悄然发生变化。因此，广东的各级行政执法部门在保护商标知识产权方面承担了重要的职责。

多年来，广东行政执法查处商标侵权案件占全国的 15% 左右，这与广东的经济总量、市场主体数量，以及商标拥有量在全国所占比重基本相当。商标侵权行为随着区域经济发展的活跃程度、保护力度等因素，不同地域在不同时期会呈现出不同的表现形式，例如，使用与他人注册商标相同商标的假冒侵权、使用与他人注册商标近似的商标侵权、仿冒知名商品的包装装潢造成消费者误认误购的不正当竞争、使用企业名称的字号与他人的商标相同造成消费者对商品来源的混淆等各种侵权形式层出不穷。随着知识产权保护力度的加强，侵权行为更加隐蔽，手段也更加狡猾。特别是随着互联网技术的广泛应用和电子商务的迅猛发展，侵权的便捷化、产业化、跨区域、国际化趋势越发明显，对打击侵权行为造成了极大的困难。因此，保护知识产权不仅需要中国的努力，也需要国际合作，对知识产权的保护任重道远。

鉴于广东的经济活跃程度，广东的知识产权保护也成为国际社会关注的焦点。美国、日本等国家和欧盟地区，非常关注广东省知识产权的保护状况。美国贸易代表办公室根据 1974 年《贸易法》第 182 节第 301 条款的规定，每年向美国国务院提交的《特别 301 报告》，在报告中分 3 级将各个国家列为知识产权保护的名单，分别是"观察国家"名单、"优先观察国家"名单和"306 条款监管国家"名单。美国政府将根据报告提出的建议，决定是否对不注重知识产权保护的国家进行贸易报复。从 2007 年开始，报告增加了对北京、福建、广东、江苏、上海、浙江等 6 个省（直辖市）的专门评价。2008 年 1 月，美国专利商标局在广州领事馆设立分部。这是继在巴西圣保罗、印度新德里、俄罗斯莫斯科、埃及开罗、瑞士日内瓦、泰国曼谷、中国北京之后，在国外非首都城市设立知识产权分部。这是美国重视广东知识产权保护状况所采取的一项新的措施。

2011 年，美国的《特别 301 报告》有这样的一段表述，中国在全球的生产能力还渗透到了假冒商品的生产和全球销售的各个阶段。行业报告显示，中国的假冒商品涉及多个种类，包括服装和鞋类、手机、药品和医疗器械、草药、葡萄酒和白酒、其他饮料、农用化学品、电子元件、计算机及网络设备、软件及相关产品、电池、香烟、化妆品、家电、水泥、汽车零部件及其他受版权保护的作品。这些违法活动多数源自广东省。

广东作为对外开放程度比较高的省份，加强与外界的交往，履行好中国加入世界贸易组织的承诺，依法保护商标注册人的合法权益，对树立负责任的大国形象至关重要。今天，中国正在崛起，加强保护知识产权，创建法治化、便利化、国际化营商环境，也是自主创新和自主品牌建设的重要保障，是落实建设"一带一路"合作倡议的重要举措。只有依法保护好知识产权，才能有更多的像"华为""格力""美的"这样的广东民族品牌走出广东，走向全国，甚至是走向世界。

（二）广东商标侵权纠纷行政与司法保护的比较

商标法实施以来，基于我国的现时国情，对商标权的保护一直采取行政和司法保护的双轨制。广东行政执法查处的商标侵权案件数量占广东商标纠纷处理总数的一半以上，这是由中国的现时国情和行政执法的特点所决定的。但随着行政和司法体制的改革，其比重也出现了一些变化。尤其是2015年省以下工商行政管理部门取消了垂直管理体制后，行政执法出现了一定的波动，查处案件的数量明显下滑。这些问题还需要在后续的改革中不断完善。

（三）中国的现时国情决定了行政执法存在的合理性

多年来，对于是否应当取消行政执法，统一采取司法保护，在学术界多有争议。不少意见认为，商标权是私权，应当遵循"不告不理的原则"，特别是应当参照国外成熟的保护经验。对此，经过多年的执法实践，我深刻地感受到，基于以下几方面的因素，应当对现时国情有充分认识。

第一，中国幅员辽阔，经济发展不平衡，在收集证据、确定侵权人和划分侵权责任等方面给权利人增加了难度。而行政执法的主动性和高效快速，恰好有利于及时制止侵权行为，维护权利人的合法权益。奥林匹克标志和亚运会标志的保护，权利人就最为倚重工商部门，通过工商部门及时的行政执法达到迅速制止侵权行为的目的。

第二，目前全社会的法治意识还不强，一些企业和个人容易受利益驱使而从事侵权行为。通过工商行政管理部门建立的覆盖全国的 12315 投诉举报网络，以及广东特有的 12345 举报投诉及效能监督平台，方便了社会各界人士的投诉举报，为检举违法行为提供了畅通的渠道。此外，执法部门获取案件的来源还包括相关部门的移送、上级主管部门通过政府之间的渠道得到的线索，及时采取调查，便于及时发现和制止侵权行为，有利于更好地保护权利人和消费者的合法权益，同时降低权利人的维权成本。

第三，行业自律机制的不健全导致了现阶段对企业外部监管的倚重。改革开放以来，计划经济的体制被打破，主管部门的角色已淡出了经济管理领域，企业的自主权得到了空前释放。但自律机制的缺失使得不正当竞争行为大量增加，客观上加大了行政执法部门维护市场经济秩序的责任。

第四，绝大部分中小企业受制于自身的维权能力，通常首选行政途径来解决纠纷，这将节省他们大量的人物力和财力。在与一些发达国家的官方机构交流中发现，他们也通常是代表中小企业维护权益。他们认为，大企业具有自身的维权能力，一般的纠纷都无须借助外力来解决。

第五，全国正在推进的监管方式改革需要工商部门的监管执法给予配合和保障。企业从他律转向自律是一个较漫长的进化过程，需要有一定的外力促进。目前，广东由工商部门牵头的企业信用监管体系和平台建设工作，正是促进信用监管、风险监管和大数据监管的一种新的尝试。

（四）行政执法的特点决定了行政保护的高效性

行政执法的高效性主要体现在以下几点：

一是行政执法的主动性和程序便捷性，有利于快速、及时制止侵权行为。商标权是私权，在国际上通常采取不告不理的原则，而具有中国特色的知识产权保护制度设计，赋予了工商行政管理部门相应的职能。《商标法》（2013 年）第一章第一条规定："为了加强商标管理，保护商标专用权，促使生产、经营者保证商品和服务质量，维护商标信誉，以保障消费者和生产、经营者的利益，促进社会主义市场经济的发展，特制定本法。"该条作为立法宗旨，把保护商标专用权、保障消费者利益和促进社会主义市场经济的发展放在了同等重要的位置。因此，为维护市场经济秩序和保障消费者利益，工商行政管理部门可以依据商标法主动采取措施查处违法行为。根据全国工商行政管理部门的数据，依据权利人投诉查处的案件约占商标侵权案件总数的 27%，其余超过七成是工商行政管理部门依法查处的。这充分说明，现阶段行政执法在维护市场秩序方面具有举足轻重的作用。

二是工商行政管理部门的统一和协调性，有利于高效执法。工商行政管理部门的机构设置自上而下。最高行政管理机关是国家工商行政管理总局，在省以下设省、市、县工商行政管理局，县以下设工商所。所以，可以自上而下地统一部署对侵权行为的查处行动，并且可以对跨区域的执法行动通过上一级的协调，实现步调一致。对于一些可能涉及多种违法行为的执法行动，还可以通过部门之间有效资源整合协作执法，使得对违法行为的查处更加高效率。在长期的执法实践中，工商行政管理部门与公安、海关、质监、药监等部门开展了协作，也建立了粤港澳执法部门的跨境合作机制，对共同打击侵权行为起到了积极的作用。

工商行政管理部门可以依据投诉、举报获取的证据，再通过现场检查的方式进一步收集相关证据。对构成侵权行为的，工商行政管理部门可采取相应的行政强制措施，使侵权行为立即被制止。因此，制止违法行为的效率较高。

三是权利人的维权成本相对较低。行政管理机关在查处侵权行为过程中的调查、收集证据，对构成侵权行为采取相应的行政强制措施。后续的审理，直至做出处理决定，以及可能进入的行政复议程序等，均是由国家来承担相应的费用，无须权利人负担。

选择行政执法处理商标权纠纷与通过司法途径相比，行政优势是更低廉的成本付出。所以，现阶段行政保护仍然是绝大部分商标注册人选择保护的主要途径。但行政执法也存在部门之间职责划分问题、操作的程序性问题、强制措施的适用性问题和行政处罚的效果等方面的问题，均需要在进一步的改革中不断完善。

四、问题与思考

（一）立法追求的高标准并不能在执法中得到体现

《商标法》从 1982 年颁布、1983 年实施以来，分别进行了 3 次修正（截止到 2016 年），分别是 1993 年、2001 年和 2013 年。每一次修正，均涉及对侵权行为和处罚标准的调整。

表 2-1 列出了历次修法对商标侵权行为的处罚标准，可以看出我国在立法中对商标侵权行为的处罚标准在不断地提高，这表明了政府对保护知识产权的决心和态度。对商标侵权行为的处罚，从 5000 元以下的罚款上升到非法经营额五倍以下的罚款，立法的本意是要通过加大对侵权行为的处罚提高违法成本，以达到遏制侵权目的。然而，在实际执法中，对侵权行为的处罚金额基本在一倍左右。广东的处罚金额略高于全国的平均水平（全国的平均水平均在一倍以下），并没有因法律的调整而得到提高。近年来，中国经济依然保持了 6% 以上的增长，如此低的违法成本，显然不足以惩戒和制止商标侵权违法行为。

表 2-1　历次《商标法》修改对处罚标准的调整

时间	处罚标准
1982 年	对情节严重的可以并处 5000 元以下的罚款
1988 年	处以非法经营额 20% 以下或者侵权所获利润两倍以下的罚款
1993 年	处以非法经营额 50% 以下或者侵权所获利润五倍以下的罚款
2002 年	罚款数额为非法经营额 3 倍以下；非法经营额无法计算的，罚款数额为 10 万元以下
2013 年	非法经营额 5 万元以上的，可以处非法经营额五倍以下的罚款；没有非法经营额或者非法经营额五万元以下的，可以处 25 万元以下的罚款

究其原因，一是各地经济发展不平衡。通常是经济比较发达的地区，对侵

权行为的处罚力度要高于经济发展相对落后的地区；二是全国没有制定统一的量化执法标准，致使各个行政执法机关在执法中有较大的自由裁量权。往往出现同一种侵权行为，在非法经营额基本相同的情况下，不同地区可能出现不同的处罚；三是省以下垂直体制的改变，各级工商行政管理部门划归同级政府管理，对区域内的统一执法也有一定程度的影响。行政处罚的不统一，也让一些商标注册人产生了质疑，在一定程度上影响了投资的意愿，同时也影响了我国的对外形象。

（二）行政管理的科学性亟待提高

我国在向市场经济过渡的过程中，原有的计划经济的体制已被打破，市场主体的设立和经营方向（限制性行业除外）已成为市场主体的自主行为，不再需要经过审批程序。经济体制的改革，赋予了市场主体更大的自由度，激发了市场的活力。正因如此，改革开放以来，广东省的市场主体从1987年的115万户，增加到2015年年底的775.95万。而1987年广东省工商行政管理系统的干部职工有2.3万人。2014年年底，省工商系统公务员和事业单位的人员一共是2.18万人。不容忽视的是，近年来不断出现的安全生产事故、旅游市场的乱象、食品安全问题、环境保护问题、市场上的假货问题、知识产权侵权问题等，暴露出一部分市场主体为谋利，不惜采取违法行为损害他人和广大消费者的利益。通常引发成新闻事件后，才能得到各方面的关注，采取应急措施。这更多反映的是，在新形势下市场监管上的缺失，管理理念和管理方式的滞后，导致无序竞争加剧。因此，如何实施有效的管理，使市场在具有活力的同时，也更加有秩序的运行，就成了市场管理亟待解决的问题。

行政管理在我国向市场经济转型过程中也许将长期存在。这就需要通过问题导向，不断改进和完善，使我国的行政管理能够更好地发挥管理效能。目前，我国的行政管理体制是自上而下的，为了实现管理的统一高效，就应当强化顶层设计。我个人以为，要解决好以下几个方面的问题：

首先，要从顶层设计做好法律法规的不断完善，确保依法行政。尽管《商标法》经过四次修正，但在一线执法操作上，仍感到有不尽完善的地方。比如，我国没有单独的行政程序法，操作程序体现在实体法中。因此，实践中往往会因为理解上的歧义，而导致操作上的差别。例如，2002 年《商标法实施条例》第五十二条规定了对商标侵权行为的处罚标准，"对侵犯注册商标专用权的行为，罚款数额为非法经营额 3 倍以下；非法经营额无法计算的，罚款数额为10 万元以下"。其中，就涉及对非法经营额的计算标准和证据的收集程序问题。当非法经营额达到一定数额，将构成移送司法机关的标准，但因为司法与行政对证据的收集程序和要求不同，往往又成为移送的难点。此外，实践中对非法经营额进行计算也一直存在理解上的歧义，这里面就涉及已出售和没有出售的商品计算问题：出售的是按市场价还是按出厂价计算；而已出售的数量无法查证，是否可以依据权利人的举证作为依据。权利人往往因此与执法部门之间产生分歧。"非法经营额无法计算"的标准是什么？通过什么样的程序完成后，即可认定为无法计算？这些在操作层面的问题，均是长期困扰执法操作的具体问题。这就需要最高行政管理机关及时掌握基层的执法动态，不断促进完善法律法规，及时对相关法律的适用给予必要的指引。虽然《商标法实施条例》新修订（2014 年）的第七十八条规定，"计算商标法第六十条规定的违法经营额，可以考虑下列因素：（一）侵权商品的销售价格；（二）未销售侵权商品的标价；（三）已查清侵权商品实际销售的平均价格；（四）被侵权商品的市场中间价格；（五）侵权人因侵权所产生的营业收入；（六）其他能够合理计算侵权商品价值的因素"。但如何用量化的方式，根据不同的侵权行为来具体适用上述可以考虑的因素，以及涉及服务商标、贴牌加工案件等情形中的非法经营额计算问题仍困扰着基层商标执法人员。

二是应当提高管理资源配置的科学性。长期以来，由于缺乏对科学管理的系统研究，没有考虑到区域经济的发展差异、管理任务工作量的大小，并且设置量化的科学管理目标，从而对管理资源进行科学配置，以至于在人员编制、装备、管理方式、执法流程等诸多方面均缺乏统一的标准，导致对同一类型的执法行动，不同地区会出现不同的处理结果。还有许多专项执法行动，由于没有设定具体的目标，流于口号形式的管理方式也屡见不鲜。通常引发造成新闻事件后，才紧急组织力量部属专项行动，通常只能起到治标作用，而不能达到治本的目的。整治效果往往一阵风就过去了，这就需要在国家层面做好顶层设计。国家各个行政管理机关不仅要对省以下的机构设置、人员编制、配置装备，以及管理任务的细化方面提出科学指引，而且要加强调研，及时掌握各级执法部门在执法中出现的问题和动态，给予及时必要的指引。

三是应当加快部门之间的共享信息建设，建立有效的协调机制，提高监管效能。当前，各部门的监管信息各自为政，没有实现信息共享，致使企业和个人往往要穿梭奔波在不同的部门之间办理相关事宜，耗费了大量的人力和物力。而提高管理效能非常重要的途径就是提高信息共享的水平。建立部门之间的信息共享，一方面，可以适当简化政府部门的工作流程，删减重复性工作，从而有利于提高政府部门的工作效率，极大方便企业和群众。例如，企业登记的信息，可以直接成为税务登记和相关监管部门的注册依据，直接建立相应的监管档案，从而省略税务、食药及其他需要登记的事项。另一方面，管理部门之间的信息共享，也是提高处理突发事件，加快部门之间的协调，实现快速应急反应的基础。此外，汇集各部门的管理信息，是建立企业和个人信用的基础。因此，应加快落实中央和广东关于信息化监管的部署，真正贯彻执行《国务院关于"先照后证"改革后加强事中事后监管的意见》和《广东省市场监管条例》，大力建设企业信用信息公示"全国一张网"，真正实现工商部门、审批部门、行业主管部门及其他部门之间的信息实时传递和无障碍交换，建立健全与同级人民法院、人民检察院等司法机关之间的信息共享和协调合作机制。通过构建双向告知机制、数据比对机制，把握监管风险点，将证照衔接、监管联动、执法协作、行政执法与司法对接等方面的制度措施有机贯通，有效形成信息化监管、信用监管工作合力。

（三）加强行业自律机制建设，提高企业自治能力

我曾办理的一起商标侵权案件的调查中，当事人毫不忌讳地说，在激烈的市场竞争中，小企业既没有大资本，也没有创新的能力，所以跟风仿冒是它的最佳选择。然而，在脱离了计划经济体制下的主管部门的管理后，政府及

各职能部门仅担负企业的外部管理，受管理资源、手段和方式的限制，客观来说，对市场主体的监管是比较薄弱的。也正因如此，过去在计划经济体制下不曾出现的问题，现在却司空见惯。而广大消费者在期盼着能放心、安全地消费，绝大部分市场主体也在期待着政府能营造良好的市场环境，公平地参与竞争。对此，仅仅依靠政府和相关职能部门的外部管理，是远远不够的。应当按照中央关于构建社会共治格局的要求，让行业协会在向市场经济过渡的过程中，发挥更大的作用，使得市场主体更多的依托行业自律来规范自身的行为，不断地调整和完善自身的建设，在市场竞争中不断地发展壮大。这就对行业协会的自身建设提出了更高的要求。而目前的行业协会存在的突出问题有以下几方面：一是多数行业协会人员知识结构老化，缺乏创新思维；二是行业协会的职能缺乏法制保障，协会与企业之间相互依存关系始终没有建立起来，协会在行业内难以发挥权威作用；三是绝大多数行业内的企业或经济组织都没有加入协会，或者是同一类协会随意成立、过于泛滥，缺乏行业的代表性。上述原因导致多数行业协会不能发挥应有的作用，致使企业之间的恶性竞争、相互侵权现象屡见不鲜；没有权威的行业声音和有效的数据支撑，使得政府的相关政策，存在一定的盲目性。中央提出的供给侧改革，针对的就是过剩的产能。这在很大程度上，就是改革开放以来，行业管理和行业管理的缺失所造成的。对于改变行业协会的现状，促进其发挥行业监管功能，有以下几方面的思考：

一是通过政策扶持，引导行业协会完善自身建设，促使行业协会在行业内塑造权威性。使行业协会能够作为行业企业的代言人，及时向政府和相关部门反馈行业发展的意见和建议，在事中、事后监管的各个环节建立行业协会商会的参与机制，争取政府的相关政策和资源的支持。将行业协会商会的意见建议作为制定法规、重大政策及评估执行效果的重要参考，促进行业的可持续发展。

二是促进行业协会建立管理规则和自律机制，及时平衡行业内企业之间的利益，对违规的企业应当有相应的惩戒措施，以减少行业内的恶性竞争，促进企业的自我完善；支持行业协会、商会开展行业信用评价工作，建立健全企业信用档案，完善行业信用体系，倚重行业协会、商会在权益保护、资质认定、纠纷处理、失信惩戒等方面发挥更大的作用，并将一些政府的职能逐步让渡给行业协会，使行业协会具备管理职能，真正成为政府与企业的桥梁和纽带。

三是要促进行业协会提高服务能力。通过政府购买服务等方式，委托行业协会、商会开展信用评价、咨询服务、法律培训、监管效果评估，推进监管执法和行业自律的良性互动。促使行业协会具备及时掌握国际、国内行业发展动态，向行业内企业提供产业动态信息和政策建议，引领行业的发展方向；促使行业协会具备及时平衡行业内企业利益纠纷的能力，促使行业健康有序地发展；促使行业协会具备代表行业维护企业合法权益的能力，促进建立公平有序的市场经济秩序。同时，也有助于应对突发事件，甚至是国际纠纷；促使行业协会具备参与或影响政府制定产业政策的能力，通过有效的行业统计数据作为科学规划的依据，避免产能过剩，造成社会资源的浪费。

（四）商标注册数量的持续增加应当引起重视

到 2015 年年底，中国注册商标总数已达到了 700 多万件，仅广东省就超过了 131 万件。中国的注册商标已超过了美国、欧盟和日本注册商标的总和。不仅如此，我国的注册商标年申请量、注册量仍持续保持巨量的增长。

持续保持如此高的注册量，一方面反映了中国企业和个人对知识产权的重视，这与政府号召的"全民创业"和相应的鼓励和引导措施密不可分。2002 年，《商标法》修正就增加了限定审查时限的条款，要求商标局自收到商标注册申请文件之日起 9 个月内审查完毕。这个条款是非常具有中国特色的，审查时限条款对加快商标注册提供了保障。但从另一方面来看，纵观美国、欧盟和日本一些发达国家和地区，我们所能认识的商标品牌也是十分有限的。创建品牌不仅仅是注册商标那么简单，还需要通过战略性的运用，才能使其产生价值，从而实现无形资产推动有形资产的经营。这需要市场主体付出巨大的努力和资源的投入，促进支撑品牌的要素全面提升，这绝非一般企业能够承受的。

据有关资料反映，目前中国民营企业的平均寿命只有 3.7 年，而中小企业只有 2.5 年。所以，有相当一部分企业拿到商标注册证时，就已经解体了。然而，商标注册后的有效期是 10 年。尽管商标注册人已经不复存在，但商标作为无形资产将在有效期内继续存在。因此，在我国已注册的 700 多万件注册商标中，已有一部分已处于死亡状态（没有注册人的商标）。这不仅占用了大量的商标资源，同时也将浪费相当多的社会管理和保护资源。对此，应当认真研究有效注册商标与有效市场主体之间的关系，把市场主体已经消亡的商标梳理清楚。在此基础上，认真分析处于死亡状态的商标数量、商标注册人消亡的原因，并由此对我们的现行法律、相关制度进行评估，从而对我们国家的商标注册、管理和保护体系做出必要的调整，使其更具合理性，让法律工具成为促进我国市场经济健康发展的重要手段。

2.4　李飞：知识产权与城市未来

李飞：深圳中细软知识产权运营有限公司 CEO，深圳中小企业发展促进会副会长、知识产权工作委员会主任，深圳知识产权联合会副会长，深圳市知识产权专家库专家。

讲座时间：2017 年 9 月 23 日

一、弹丸之地的惊世能量

大家都知道，深圳的面积仅有 1996.78 平方千米，相当于北京的八分之一，天津的六分之一，上海的三分之一，广州和苏州的四分之一。深圳更没有办法和重庆比，重庆的面积大概是深圳的 41 倍。如果与其他计划单列市来比较，深圳的面积也只有大连、青岛和宁波的六分之一，只比厦门大了不到 300 平方千米。除去山体和绿地保护等面积之外，深圳实际可开发利用的只有 960 平方千米。从这个数据来看，深圳确实是弹丸之地，但是深圳整个经济发展和创新活力却在国内乃至全球产生了非常强的影响，我把它概括为以下几个方面。

（一）地均 GDP 产出全国首位，全球城市综合排名第 21 位

从 2011—2016 年 GDP 增长（图 2-1）可以看出，去年深圳 GDP 已接近两万亿人民币。按照每平方千米来计算，地均 GDP 产出高达 9.8 亿元，这个数据排在全国大中城市首位。深圳目前共有 10 个区，一个区级政府的财政收入比西部一个省还要多，就是因为我们地均 GDP 产出效率非常高。从经济综合实力来看，深圳在全球主要城市中排第 21 位，实际上深圳的经济总量已经超过了全球很多国家。

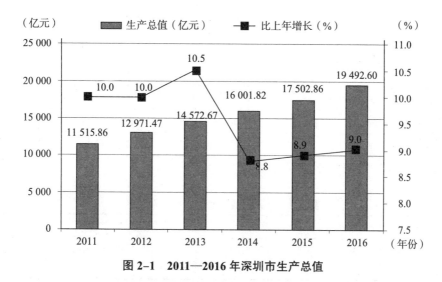

图 2-1　2011—2016 年深圳市生产总值

（二）人均 GDP 超过韩国，步入创新驱动轨道

从人均 GDP 来看，深圳这一数据也非常高，已超过了中国台湾地区和韩国，不过和中国香港地区、新加坡相比还是有一定差距。按照世界经济论坛对经济增长的划分标准，目前深圳已经进入创新驱动的发展阶段。世界经济论坛对经济增长划分为 4 个阶段（表 2-2），人均 GDP 小于 2000 美元，处于要素驱动的阶段，2000 ～ 2999 美元是要素驱动向效率驱动转换阶段，3000 ～ 8999 美元是效率驱动阶段，9000 ～ 17000 美元是效率驱动向创新驱动转换阶段，17000 美元以上是创新驱动阶段。目前我国人均 GDP 刚好接近 9000 美元，正处于这一转换阶段。深圳在 2012 年的时候人均 GDP 就超过了 17000 美元，所以从人均 GDP 这个指标来看，深圳已经步入了创新驱动的轨道。看一下其他国家步入创新驱动阶段的年份，美国是 1962 年，德国是 1973 年，日本和韩国分别是 1976、1995 年，而深圳市步入创新驱动轨道大概用了 6 年的时间（表 2-3）。

表 2-2　世界经济论坛对增长阶段的划分

增长阶段	人均 GDP（美元）	典型国家
要素驱动阶段	<2000	印度、缅甸、中非（45 国）
要素驱动向效率驱动转换阶段	2000 ～ 2999	尼日利亚、越南（10 国）

增长阶段	人均GDP（美元）	典型国家
效率驱动阶段	3000～8999	中国、巴西、南非（53国）
效率驱动向创新驱动转换阶段	9000～17000	智利、马来西亚（26国）
创新驱动阶段	>17000	美国、日本、德国（42国）

注：资料来源于世界经济论坛

表2-3　进入创新驱动年份的国际比较

国别	与深圳可比阶段		进入创新驱动年份		转换时间
	开始年份	当年人均GDP（美元）	开始年份	当年人均GDP（美元）	
美国	1949	8944	1962	11 905	13
德国	1964	8822	1973	11 966	9
日本	1969	8874	1976	11 669	7
韩国	1990	8704	1995	11 850	5
深圳	2006	8585	2012	17 096	6

（三）税收结构进一步优化，创新企业成为主力军

深圳的税收结构比较好，90%以上来自新兴产业和创新企业。2011—2016年，一般公共预算收入持续增长，2016年的税收有2488亿元。2014年网上有一篇文章"退潮时，深圳市是唯一穿着内裤的城市"，为什么这么讲呢？因为2014年开展地方债审计工作的时候，得出来的结论主要有两个方面。第一，各个城市的负债率是非常高。北京、上海和天津的总债务分别是地方年度财政收入的2.28倍、2.26倍和2.74倍，广州更是高达3.23倍，而深圳只有0.68倍。第二，各个城市固定资产投资驱动非常强。2012年，重庆投资规模是9380亿元，天津是8871亿元，北京是6463亿元，上海是5254亿元，而深圳只有2314亿元。所以，深圳的经济发展是以创新为主，而不是以高负债、高投资来拉动经济增长，深圳在戒除"投资依赖症"上比全国其他地方早了至少8年。我们可以拿深圳和广州做一个比较，从经济效率上来说深圳比广州要好，因为

广州 GDP 和深圳虽然非常接近，但广州的面积大概是深圳的 4 倍；从财政税收上来看，深圳是广州的两倍，而且深圳税收大部分来自创新型企业。

（四）新兴产业增长速度最快，国内规模最大

2013 年初，深圳市政府在前期布局的六大战略性新兴产生的基础上，又着手增加了四大未来产业布局。战略性新兴产业现在是深圳经济发展的主引擎，也被称作"第一动力"，主要包括生物、新材料、新能源、互联网、文化创意、节能环保、新一代信息技术 7 大战略性新兴产业，其对经济增长的贡献率已经达到了 53%。此外，深圳还重点发展海洋、生命健康、航空航天、机器人、可穿戴设备和智能装备等未来产业。整个信息产业增长的势头都非常好，基本上保持在 12% 以上的增长率，新能源产业达到了 26.9%。

（五）"深圳制造"畅销全球，出口实现 24 连冠

提到深圳的经济结构，深圳的出口一直是全国比较抢眼的，所以我们说深圳制造畅销全球，出口实现 24 连贯。受国际形势的影响，深圳近几年的出口量有下降的趋势，但依然在内地城市中居于首位（参见图 2-2）。

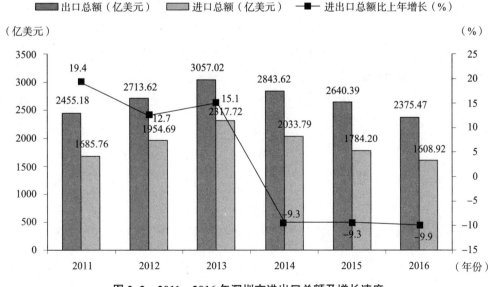

图 2-2　2011—2016 年深圳市进出口总额及增长速度

（六）企业密度全国之首，创新技术世界前沿

　　深圳最早推行了商事改革，从 2013 年 3 月 1 日至 2017 年 2 月 28 日，深圳市新登记商事主体 180 万户，数量增长了 275%，创业密度稳居全国最高。每千人拥有商事主体 244 户、拥有企业 139 户，也就是说 10 个人里面，有 1.4 个人是有企业的。我前一段时间看到一个很有意思的数据，就是从一些小的数据来判断城市企业的活跃程度，除了我们常讲的人口净流出、净流入以外，还有一个指标是固定电话的装机数。固定电话的装机数是一个很特别的指标，我们大家都知道，随着手机的普及，固定电话的装机数量越来越少，尤其是家庭需求量大幅下降，但是企业还是需要固定电话的。如果企业都用手机，人家会觉得你是个皮包公司。这几年从国内的整体趋势来看，固定电话数量在下降，包括北京、上海这样的大城市，全国只有少数几个城市固定电话数量在增加，深圳就是其中之一，这是因为深圳的企业在不断地产生，所以这个数据可以在一定程度上反映深圳企业的活跃程度。

　　除了数量外，深圳企业的质量也是很高的，2016 年深圳拥有国家级高新技术企业 8037 家（广州 4740 家），占广东省的半壁江山。截至 2017 年 7 月底，深圳境内外上市企业累计 377 家，其中境内 262 家，境外 115 家；在中小板上市 107 家；创业板 77 家，总数连续 9 年居全国大中城市首位。深圳有 6 家企业进入了世界五百强：中国平安集团、华为、招商银行、正威国际集团、腾讯、万科企业股份有限公司（简称"万科"），如果算上恒大集团（简称"恒大"）（因为恒大已经把总部迁到了深圳），深圳现在有 7 家世界五百强企业。深圳市政府希望到 2020 年能有 10 家企业进入世界五百强，像中兴、比亚迪股份有限公司（简称"比亚迪"）还是有这种可能性的。中国进入世界 500 强的企业，都是一些垄断性的行业，像中石油、中国移动、工商银行等，全部都是一些大的矿业集团、国企、央企，而深圳包括了民营企业、科技型企业和先进制造型企业。深圳在 4G 技术、超材料、基因测序、新能源汽车、柔性显示、无人机等领域的创新能力跻身世界前沿。

（七）研发投入强度超过芬兰，国内排名第二

2016 年，深圳研发投入强度占 GDP 的比重超过芬兰。就国内而言，因为北京是高校、科研院所的密集地，所以研发投入强度是最高的，所以深圳处于第二的位置。从全球来讲，以色列研发投入是最高的。需要强调的是，深圳研发投入结构特征是以企业为主体，超过 90% 来源于企业，大中型工业企业研发经费是北京的两倍多，位居全国首位。2017 年上半年初步测算，深圳全社会研发经费投入同比增长 17.48%，占 GDP 比重 4.12%。创新载体累计达到 1578 家，其中，国家级 110 家、省级 175 家，近 5 年新建的数量相当于建立特区前 28 年建设总量的 5 倍。

（八）2016 年 PCT 国际专利近 20000 件，超越法国和英国

2015 年，深圳已经有 13000 多件 PCT，2016 年差不多 20000 件，约占全国的一半。只有韩国、德国、日本、美国这几个国家是超过深圳的，并且连续13 年都是全国第一。深圳高校不多，但是 PCT 数量却远远高于其他地方，这是由于深圳的企业是要走国际市场的，必须要专利先行，所以像华为、中兴等一个企业就申请了 2000 到 3000 件 PCT。同时高校也会有申请，但是并没有那么多。

（九）全球十大科学突破和十大科学人物，深圳双双上榜

2012 年的时候，大亚湾中微子实验室"第三种振荡"入选美国科学杂志年度全球十大科学突破，同时华大基因科学家王俊入选英国《自然》杂志年度全球科学界十大人物，深圳成为唯一一个同时拥有全球十大科学突破和十大科学人物的城市。作为一个只有 30 多年历史的城市，深圳的基础科研能力其实还不够强，能够获得这样的殊荣，确实是创新能力的体现。著名商业杂志《福布斯》中文版首次发布 2014 "中美创新人物"专题，选出了中美各 10 位年度创新人物。在中国 10 人名单中，有 5 位创新人物来自深圳，他们分别是华大基因总裁

汪建、大疆创新科技创始人汪滔、比亚迪董事局主席王传福、顺丰速运集团总裁王卫、腾讯公司高级副总裁张小龙。

深圳从一个小渔村成长为现在的国际化大都市，创新确实在其中起了非常重要的作用，我们可以看到 30 年前的深圳和 30 年后的深圳这种显著的变化。世界上没有哪个城市像深圳这样，可以发生如此翻天覆地的变化。知识产权也是这样，2004 年深圳的专利申请不到 1 万件，但是去年已达 14.5 万件，商标达到 25 万件，加上软件著作权，加起来共 45 万件，相当于一天产生 1200 多件知识产权。

二、知识产权三早三多

目前来说，国内真正成功实现经济转型的城市就是深圳。就知识产权而言，主要体现在以下 3 个方面。

（一）市场经济发育早，与之对应的是知识产权产出多

大家都知道，深圳经济特区建立之初，学习借鉴了很多香港市场经济的精髓，所以深圳是国内最早建立起市场经济体制的城市。知识产权作为市场经济的一种产物，在深圳的土壤上得到了非常好的验证。深圳的专利申请和授权一直保持高速的增长，也得益于市场的力量。这几年的专利申请、商标注册、版权登记等都在飞速地增长。2016 年专利申请总量已经超过了 45 万件，累计有效发明专利达 9.5 万件，每万人发明专利拥有量达 80.1 件，是全国平均水平的 10 倍，位居全国各大、中城市的第一。在全球主要创新城市的 PCT 专利量对比中，深圳排第二名，目前累计的 PCT 总量已经超过了硅谷，第一名则是东京。从 2011 年到 2016 年，深圳的 GDP 的增长与专利的申请是正相关的。通过统计学相关度分析，自 2001 年以来，深圳专利申请量与 GDP 的相关度高达 0.9799，高居全国各大城市的第一名。根据对有效发明专利维持年限的分析统计，截至 2016 年，深圳有效发明专利中维持年限超过 6 年的专利占比 73.84%，远高于北京 54.89%、上海 57.36%、杭州 44.43%、广州 44.53%，居全国第一名。2016 年国内（不含中国港澳台地区）企业发明专利授权量排名前十，深圳占了 30 家，

分别是华为、中兴和腾讯。深圳现在商标拥有量是 55.5 万件，有效注册商标数量居全国大、中城市第四名，拥有 165 个驰名商标，广东省著名商标是 506 件。软件著作权登记量也占了全国的十分之一，占了全省差不多一半。这些数据表明深圳市场经济发育比较早、知识产权发展非常快。

（二）企业走出去接触国际市场早，与之对应的是涉外知识产权纠纷多

据统计，2016 年，深圳 PCT 专利申请量最大的前三名，依次为华为、中兴、深圳市华星光电技术有限公司（简称"华星光电"）。其中，华为与中兴的 PCT 专利申请量均超过 3000 件，遥遥领先于其他企业。深圳市大疆创新科技有限公司（简称"大疆创新"）等新崛起的创新型企业，PCT 国际专利申请也进入了前十。这说明深圳企业具有高度的国际视野，国外专利布局意识比较强。同时，外向型度高的特征使深圳经济易受到国际经济波动的影响，也容易加剧深圳与外商的贸易摩擦。贸易摩擦的一个突出表现形式为知识产权壁垒。

深圳已成为涉外知识产权纠纷主战场，由知识产权引发的涉外纠纷在深圳发生率高，典型性强，并呈逐年增多的趋势。早期比较典型的涉外纠纷有很多，比如华为与思科、比亚迪与索尼、郎科（深圳市郎科科技股份有限公司）与 PNY、合肥东进科技有限公司（简称"东进通讯"）与英特尔，罗技有限公司与多彩科技集团等案件均引起了国内外广泛的关注。这些都是早期的一些知识产权纠纷案例，随着市场的全面开放和深圳实施"走出去战略"，高新技术产品进出口将不断增加，知识产权保护问题将越来越突出。涉外知识产权纠纷预计会进一步增加，深圳将成为知识产权纠纷和诉讼高发地。近年来大疆创新、深圳怡化电脑股份有限公司、深圳光峰光电技术有限公司、深圳市汇顶科技股份有限公司、中兴等深圳高科技企业也不断遭遇知识产权纠纷。

（三）经济发展方式转型早，对应的知识产权骨干示范企业多

综合来看，深圳市是国内第一个走出 2008 年金融危机、步入创新驱动的城

市。由于深圳经济发展方式转型早，企业更早地认识到知识产权对于提升核心竞争力的重要作用。因此在知识产权创造、运用、保护和管理方面涌现出一大批优秀的企业，成为创新型企业的代表。据统计，全市已经有200多家企业入选国家、省、市各类知识产权示范企业、试点企业和优势企业，这些企业发挥了重要的引领作用，为深圳经济发展做出了重要贡献。

三、未来之路任重道远

知识产权未来的发展，还是任重而道远。归纳起来，未来要重点关注知识产权保护、知识产权质量、知识产权金融、知识产权文化和知识产权人才5部分。

第一，要严格实行知识产权保护。这是个亟待解决的根本性问题，如果保护不力，知识产权价值得不到市场认同，其他的无从谈起。特别是美国总统特朗普上台以来，知识产权壁垒进一步加大。中央高度重视，要求一线城市带头严格实行知识产权保护。但目前我们的行政保护和司法保护还存在一些问题：行政执法力量还需加强，特别是要提高执法的专业判定能力；司法保护要解决企业多年来关于举证难、周期长、赔偿低的诉求问题。这一点希望未来会有所改观。

第二，要切实提高知识产权质量。国家层面目前对此非常重视，正在从追求速度和数量向追求质量方向转变，采取一系列措施来查处非正常申请和挂证等行为。中国的专利数量已经非常庞大，但是真正具有核心自主知识产权的专利还不够多，即使像华为、中兴这样的大公司，与国际知名企业相比，还有不小的差距，知识产权质量有时会关系到企业的生死存亡。

第三，要解决知识产权金融问题。尽管国家和市场对知识产权金融都非常期待，但知识产权金融发展还存在不少堵点，知识产权评估难、质押难、处置难的问题在国内一直没有得到很好解决。知识产权投资的动力不够，虽然知识产权有其价值，但是投资知识产权回报需要7～8年时间，战线太长影响投资人的信心和耐心。此外沟通机制不畅，懂知识产权的人多半都不懂金融，不熟悉资本市场运作规律，而资本市场又缺乏专业知识产权人员，影响知识产权金融快速发展。

第四，要培育知识产权文化。知识产权制度是实现创新战略的重要制度保障，它不仅仅是基础创新的制度保障，同时也是保护消费者利益的制度保障，商标尤其如此。知识产权推进的创新已经不仅仅是技术创新与文化作品的创新，知识产权推进的还是一种诚实、创新、守信的社会文明与文化。但是，目前在社会诚信体制建设和商业秩序方面仍然非常的混乱，制假贩假、侵权、盗版等侵犯知识产权的行为依旧十分猖獗。深圳能有今天的成就，也与其崇尚竞争、敢闯敢试的社会氛围密不可分，因此应继续大力倡导创新与知识产权的文化氛围。

最后一个问题就是人才的问题，即知识产权储备与人才储备同步发展问题。刚才也提到，这几年整个中国知识产权行业的发展速度是非常快的。2016年，中国专利申请346.5万件，其中发明专利申请133.9万件，连续6年居世界首位；商标注册申请量369.1万件，连续15年世界首位；同时，著作权登记总量突破200万件。与创新需求相比，知识产权专业人才的储备跟不上。国家知识产权局最新报告显示，全国知识产权从业人员数量超过50万人，专门从事代理、审查、管理、服务和教学科研的知识产权人才达到15万人，与建设创新型国家的目标相比，人才缺口明显。深圳的企业、代理机构、法院、政府都需要专业的知识产权人才，例如，深圳市中级人民法院每年有关知识产权案件超过万件，人均受理量全国第一。所以，知识产权方面的人才培养、选拔、使用是基本问题。温家宝同志曾经讲过"世界未来的竞争就是知识产权的竞争"，我还觉得知识产权未来的竞争就是人才的竞争，特别是知识产权专业高端人才的竞争。

总结起来讲，如果说创新是深圳的根、深圳的魂，那么知识产权就是深圳的引擎、深圳的未来。没有知识产权的支撑，深圳建设创新型城市和国际科技产业创新中心的宏伟目标是不可能实现的。

第 3 章

知识产权管理与法律服务

  本章精选 5 篇讲座稿，包括北京律和信知识产权代理事务所创始合伙人刘国伟主讲"从专利法基础理论分析专利代理实务"；深圳市六加知识产权代理有限公司总经理王广涛主讲"对知识产权运营的思考"；万商天勤知识产权运营管理公司副总经理罗建平主讲"从标准必要专利诉讼看专利法律服务工匠精神"；深圳超多维光电子有限公司知识产权总监李伟主讲"企业知识产权战略及管理"；深圳迈瑞生物医疗电子股份有限公司知识产权经理李晓菲主讲"医疗创新与知识产权保护"。

3.1 刘国伟：从专利法基础理论分析专利代理实务

刘国伟，北京律和信知识产权代理事务所创始合伙人、清华大学"专利代理实务"课程主讲老师，曾在知名企业的知识产权部任职。

讲座时间：2018 年 10 月 13 日

专利法体系是一部以基本概念为基础的"机器"，专利法本身又是实体法与程序法规定相结合的法律，的确需要通过一定的实务训练，才能胜任专利代理工作。但如果不重视基本概念，就无从理解专利法的基本原理和作用，就无法面对看似繁杂无序的日常工作。

目前，在业界，对专利实务问题进行全面系统研究的还不多见，虽然有一些关于专利实务的文章、书籍，但要么是以专利代理人资格考试为导向的，基本上属于应试教育范畴；要么仅仅是针对个案问题的讨论。因此，从专利法基础理论与实务相关联的视角进行系统、全面的探讨，就显得十分急迫。❶

一、专利权的法律特征

在生活中，人们经常听到"专利"这个词，但专利在法律上的概念却和生活中并不相同，需要着重明确。

专利权的法律特性如下：首先，专利权是一种特殊的民事权利，可以称为一种私权利。私权利是以满足个人需要为目的的个人权利，可以放弃亦可以主张，即"不告不理"。事实上，专利权属于私权中的财产权，可以变现体现其

---

❶ 自 2011 年，清华大学开设"专利代理实务"课程，选课对象主要为法律硕士，还包括其他理工科院系学生。课程基本目的是给学生们架起一座"从理论到实务"的桥梁，为学生们打下学习、理解专利法的基础。课程内容框架包括专利法基本原理概念、创新成果产出的规律与专利申请之间的四象限关系，发明专利申请的全周期介绍，创新成果"披上法律外衣"的实务经验技巧归纳总结。

财产价值。但与有形的财产权不同的是，专利权具有无形性，可以同时为多个主体实施，且权利边界不易确定。与私权利相对的公权力是具有强制性的力量，不得越位，不得缺位。如果超越法律权限执法则是违法行为，而不到位则是不作为。因此，专利文件中，用来确定专利保护范围的是"权利要求书"，而不能写成"权力要求书"。

专利权的本质属性是一种排他权，即赋予专利权人在一定时空范围内的排他权。概括说来，一定时空范围即表示专利权地域性和时间性。根据地域性，各国的专利法只在其本国有效。香港和澳门特别行政区虽然属于中国，但按照"一国两制"制度，在香港和澳门地区需要按照当地法律执行。而在时间性特征上，俗话说，"有权不用过期作废"。我国专利法规定，发明专利的期限为 20 年，实用新型和外观设计专利的期限为 10 年，均从申请日起算。给专利权设定期限，实际上体现"公开换保护"的思想。但专利权期限必须设置在一个合理的范围内，不能无限延长，否则会妨碍社会公众合理利用科技成果的自由。

对于排他性，这是专利权的一个突出特点。值得注意的是，排他性并不代表专利权人具有"独占实施权"。专利权只是排他权，专利权人不一定要自己实施其专利方案。非专利实施主体（Non-Practicing Entities）就是拥有专利权的主体本身，但自己并不实施专利技术这一类群体总称。

专利法调整发明人、权利人与社会公众之间的权利义务，调整创新保护与社会公众自由利用现有技术的关系，以及专利制度的国际协调。应正确理解权利人和发明人的关系：当发明者以个人身份申请专利时，属于非职务发明，此时权利人为发明者；当发明者属于某个公司或者高校的雇员时，要以公司或学校名义申请专利，该专利属于职务发明，此时专利权利人为公司或学校。社会公众对专利的权利义务在专利法中有专门的说明，专利实务工作应注意调整创新保护与社会公众自由利用现有技术的关系。而专利制度的国际协调是指专利法越来越趋近国际一致性。即所谓"专利法有国界，专利法原理无国界"。

中国专利法的整体体系，主要包含全国人民代表大会常务委员会颁布的《中华人民共和国专利法》（简称《专利法》）、国务院颁布的《中华人民共和国专利法实施细则》（简称《专利法实施细则》）和中国国家知识产权局编写的《专利审查指南》。此外，最高人民法院针对专利法的实施和司法实践中遇到的一些共性问题所做的规定，发布司法解释以及指导案例，也构成广义的专利法组成部分。

二、专利权的实质授权条件

根据《专利法》第二条规定，专利法"所称的发明创造是指发明、实用新型和外观设计"。"发明，是指对产品、方法或者其改进所提出的新的技术方案""实用新型，是指对产品的形状、构造或者其结合所提出的适于实用的新的技术方案""外观设计，是指对产品的形状、图案或者其结合以及色彩与形状、图案的结合所作出的富有美感并适于工业应用的新设计。"

专利法有两大制度基石，分别为先申请原则和公开充分原则（以公开换保护原则）。在此基础上，发明、实用新型的实质授权条件是其具有实用性、新颖性和创造性。实用性指该发明或者实用新型能够制造或者使用，并且能够产生积极效果；新颖性指该发明创造是以前未曾有的"新的"技术方案；创造性是指发明创造本身不但是新的，而且还要比现有技术有足够的进步，即具有一定的发明高度。其中，所谓现有技术，指申请日以前在国内外为公众所知的技术。实用性是第一门槛，其次是新颖性和创造性。

三、发明创造与专利保护之间的关系

下图为从发明创造到获得专利路线的"四象限图"（图 3-1 ），从图中可以看出，从发明创造到获得专利的路线是环环相扣且相互促进的过程。

图 3-1　发明创造到获得专利的"四象限图"

下面，我们根据上述的"四象限图"，分别从创新、申请、审查、保护 4 大块进行具体论述。

（一）创新成果是基础

首先，有创新成果才有可能去申请专利保护。是否提出专利申请，取决于申请人的意愿和市场评估。倘若涉及商业机密或者是涉及比较超前的核心技术，其他竞争者又难以在短时间内超越，就可以考虑先不申请专利，转用商业秘密来保护（如可口可乐公司的可乐配方等），但相应也要承担一定风险。大多数的发明创造都会选择申请专利。

在发明创造的孕育阶段，由发明人主导研发，一旦研发形成创新成果，如果需要申请专利，则由发明人或者发明人团队提供"技术交底书"，其主要作用是为了方便他人理解发明创新的内容。例如，乐扣杯的创新点就在于相对于以前的螺旋形杯盖，乐扣杯盖能通过搭扣锁紧，起到密封的效果，单手也能打开，这个创新成果就需要通过技术交底书"表达"出来。

因此，这个"孕育阶段"告诉我们，是先有创新成果，后有技术交底书。如果是为了申请专利而人为地"编写"专利，是不符合创新规律的做法的。

（二）专利申请阶段

专利申请是一个非常重要也非常复杂的过程。如果申请中处理不好，有可能既向社会公开了技术方案，又没有获得到应有的专利保护。申请过程可以看作父母将孩子抚养长大的过程。当取得创新成果后，如果申请策略不当，就像天资聪颖的孩子由于家里没有提供良好的成长环境，而没法得到好的发展一样。申请阶段首先要撰写符合申请格式的专利文件，即根据孕育阶段所产生的技术交底书，需要由发明人或者代理人按照专利申请的格式，转化为专利申请文件，以便审查员阅读审核。这个过程中，如何撰写出体现发明创造成果的发明构思且保护范围适当的文件，对于后续的专利审查及专利实施起到决定性的作用。专利撰写工作的重要性，催生了一个行业——专利代理机构。在专利代理机构执业的人，称为"专利代理人"。专利代理人根据技术交底书的介绍，在与发明人充分沟通的前提下，认真领会发明创造的实质，才可能撰写出合适的专利申请文件。在某些时候，专利代理人还可以向发明人提出进一步优化改进的建议，共同完善申请方案。所以，在理想情况下，专利代理人被誉为"第二发明人"。但根据《专利代理条例》的规定，专利代理人在执业阶段，不能作为"发明人"出现在专利申请文件中。

在专利申请提交后，正式受理专利申请的标志是专利局以受理通知书的形式确定了专利申请号和申请日。因此，专利申请号和申请日就成为一个法律概念，而不仅仅是一个号码和日期了。我国的专利申请号体系已经有国家标准，即 ZC 0006-2003（其他国家也有自己的专利申请号编号体系）。就像一个学生被某个大学录取，其正式成为该大学学生的标志就是取得专属该校的唯一"学号"一样。这个阶段，意味着专利申请被"载入"到专利审查的"轨道"上了，今后的审查过程就沿着程序的"轨道"发展。

在专利申请前这个阶段，代理人首先接触的是发明人提供的技术交底书。发明人如何准备技术交底书，如何从技术交底书到撰写出合格的专利文件，需要与发明人充分沟通，搞清楚发明创造的基本内容，全面理解发明创造的实质，撰写出合格的专利申请文件，从而构建出保护层次合理、保护范围适当的技术方案。因此，这个撰写专利文件的过程是体会、掌握专利法体系原理的最好实践。这个阶段，是给创新成果"穿上法律外衣"的重要一步。顺便指出，业内不少人将申请专利称为"报专利"，以为像申报材料一样简单，是急功近利的表现。

（三）专利审查阶段

申请之后会交给审查员审查，这便是审查阶段。审查阶段是发明创造"披上法律外衣"的基本阶段。如果想让发明者的创新受到法律保护，就得为创新"披上法律的外衣"。在审查阶段，审查员与申请人（代理人）对发明创造充分进行交流，甚至观点各异，最终合理确定出专利的保护范围。这个过程，有些类似"讨价还价"，如果最终达成一致，则以国家名义授予专利权。如果申请未能通过，申请人仍可以提出复审获得救济机会。就像学生考试，如果对成绩有疑问可以向老师提出异议，以保证公平公正性。

专利申请被授予专利权后，创新成果便受到专利保护，这也体现专利法激励创新的宗旨。创新成果越多，能向社会提供的有效科技财富供给会越丰富，带来的社会福利也越多。保护阶段的主要角色为律师、法官和专利复审委员会。上述 3 个环节中，有哪些因素会影响专利品质？是否能识别"高质量专利"？这些问题都很值得思考。

在上述 4 个阶段的基础上，也可以从发明专利申请流程图中，得以体现。图 3-2 所示为从发明到专利的全周期。图 3-2 中，有几个时间点非常重要。首先是申请日，可以作为坐标零点；接下来是 18 个月公开的节点；再是专利授权即授权公告日，即宣示专利进入到保护阶段的时间起点；当然，如果专利申请经审查被驳回，就会对应驳回日，申请人可以在收到驳回通知书之日起 3 个月内申请复审。

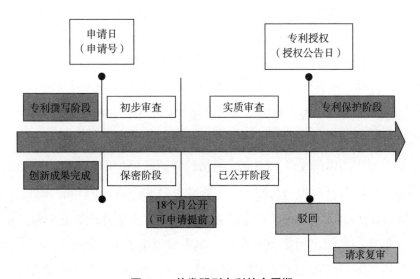

图 3-2 从发明到专利的全周期

专利授权日的法律意义在于，侵犯专利权的行为，只可能出现在专利授权日之后，而在专利授权日之前的实施行为，都不认为是专利法意义上的侵犯专利权的行为。

世界上大多数国家，对发明专利申请采取"早期公开，延后审查"的方式。根据图 3-2，我们将发明专利申请的全周期分为"A、B、C"三个阶段。

在申请日之前，是 A 阶段，包括投入研发形成创新成果，以及根据创新成果形成技术交底书直至撰写出专利文件后提出专利申请的阶段；自申请日到授权日之间，是 B 阶段，即审查阶段；自专利授权日起到专利权届满终止日，是 C 阶段，即专利授权后的保护阶段。

A 阶段就像是农民辛苦耕耘的过程，"谁知盘中餐，粒粒皆辛苦"。如何把发明人的技术方案准确地用文字表达出来，并非一件容易的事情。根据先申请原则，一旦申请文件被正式受理，就不允许在申请日之后做出实质修改，即不能在申请日之后再加上"新东西（New Matter）"。因此，一个好的发明创造，如果撰写人对发明实质把握不到位，或者是文字表达功夫不行，难以准确地用文字来呈现发明实质，专利申请过程也会遇到不少问题，甚至不能获得应得的专利保护。后面会介绍一些专利撰写的基本技能。

B 阶段又分为初审阶段和实质审查阶段。初审阶段将对申请文件进行初步审查，对于明显不符合专利法规定的问题，发出补正通知书。只有初审合格后，才进行公布。当然，如果申请人提出申请后又请求撤回申请，应该在申请公布之前提出。否则一旦公布，便构成了专利法意义上的公开。

公开是进入实质审查的前提条件。即便是申请人已经提出了实质审查请求，也只能在发明专利申请公开后，才进入实质审查阶段。在实质审查阶段，审查员首先要全面阅读申请文件，理解发明构思和请求保护的技术方案，确定申请的基本事实，做出首次检索，发出"审查意见通知书"（即 Offce Action，简称 OA）。申请人在接到第一次审查意见通知书后，有 4 个月的答复期限。申请人必须针对审查意见提出问题全面作答，如果逾期不答复，则申请被视为撤回。在实质审查阶段，审查员可以多次发出"审查意见通知书"，分别记为 OA1、OA2……OAn，这个过程可能持续多年。由于个案审查，法律并无规定实质审查的持续时间。

发明专利申请一旦被授权专利权，就进入了 C 阶段，即专利保护阶段。在此阶段中，专利权人可以通过司法途径向未经其许可实施其专利的"被控侵权人"发起专利诉讼，"被控侵权人"也可能启动专利无效宣告程序挑战专利的有效性。对于质量比较高的专利，首先要能经得起专利无效程序的考验，然后才有可能获得切实的保护。如果专利撰写质量不高，或者在实质审查阶段答辩有瑕疵，即便是能保住专利有效性，也有可能无法锁定被控侵权物。如果获得了切实的专利保护，专利权人尝到了甜头，就会激励其继续投身于新的发明创造；反之，若由于自身失误，使得其创新成果不能得到专利保护，也会促使其痛定思痛，总结经验教训，找出问题所在，从提高研发质量入手，重视专利申请阶段"披上法律外衣"的过程，从而提高专利意识。因此，C 阶段的成果既起到了检验专利质量的作用，也能促使下一个申请阶段的不断改进。

上述"四象限图"和发明专利申请"全周期"图是完全吻合。一旦研发出创新成果之后，"披上法律外衣"就显得十分重要。

专利实务操作的基本技能，尤其是如何理解发明构思、撰写专利申请文件都具有很强的实践性和亲历性。一旦投入到实际工作，掌握一定的基本操作技能并非难事。具体而言，理解发明构思需要反复考察"从哪里来、到哪里去、怎么办"这 3 个方面。所谓"从哪里来"是指首先要搞清楚当前的技术现状，重点关注相关技术领域目前存在着什么不尽如人意的地方，从而找出存在的问题，即找"痛点"。所谓"到哪里去"是指发明人的技术目标是什么，要解决什么技术问题。所谓"怎么办"，要回答解决方案是什么，是怎么做到的，其技术效果是如何体现的。一份合格的技术交底书或者说明书，应该明确地回答这 3 个方面的问题。因此，循着"从哪里来、到哪里去、怎么办"，我们可以做到有针对性地快速阅读专利申请文件，把握发明实质，把握发明创造对现有技术所做出的技术贡献，从而可以恰当地提出请求保护的技术方案。

权利要求本身就是一种技术方案，是用来确定专利保护范围的法律性文件。撰写权利要求书，可以采用"合理命名、虚实概括、点名连接、加减检验"的"十六字诀"。"十六字诀"是一种权利要求撰写的规范式方法。熟练运用"十六字诀"的撰写方法，不仅能够快速将一个实在的技术方案转化成一篇规范的权利要求书，还可以帮助公众快速理解确定权利要求的保护范围。

"十六字诀"可以分为两个层面来理解。第一个层面是"合理命名、虚实概括"。权利要求的"基本构件"是技术特征。撰写时，根据整体的技术方案，对其中的技术特征要给予"命名"，俗称"起名字"。如果"基本构件"的"名字"起得准确，在描述技术方案时就可以做到准确有序；如果"名字"起得不好，则"名不正言不顺"，就难以用"基本构件"搭建出清楚的技术方案。因此，"合理命名是前提"，"虚实概括要适当"。第二个层面是"点名连接、加减检验"。在"合理命名"的基础上，所谓"点名连接"是指将"合理命名"后的"基本构件"逐一列出，并指明这些"基本构件"之间的相互"连接关系"，从而搭建出一个和谐有序的"大厦"——技术方案。有了这样一个技术方案的"大厦"，我们接下来就要验证其合理性，看看是否多写入了一些技术特征，或者是少写了某个技术特征，即所谓"加减检验"。具体做法是，围绕着发明目的这个核心问题，要检查目前这个技术方案是否能完成发明目的，如果减去某个技术特征，能够实现发明目的，则可以减去该技术特征。反之，如果减去某个发明特征之后，反而不能实现发明目的，则该特征对于完成发明目的而言是必要的。

权利要求书的布局意识是重点内容。我们知道，"十六字诀"是在撰写某个权利要求时的要诀；而权利要求书本身应该是通过适当布局之下的层层递进的保护方案的集合，即权利要求书可以包括若干个权利要求。由于这些权利要求中的每一个都是一个可行的技术方案，它们在整体上如何"排兵布阵"，这需要有布局意识。因此提出了关于权利要求书"布局四意识"，即"便于权利行使意识""层次布局意识""单一主角意识"和"假想敌意识"。下面简单介绍一下"布局四意识"。

关于"便于权利行使意识"，还是要从"排他权"是专利权的基本性质谈起。但在排他权的内容上，《专利法》第十一条的规定将产品权利要求与方法权利要求区别对待，对于产品权利要求，专利法规定专利权人具有排除他人未经其许可的"制造、使用、销售、许诺销售、进口"专利产品这5项"权能"。而方法权利要求，专利法规定专利权人具有排除他人未经其许可而"使用该专利方法"，或者"使用、销售、许诺销售、进口依照该专利方法直接获得的产品"。在收集侵权证据的难易程度上，被控侵权产品容易通过购买或者订货等方式获得；对于被控侵权人是否采用了专利方法，在证据收集方面就比较难，为了缓解"取证难"的问题，专利制度专门针对"新产品"的制造方法专利，设立了"举证责任倒置"制度。但对于其他类型的方法专利，仍难以解决"取证难"的问题。因此，业内根据上述专利产品和专利方法因排他权内容不同而造成的取证难度不同，将产品权利要求的保护称为"强保护"，对方法权利要求的保护称为"弱保护"。

由于专利法针对产品权利要求和方法权利要求给予不同强度保护的"原理"，根据"便于权利行使意识"，就要求撰写者在尽可能的情况下，首先考虑撰写产品权利要求，然后根据具体情况，再考虑是否需要撰写方法权利要求。对于某些技术领域而言，如制药领域，在权利要求书中，产品权利要求及方法权利要求应"两样货色齐备"。

关于"层次布局意识"，实务中，技术交底书往往提供一个"系统级"的技术方案，而不是将发明按照层次递进进行说明。这就要求撰写者必须具备"层次布局意识"，有意识去区分其整体技术方案的层次。一般来说，发明可分为"元件级""单元级"和"系统级"的发明，三者既可以是独立存在的关系，也可以共存在同一方案中。对于一个系统级的发明而言，其可以体现为"元件级"直接跃升到"系统级"的关系，也可以是基于"单元级"的"系统级"方案。例如，《专利审查指南》中给出了"灯丝""灯泡"和"探照灯"的例子。其中，发明人发明了一种材料的新配方，可以用来生产灯丝并大幅提高灯丝的性能或寿命；接下来，发明人进一步利用这种新灯丝发明新灯泡；再接下来，利用该灯泡又制成了新型的探照灯。撰写者在面对该"系统级"的探照灯方案时，在"层次布局意识"引导下，敏锐地意识到属于"元件级"的灯丝发明是基础发明，关于灯泡的发明属于单元级，关于探照灯的发明属于"系统级"。在权利要求书中，可以相应地撰写出 3 个层次的独立权利要求，其主题名称分别为"一种灯丝""一种灯泡"和"一种探照灯"。只不过，这 3 个独立权利要求虽说各自独立，但却具有"相互串联"的层次关系，灯丝是最基础的发明，灯泡是基于灯丝而发明的，探照灯又是基于采用该灯丝的灯泡做出的发明。

所谓"单一主角意识"，又称单一主体规则（Single-entity Rule），是指由一个主体独立实施权利要求请求保护的技术方案，并不需要与其他主体配合一起完成。例如，因苹果公司的 iPhone4S 及以上手机集成了 Siri 软件，上海某公司起诉了苹果公司，该案被称为"小 i 机器人"发明专利侵权案。由于权利要求中将"用户"当作技术特征而备受业内关注，该发明专利的权利要求 1 写道：

"1. 一种聊天机器人系统，至少包括：一个用户和一个聊天机器人，……。"

也就是说，该发明所称的"聊天机器人系统"包括了"用户"与"聊天机器人"两个主角，甚至将活生生的"用户"当作技术特征与"聊天机器人"相提并论。因此在诉讼过程中，被告方的产品中是否包括"用户"，会产生的争议。如果撰写人具备"单一主角意识"，就不会将"用户"作为"主角"写入权利要求中。此时的"用户"，只不过是发出请求的信号而已，聊天机器人接收到该信号后，才可能做后续的处理。

所谓"假想敌意识"，是指在搭建权利要求时，一方面，要充分理解发明人方案的技术本质；另一方面，还要带有强烈的目的性，心中想着假想敌，始终思考潜在的竞争对手可能实施的技术方案是何种样态，应当把便于打击侵权和实现专利许可收益最大化作为第一诉求。所以，"假想敌意识"是指在理解发明人的技术方案基础上，着手撰写独立权利要求。之后，站在竞争对手的立场，仔细研究是否存在着其他类似的方案，竞争对手是否还可以通过其他类似的方案"绕过"（Design Around）该独立权利要求，提前做出预判布局，不断丰富完善请求保护的方案。

四、结语

好发明不一定等于好专利，从发明到专利的全过程，是一个"披上法律外衣"的过程。可以说，正确理解并处理好发明和专利之间的关系，贯穿在发明创造成长为专利的全周期中，这是专利实务中永恒的主题。因此，在专利代理实务中，要理解发明和专利的关系，要在发明创造成果形成专利的全过程中处理好发明和专利的关系。

3.2　王广涛：对知识产权运营的思考

　　王广涛：深圳市六加知识产权代理有限公司总经理，专利代理人。曾任华为技术有限公司知识产权高级工程师、中科院知识产权投资有限公司运营部总经理。

讲座时间：2015 年 4 月 8 日

一、知识产权的运营方式

　　知识产权有很多种属性，比如技术属性、法律属性、金融属性，因此知识产权运营也有很多种方式。目前最主要的是通过许可、转让、维权和投资的方式，实现专利市场价值并提高竞争对手准入门槛的一个过程。这其实就是一个方式，它的目的就是为了实现专利的价值。专利的价值分两个方面，一方面是赚钱，另一方面就是帮助企业提高市场价值，提高竞争对手的准入门槛。它的特点，就是把专利当作商品进行经营并获取商业利润或商业价值。因为知识产权它是一个资产，和房子、车子是一样的，只是一个是有形的，一个是无形的。如果是产权的话，涉及如何变现的问题，这就是一个商业问题，一个商业行为。所以要从商业角度考虑这些问题，实现它的商业价值。那么，它的主要形式就包括：第一种是经营他人的专利，包括买卖、投资、通过交易和产业化实现盈利；第二种是经营自己的专利。第一种主要是专利运营公司；而像华为就是运营自己的专利，属于第二种。

二、知识产权的运营策略

　　运营策略可分为攻击型、稳健型和防御型等 3 类。当然这个分类可能对企业来说没有严格的界限，有的企业时而攻击，时而稳健，时而防御。

第一类攻击型，在美国比较流行，比如 Patent Troll，或者说叫专利蟑螂。因为要依赖这个获取利润，进行商业运作，所以它就是要通过频繁的攻击行为，比如诉讼、海关扣货来实现自己专利的价值。

第二种是稳健型。这种是以维持自身的商业地位为主要目的，当然也会通过专利来平衡它的投入和收益。所以它也会运营专利，像 IBM、Apple、微软、飞利浦等公司，但现在有点向攻击型进行转变。

第三种就是防御型。例如，华为、中兴等公司。在 2005—2010 年或 2012 年之前，以防御为主，以不交专利费或少交专利费来保障自身的市场安全为主要目的。

三、知识产权的运营案例

（一）高智发明

高智发明，它的英文简称是 IV，是由微软的前首席技术官成立的，总部位于美国。它现在有 3 支基金：第一支叫发明科学基金，第二支叫发明投资基金，第三支叫发明开发基金。发明科学基金就是投钱，组织一帮行业内的科学家，如退休的教授或是某些领域新兴的人才、偏才，把他们组织在一起，在实验室进行超前的研究，通过研究获取知识产权来占领科技的制高点。第二支就是发明投资基金，这个主要是从外部收购一批有价值的专利权，进行二次开发，通过后续的专利运营，专利的许可转让来获取收益。第三支基金就是发明开发基金，该基金在世界范围内广撒网，对看好的项目进行投资，包括开发经费，甚至专利申请费都由基金支付，同时后期由基金方进行运营，收益在发明人和基金方间分配。对老师来说，这很有吸引力的。因为专利在他们手里边，基本上就是沉寂的资产，转化不出钱。他们的商业模式，类似于以前的爱迪生，专业的发明家，就是发明创造，不做产业化，产业化的事情就交给有产业化经验的人去做。就像现在的天使投资似的，只关注于前期早期的一些东西。它的收益方式就是经营费用加上 85% 转化收益分成，就是它运营完专利之后，赚了钱，把运营的费用扣除掉，把律师费、工具的费用扣除掉，再双方分。现在国内也有类似这样的机构，像北京有一家公司叫七星天（北京）咨询有限责任公司，也是从美国回来的一个律师开办的。他觉得中国高校大量的知识产权资产沉寂，他就根据他的经验，回来跟高校合作。他出钱，帮老师申请专利，专利权还归老师，以后还帮老师运营，运营之后双方再分成。若是站在企业的角度，肯定是抵制高智的，因为它有专利肯定是要变现，从企业变现。但是站在教授或科研机构的角度，肯定是欢迎高智发明的，因为你在帮我。若是站在运营机构的角度讲，或是站在国内的角度讲，其实我是比较欢迎高智发明这种模式出现的。因为现在国内不是专利保护过度，而是专利保护太少了，造成大家对知识产权都很不重视。如果多一些高智发明这样的公司，能够引起国家、企业的重视，其实对我们国家来说反而是好事。这是高智发明的一个模式，就是投钱，买专利造专利，然后通过专利来获益。

（二）RPX 知识产权交易公司

RPX 和高智发明、Patent Troll 是相反的商业模式，它是帮企业应对 NPE 的骚扰，帮企业应付专利诉讼的。它跟专利银行这个概念比较类似，是把企业聚集在一起，由各家企业出资，由 RPX 帮助解决这些企业遇到的 NPE 专利诉讼"骚扰"。因为对大公司来说，对 NPE 是没有办法的，因为 NPE 没有产品只有专利，它告你，你就只能去应诉，而没办法去告它。RPX 就提前去帮忙解决这些问题，它发现有些专利很危险，有些公司最近很活跃，有可能要找麻烦，那它就帮这些企业去出头，以较低的价格拿到这些专利权或专利许可，来消除专利诉讼的风险。它的专有模式就是通过帮别人去解决问题来收钱。这和 Patent Troll 是恰恰相反的方式。在 2014 年年底的时候，刚好有一个新闻，就是北电网络有限公司破产，45 亿美元卖了 6000 个专利给 Apple 以及其他公司组成的联盟。Apple 收购完重要专利以后，挑了 2000 件自己留下，剩下 4000 件又卖给了叫 Rockstar 的公司（一个 Patent Troll）。在 2014 年年底，RPX 就和 Rockstar 达成了一个协议，就把 Rockstar 的专利买过来了，再许可给谷歌、三星。这就出现了一个很有意思的现象，就是它们背后是不同厂商之间的博弈。你让 Apple

去告 Google 挺难的，它想告，但是不敢告或是怕影响不好，但是通过这种专利运营组织，其实是变相的一种方式去获得收益，就变成了两个中介之间的面对面，对于企业来说这也是一种比较好的、能接受的方式。这是 RPX 的一种模式，它和高智发明是恰恰相反的方式，但是都能帮企业实现价值，为企业也能为自己带来收入。

（三）中国科学院的上海生命科学研究院

中国科学院的上海生命科学研究院，2007 年在上海组织成立一个公司叫盛知华。从 2007 年开始，它在专利许可方面的收入节节攀升。它主要是做药物研究的，像抗癌药物、抗血栓药物，做得挺好。它是在科研人员做研发的时候就介入到知识产权的管理中去。老师在做研究的时候要申请专利了，不是直接去找代理机构，而是要先和他们沟通，他们从知识产权的角度给老师建议，例如建议你这个方案还需要再完善一下。在这个基础上，把专利给完善起来，相当于提前介入到专利挖掘的一个过程。现在高校专利运营不出去一个主要原因就是专利质量太差了，就是有很多好的技术但是写成专利之后别人一看就不会要，因为专利写得太差了，保护范围太窄了。像我原来在中国科学院的时候就有一个比较好的例子。有个研究所是做液态金属研究的，液态金属就是介于塑料和不锈钢之间的一种材料，它的硬度比不锈钢还硬，可塑性比塑料还好。那这样的话，手机就可以做得很轻巧。这种非金合金，现在用得挺多的，iPhone 4 中就有用到。那个研究所老师研究得比较早，2002 年就开始了。2002 年的时候，他在美国发表了论文，发表在某著名杂志上，但他没有申请专利，或者是没有人告诉他这东西要申请专利。美国一个公司看到了这篇论文，就问这个老师申请专利没有。老师说："没有啊，申请专利干什么"；这家公司就说"那这样吧，您评职称需要专利，我帮你申请美国专利，我给你点钱，发明人还是你，你也好跟学校交差，专利权归我们"。就这样，这个专利权就被这个公司申请了。2012 年的时候，这个公司在 2002—2012 年，在这专利技术上做了很多开发，后续很多专利都在这个专利上发展而来的。这个公司将 20 项专利打包许可给 Apple 公司 3 年，用于移动终端领域，价值 2400 万美元。但这事跟老师一点关系也没有，这个老师没有拿到一分钱。这就是很可惜的一件事。如果说，学校的专利人员或专利管理人员能提前介入到老师的研究中去，这种事情可能会少出现。盛知华就是全流程的介入，他们在申报的时候会要求提供更多的实验数据来扩充、扩宽权利要求的保护范围，在这个过程中会进行发明的评估。他们在申请、在向社会公开的时候，就已经开始专利的运营了，并不是专利授权以后才开始。没授权的时候也可以开始运作，进行市场调研、进行价值评估，等授权以后或是找到合适的公司以后，就会开始许可谈判。他们有一个比较好的例子，就是有一个药许可给了赛诺菲——一家著名的医药公司，价值 5000 万美元。这个专利其实以前上海生命科学研究院就有，但很不值钱。他们发现了之后就跟老师说再做一个实验，然后就在这基础上再深加工了一下又做了一个专利，之后就许可给了赛诺菲。这就是他们商业的一个模式。所以说，像上海生命科学研究院这种模式，对于高校比较实用。专利转让的时候有些高校会很麻烦，专利转让价格不高，老师获益不多，老师也没什么积极性，还觉得麻烦。

　　盛知华这种模式就值得我们去学习。这就是上海生命科学研究院的一种商业模式，不是走诉讼的方式，而是和高校科研相结合，走技术转移的这条路。但技术转移没有知识产权是不行的，否则就成了技术无偿贡献给别人了。正是因为有了知识产权的保护，它才能得到有效率的许可。而且后续涉及专利价值评估、商业和法律条款的谈判，让老师去谈这些太难了。做知识产权不应该仅仅聚焦在专利的诉讼上，而应该和产业、资本结合，把技术进行市场推广。市场推广很需要知识产权，知识产权是一种工具。

（四）朗科

　　朗科是 1999 年成立的，在深圳高新区。它的创始人邓国顺以前在美国有一件闪盘的专利。2000 年年初，该领域市场急速扩张，硬盘替代软盘。他们就是在上市的时候，在招股书、在募集资金的时候就说，其商业模式就是靠专利收费。在 2006—2012 年，他们专利运营收入在前期是占的比较少。2009 年要上市，运营收入大幅增长。但最近几年又开始变少，因为该收的钱已经收完了，或者说大家的意识都提高了，不像以前你要我就给你钱，变得更聪明了。而且因为经验的问题，没有持续的研发投入，光靠专利运营现在也走不下去了。他们就是进攻型的知识产权战略，就是拿这个专利以及同类的专利去起诉别人。刚开始的时候，国家还挺欢迎，觉得中国的公司终于向索尼等收钱了，当时宣传得特别火，但近几年都不去宣传了，因为这种方式有利有弊。在美国就说这种方式不是保护科技进步而是阻碍了科技进步，因为你没拿它继续研究开发，而是在起诉。像很多营业额不高的小公司，一下子就会被打垮了。而且因为没什么产品，大家就会发现，应对这种公司的时候，有大量专利也没什么用，不能去告他们。这种模式，前几年因为是新兴事物，大家还比较鼓励，但近几年，大家就慢慢去淡化它，政府也不宣传了。

四、知识产权运营的条件

第一个是高价值知识产权的积累；第二个是专业的知识产权运营团队；第三个是良好的法律环境的支持。因为现在侵权的成本太低，有很多公司侵权后你去打官司去找它，常常会听到说"行，不干了我倒闭"。过了几天，又一个公司出来了，法人还是他，还是做同样的事。还有，即使最后官司他输了，法院和稀泥，判赔点钱就好了，最多判个 50 万元，但实际的损失远远大于赔偿的。所以说这种维权的成本高，判决的结果不尽人意，所以大家在这方面看不到什么作用。但最近开始好起来了，成立了知识产权法院，最近也有奶粉罐的案子判了 100 万元，这在以前是比较少的。最后一个是雄厚的财务支持。因为是一个资产的运营，所以一定要有资本的支持。

五、知识产权运营的关键能力

第一个就是技术能力。只靠律师，真的太难了。因为知识产权运营这是技术和法律的结合，要有对技术的理解、对市场的理解、对产品的判断力，同时还要了解产业的需求。光靠律师是很难的，它是综合能力，包括技术能力、行业市场产品的判断能力、价值评估的能力。当然后边是强项，尤其是侵权判定的能力、许可谈判的能力，这是一种综合性的要求。

对一个公司来说，如果要制定自己的知识产权运营策略，首先要和公司的战略相吻合。这个战略不单是指所在公司的战略，比如像华为，现在已经在做了。可能 5 年前、10 年前你让它卖专利或把专利转让给别人，它肯定不干，因为它当时的战略不是知识产权运营，而是保证自己的产品安全和市场准入。

第二个就是要有作为一个商业活动的专利运营战略，包括能力、资源、回报方式与回报率的评估。那在战术层面的话，就要考虑许可对象、开展方式、展示方式。展示方式比如说是不是合适的时候需要一些人为你站台。比如说现在 LED 比较火，那是不是考虑在这块做一个运营，组建一个专利池，找一些政府的人来宣传宣传？执行就是要找对正确的时间，合适的方式和地点。地点就是区域的选择，这涉及法律环境的问题。你在美国还是中国运营，这是一个方式的问题。那运营机会的现状，就是说现在企业运营有没有动力呢？是有的，但动力不是看到价值，而是被逼无奈。因为之前政府支持申请专利，导致不管有没有用都去申请专利，只是为了报项目申请资助，结果申请下来发现没用，但每年专利维护费用的压力又很大，就想到了变现。第二种就是政府的需求。政府提倡创新，创新驱动战略，国家知识产权局也在提倡运营和保护。每个政府都在定指标，必须要完成每年多少的转化率，所以政府也有这方面的动力。

第三个是专利运营基金的出现。像之前提到过的北京的、上海的，深圳还没有行动。现在很多投资公司已经看到了这块的价值，他们在看一些前期的项目的时候，特别是学校的一些项目的时候，很难去判断这些东西的市场价值或技术价值在什么地方，最后它就是看专利。专利是一个很好的参考，它会看你有没有专利或专利质量怎么样，包括在融资的时候也会考虑到这个问题，投资公司对这也是非常重视的。

第四个是第三方运营机构的出现。就是类似于我们这样的公司，我们有一些运营方面的经验。那么有一些公司在这方面不懂的话，我们可以推着他们去做。因为帮他们赚钱的事，他们肯定愿意支持，他们之前不知道怎么赚钱或者是不知道这还能赚钱。

六、专利运营的方式

一种就是自行进行专利运营，这一般是一些大的公司或是知识产权团队比较完善的公司。但还是建议：一要有商业的人才，因为这不是简单的专利的分析或撰写，而是一个综合的事情，所以要引入专业的商业人才，要进行运营的包装、咨询，市场营销都要去走；二是第三方代理公司，你可以委托给他们，让他们去帮你，不用你出面；三是第三方专利运营顾问，可以引入顾问公司的方式，让他们去帮你处理这些事。

关于运营的一些思考。首先，如果你是许可者，每个被许可者都是你的客户，站在他们的角度考虑问题。你不要以为打官司就好，他不是我客户是我对手。这不是一个零和游戏，一定要和你的客户去讲，我许可给你专利，咱们双方是共赢的，我许可给你以后，你的产品没有了风险，我获得收益，这是共赢，不是一个你死我活的博弈。还有，专利许可和市场营销有很多相同之处，不同的是一个有形，一个无形。最后一点，专利运营不只是法律问题，不只是技术或专利的事情，要站在商业的角度考虑。

3.3 罗建平：从标准必要专利诉讼看专利法律服务工匠精神

罗建平，万商天勤知识产权运营管理公司副总经理，广东省知识产权专家委员会专家，深圳市标准专家委员会专家，深圳市科技专家委员会专家，广东公标司法鉴定所司法鉴定专家。

讲座时间：2018 年 9 月 22 日

一、专利与标准基本概念

通信、广播电视等消费产品属于标准化产品，涉及众多的技术标准。在通信行业，为了互联互通的需要，需要统一信号传输、音视频等行业技术标准；而在广播电视领域，电视机播放的信号格式、地面广播方式，也都需遵循一定的标准，都相应涉及众多的标准必要专利。

（一）标准、专利概念

标准中的专利主要分为两种，即标准必要专利和标准可选专利。

所谓标准必要专利，即对应的专利中的技术方案是标准要求必须遵循的，如果采用这个专利技术，就符合标准。例如，标准规定了牛奶中蛋白质的含量范围，还规定必须通过精细饲养奶牛的方式来达到。其中精细饲养奶牛就是属于标准要求必须采用的技术方案，保护这一方案对应的专利就叫作标准必要专利。

所谓标准可选专利，通常是标准中规定了几种可选技术方案，而专利所保护的技术方案只对应了标准中的一种。例如，标准规定了可通过精细饲养奶牛来实现蛋白质含量达标，同时还规定了也可以通过添加其他化合物来达标。这时候专利如果仅是对应添加其他化合物这种方法，那就属于标准可选专利。

在知识产权管理运营（参见图3-3）中，产品需通过商品化、商标化提高其品牌价值。产品技术创新应及时将技术专利化，才能拥有其权利，获得价值。若专利能进入一个标准，就能更大程度地为发明人带来价值。

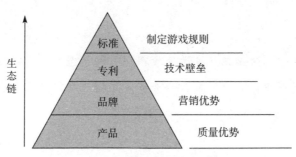

图 3-3　知识产权管理运营图

（二）具体案例

以通信行业中的华为为例。目前华为大概有千余名博士在参与各种标准的研究和制定，如参与5G通信标准制定。标准的制定要投入很多人力、资金，每年可能需要参加十几次国际会议，每次会议前要准备提案，结束后还要总结上次会议情况，并为下一次会议提案做准备。如今，华为是通信行业的领跑者之一，但在其发展过程中也经历了对知识产权运营管理方面的摸索。华为发展之初，在2G、3G时代处于跟跑位置，由于其通信产品需要符合相关标准，需要获得标准中相关专利许可才能使用，在4G代时华为开始与之同行并行。在发展过程中，华为意识到知识产权的重要性，逐步参与各种标准制定，主动获得行业话语权和定价权。就目前数据来看，在5G时代中，华为已经处于行业领跑地位了。

而在芯片行业，美国高通公司提出了标准专利许可与芯片销售分离模式。高通模式主要表现在以下几点：一是"芯片 + 专利"组合，"一站式"的解决方案；二是按整机收费，所谓"高通税"；三是免费反授权、授权方不得起诉高通客户。

最后一个案例是HDMI（高清晰度多媒体接口）组织商标。HDMI组织采用标准专利和商标许可结合，HDMI字标是一个通用术语缩写，但在中国、美国、欧洲以二次使用具有显著性为由成功获批注册商标。

　　通过以上案例分析，说明了标准和专利的概念及其两者的关系。标准是指为产品或工艺提供一套共同设计方案的技术规范。标准有多种分类方式，按照传统分类方法，可以分为产品、服务和体系 3 种。根据最新出台的标准法的规定，标准又分为国家标准、行业标准、团体标准、地方标准和企业标准。

　　正确认识标准与专利的关系十分重要。标准具有公权性，而专利具有私权性。标准中的技术具有垄断地位，在许可过程中，如果行为不当，可能构成限制技术的进步，触及反垄断法。标准通常被知识产权所涵盖，而专利为标准制定组织成员所拥有、为标准制定组织成员之外第三方所拥有。

　　标准制定组织的知识产权政策，旨在保护知识产权和阻碍创新之间取得平衡，遵守反垄断法规。标准的专利政策的通用条款，包含披露原则（要求成员披露其与拟定标准相关或对应关键的专利和专利申请），以及对于"关键"专利的缔结协议，即要么把专利贡献给大众（FRAND-RF），要么根据合理且非歧视性（RAND）（或公平、合理且非歧视性 FRAND）原则进行许可（对受让方依然有效），参见美国国家标准协会（ANSI）专利持有人声明和欧洲电信标准化组织（ETSI）的相关政策。

二、标准必要专利创造

（一）标准必要专利分类

　　纳入标准必要专利有两种情况：主动纳入与被动纳入。

　　被动纳入指原本存在的技术发明，在没有参与标准制定的情况下，在标准中被使用，被纳入到标准中。这类情况发生概率极小，但确实发生过，并且就发生在我最近正在代理的一个美国的发明专利诉讼案件中。

　　这个案例所涉专利是发明人于 1994 年在美国申请的，与无线资源请求、分配有关，后来包括中国在内的全球七八个国家都布局了这个专利。无线电波资源是有限的，无论是从 2G、3G、4G 到 5G，其实质上都使用同样的频段。而发明人想到设计一个资源动态分配协议，用户需要该段资源时通过预分配的频率和时隙向控制台发出申请，控制台确认后，将该段资源可以分配给用户，从而使用该资源传递数据，传递完毕释放资源。该专利方案资源利用效率高，后来 GPRS 等标准用到了该发明，该发明与 GPRS 标准中的双重保留协议的请求步骤是完全一样的。这是一个专利被动纳入标准的典型案例。

主动纳入的情况，以华为为例。从研发开始，华为首先进行专利申请的撰写，由国家专利局审查和授权，同时研发部门也积极参与标准的制定。撰写专利同标准制定提案结合起来，一旦提案被采纳，那么在标准中该专利就可能成为标准必要专利。因此，专利的撰写与标准同步十分重要。若专利能够被标准覆盖，将成为标准必要专利。

（二）标准必要专利创造中专利撰写注意事项

第一个注意点，用词及行文方式尽量一致。撰写权利要求时需要注意，权利要求同标准的提案在行文方式上要尽量保持一致，这会影响将来认定该专利是否是标准必要专利。标准出台后，若以该专利去诉讼，那么首先需要与标准进行比对。如上述被动纳入的案例中，发明产生于 20 世纪 90 年代，发明人写的权利要求中提到的是一种双向寻呼方式。但后来比对标准时，标准中不是称作寻呼方式，而是称作一种双向数据传输方式。权利要求里，发明人用的是一个寻呼单元，标准中却称为一个移动终端。案例中标准制定方（即被告方）说"寻呼""寻呼单元"，与标准中的移动终端是不一样的。发明保护的是两种设备之间的通信，设备名称不影响主题。因此在撰写权利要求时，尽量考虑到未来的变化，避免这种不必要的风险。

分析如下案例：

当标准只规范通信消息格式而未规范交互流程时，描述权利要求时的动作特征方面，尽量只保留如"接收消息""发送消息"或"生成消息"等必要性动作特征。消息格式采用静态特征来描述。

推荐写法：

一种消息传输方法，其特征在于，包括：生成 A 消息，所述 A 消息的消息头包含、发送所述 A 消息。

第二个注意点，注意静态而非步骤。在规范中，若不是必要的流程，不必添加。例如，在标准中可能说的是接收消息、发送消息，并不包括事件顺序。在撰写权利要求时，就写成一种状态，到接受一个消息，发出一个消息。这样将来在标准认定时，就不存在此类争议及风险。在该标准中同专利内容完全一致，那就可以认定侵权。

第三个注意点，全面覆盖原则。在认定标准必要专利时候，同样要遵循侵权的全面覆盖原则。所有的权利要求及技术都能在标准中完全的体现出来，这才能够认定是否构成标准必要专利。

第四个注意点，充分考虑标准推动的不确定性。一方面，申请文件保护方案的数量应当尽量多于拟推标方案数量，各种合理形变方案尽量包含在申请文件中。说明书包含的技术方案尽量多于权利要求方案。发明内容部分尽量用以权利要求的行文习惯来描述目前暂未放入权利要求的其他方案。上述这些操作的主要目的是为后续根据需要修改权利要求和分案奠定良好基础。另一方面，申请文件保护方案的范围尽量大于拟推标方案范围。权利要求尽量对拟推标方案进行合理上位（甚至需上位到无新颖性），为后续按标准需要来解释权利要求范围提供基础。

一般来说，当权利要求方案和标准方案处于同一层次时，若权利要求方案和标准方案存在一定出入，按标准方案来修改和解释权利要求将变得非常困难。而如果权利要求方案相对于标准方案更加概括和上位，按标准方案来修改和解释权利要求就变得更有可能。

（三）标准必要专利认定

标准必要专利认定时要遵循全面覆盖原则。首先标准以文字的形式体现，专利的权利要求有类似之处，同时也是以文字形式描述一个技术方案，所以相对于将权利要求与产品对比而言，将权利要求与标准文档对比更为直接和方便。不过标准所使用的语言描述方式和权利要求使用的语言描述方式可能不同，这个分析过程也是相当复杂。

就这个问题可以通过"把大象装进冰箱的方法"这个形象的例子来理解（表 3-1）。比如某专利的权利要求它有几个步骤，在标准中写到的是把一头大象放进冰箱的一个方法。而专利中第一个权利要求，他写的是打开冰箱门，把大象放进冰箱，关上冰箱门。这里涉及权利要求的一个认定，因为标准中可能就想把大象放进冰箱，并没有出现要打开冰箱门这样一个规定。但是这里其实是暗含这个特征的，只是作为现有技术不必都罗列在标准中。这种情况下专利权人可以通过暗含认定构成侵权。但如果说是权利要求说是把大象立起来放进冰箱，而标准中说把它横起来放进去，这就不构成侵权了，因为两个特征不一样，所以最后这个我们会认定为非标准必要专利。

表 3-1 "把大象放进冰箱的方法"例子

权要特征	标准描述	对应性分析
一种把大象放进冰箱冷冻的方法	一种把大象放进冰箱冷冻的方法	对应
步骤 A，打开冰箱门		暗含
步骤 B，把大象放进冰箱	把大象放进冰箱	对应
步骤 C，关上冰箱门	关上冰箱门	对应

三、标准必要专利运营

接下来谈一下专利池的基本概念、建立、运营和标准专利的运营。

专利池是指两个或两个以上的专利所有者达成协议，通过该协议专利所有者可进行专利联营，专利权人相互交叉许可或将其专利按照标准的许可条款许可给第三方。其形式主要有专利联营、专利联盟、技术联盟等。其优势主要有以下几点：消除企业间相互障碍并且减少专利纠纷；降低交易成本，避免多重谈判以及相矛盾的谈判、减少多重许可项目的成本、一站式商店；避免重复缴纳专利使用费，对于多项许可仅需支付一次许可使用费；消除采用标准的疑虑；避免公平、合理和非歧视问题。但其劣势就在于刚性以及可能造成的垄断行为。

从专利池的发展过程来看，专利联盟的发展经历了 3 个阶段：第一阶段为1856—1912 年，主要是基于"本质上不是非法的许可协议就应得到法庭支持"

的原则理念；第二阶段为 1912—1990 年，基于谢尔曼反垄断法，对传统专利联盟的发展实行严格管制；第三阶段即现今，是以《知识产权许可的反托拉斯指南》为转折，不能武断地判断其垄断性。

专利池的建立主要经过以下过程：第一步选择纳入专利池的专利。选择纳入其中的专利要具有专利适格性，即牵制或互补性的专利，而不是替代专利；第二步就是决定建立专利池的时机，最好的时机是与标准制定组织的标准制定过程保持同步；最后就是构建专利池协议。

专利池的运营包括：专利许可原则、成员资格、侵权和强制执行和专利组合的维持等。专利许可原则包括对内的平等原则（地位平等、每一项专利平等、按专利数量分配）以及对外的 FRAND 原则（公平、合理、非歧视）。在专利池的运营过程中，成员通常鼓励开放性会籍制，并且可能发布定期公告以征求专利，以及进行评估。再就是对专利池中的既有专利实行定期审核，以确保专利得到维持并对实施标准具有必要性，剔除非必要性专利，增加新的必要专利来维持专利池。

3.4 李伟：企业知识产权战略及管理

李伟：深圳超多维光电子有限公司知识产权总监，中国集成电路产业联盟副理事长，深圳市专利协会副会长，中国电子标准化协会知识产权工作委员会常务理事。

讲座时间：2017 年 11 月 2 日

一、为什么要将知识产权视为战略

知识产权战略是企业全球化竞争的核心组成部分。将企业的知识产权数量作为横坐标，企业收入对知识产权的依赖程度作为纵坐标，企业可以分为 4 类：

第一类企业是当企业整体规模较小，所拥有的知识产权数量少，对应其营业收入对知识产权的依赖程度也低。此时企业就像一条小鱼，不为人所注意，看似无忧无虑，但实际上很容易被其他公司吞并。

第二类企业是企业营业收入及销售额都很大，但如果企业知识产权数量没有跟上，企业缺乏足够的知识产权防御，就很容易变成箭靶。近年来，随着国际竞争的加剧，我国很多公司频频遭遇竞争对手的知识产权打压，其中一个重要原因就是国内企业缺乏综合、整体的知识产权意识和实力。

第三类企业是拥有强大的知识产权的企业，但却没有相关的经营收入，此类公司就容易变成鲨鱼，此时知识产权就是公司利用效率较高的资产。通信领域有一家公司叫 Znterdigital，这家公司和高通公司很像，是通信行业早期的奠基者之一。但它的市场一直没能做起来，却拥有数量众多且精良的专利，所以各大通信厂商都要向其缴纳专利许可费，如苹果、三星以及众多中国手机厂商。当前大家经常讨论的知识产权经营公司也是属于这类企业。

第四类企业是企业既拥有大量知识产权资产，知识产权相关收入也比较多，整体非常均衡，这种类型的企业就属于天平型企业，如苹果、三星和华为等企业。

每一个企业并不是天生的固定属于哪类企业，他们都是随着企业的发展有所变化。例如，20 世纪 80 年代，德州仪器（TI）在美国的半导体市场做得非常好，当时几乎未有亚洲企业涉足该市场。此后，韩国的 LG、三星等企业凭借低成本优势崛起，占据了较大的市场份额，但是知识产权实力并没有随之有效增强，变成了箭靶型企业。德州仪器就启用知识产权武器，逼迫来自亚洲的竞争对手支付高额的许可费用，每年从三星等企业获得了几百万美元的知识产权收入。在美国遭遇的种种情形，让三星公司付出了极大的经济代价。三星公司痛定思痛，开始在全球范围进行专利布局，经多年积累，才变成天平型企业。

二、知识产权战略的特点

第一，长期性。日本、韩国的专利使用费用一直呈增长趋势，其中日本企业从 20 世纪 60 年代开始直到 2003 年专利使用费才由负转正，韩国的专利使用费到现在还处于负值。邻国的经验告诉我们，知识产权战略无论是对国家还是对企业而言，是一项长期、复杂的工程，"长期性"是知识产权战略的突出特点。知识产权从申请到授权是一个漫长的过程，少则两三年，多则四五年，所以知识产权战略从实施到产生效果之间需要时间，贡献能力的持续增加也是需要时间的，需要提前规划。

第二，整体性。企业知识产权战略还具有整体性，知识产权业务要延及研发、采购、销售等多个环节，每个环节的需求都不一样，而且相互影响，所以需要统筹规划。

第三，非量化性。知识产权的目标和成果很难绝对量化，所以我们除了要从数字对知识产权做一个要求之外，更多的还要从知识产权战略是否提升公司核心竞争力、是否有效控制公司知识产权风险来评判。

三、知识产权的战略目标

对于企业而言，知识产权战略主要是两个目标：一是创造自由发展的空间，当企业走出去时，市场拓展和业务拓展不会受制于知识产权；二是保护自身的知识产权，当其他企业侵犯我们的知识产权时，我们有能力保护公司独有的知识产权，压制侵权企业的侵权行为或市场侵略，保持我们的竞争优势。

知识产权工作成效主要是看商业效果：

一是防御效果。一方面是能获得专利的交叉许可，在竞争越激烈的行业越容易做交叉许可，而寡头垄断的行业交叉许可则是件很困难的事情，因为寡头是不愿意轻易放弃垄断的。另一方面是形成自由竞争的环境，减少对手威胁你的机会。比如有的企业不会做交叉许可，但也不会轻易发起诉讼。因为一旦发起诉讼，最后的结果很可能是两败俱伤，这在智能手机的领域表现尤为明显。

二是进攻效果。竞争中采用 IPR 来遏制竞争对手，比如英特尔 VS 威盛电子，苹果 VS 三星，以获取 IPR 收入。很多公司都会把自己的知识产权许可给其他公司以赚取专利许可费，通信行业内做得较好企业是高通公司。

四、知识产权策略：储备与经营

知识产权策略的核心是强化布局，建立一个无障碍的通道。

企业知识产权策略体系包括知识产权风险控制体系和知识产权储备体系。知识产权风险控制体系就相当于巧妇，有当期和中期、长期和未来的目标；知识产权储备相当于米，这是巧妇和米之间的关系。

（一）知识产权风险控制体系

绝大部分中国企业当前和中期的目标以控制风险为重点，说直白点就是不怕别人起诉，怕的是别人起诉时，没有准备，没有筹码跟对方谈判。对于企业而言，哪些公司可能会起诉，以哪些专利来起诉，有哪些筹码都要做到心中有数。

长期和未来的目标，是知识产权风险控制跟 IPR（知识产权权利）运营并重。知识产权业务由成本中心向利润中心转化，光有谈判技巧是不够的，有商业价值的知识产权储备体系是知识产权战略的重中之重。其中，基本知识产权专利是最具有商业价值的，手中有粮，才能做到心中不慌；手里的筹码有分量，才可有效应对各种情势。

（二）知识产权储备体系

"基本专利 + 专利布局"的模式是达成知识产权储备体系最佳的途径。

通信行业是最重视标准的一个行业，因为通信有收发的规则，而这个规则是业界所有企业都要遵守的，如 3G 有 W–CDMA 标准、TD–SCDMA 标准、WiMAX 标准等，从业者均要采用同样的一套技术体系。早期通信行业的标准是被外国企业所垄断，制定标准既是企业实力的象征，也可起到阻碍竞争对手的作用，很多外国垄断企业会把自己的技术方案写到标准里公开来给大家用。实际上，企业此前已经把相关技术方案申请了专利，最终的结果就是后来进入行业的企业为了执行标准，不得不向专利权人交许可费。早期很多通信公司就是通过标准的手段来谋取利益。在中国企业还不了解、熟悉规则的时候，常常是把国外的标准翻译一下，变成自己的标准，到最后导致国内企业吃了很大的亏。后来，在慢慢了解了规则以后，国内企业也开始制定自己的标准。3G 标准刚开始进入中国的时候，无论是中兴、华为还是大唐，技术研发能力都不弱。虽然很多技术都被国外的企业所垄断，可供发挥的空间不大，但是国内企业还是提出了要修改和增加标准的要求，由上述几家大型国内企业分别修改其中某一个部分标准，并加入自身技术专利嵌入了标准中。以上是通信行业的例子，但实际上不仅是通信行业，万物都有互联互通的要求，就好比两个元器件要做对接，则必须要有一定的标准如尺寸等才可以实现统一连接。所以，标准与知识产权的结合，在很多行业都可以有效应用。

知识产权储备业务一般分基础业务（专利申请、商标版权域名的注册）、分析业务（竞争对手分析、产品分析等）和运营业务（诉讼、谈判、许可等），这些业务与市场、研发、销售都是紧密结合的。在这里，我想强调一句："知识产权战略发端于研发、获权于法律，而价值来自于市场。专利布局是形成有商业价值专利储备的必由之路，基本专利是专利布局中最具商业价值的专利。"

知识产权一般都是由研发人员提出构思，然后申请专利，所以说是发端于研发。但是，发端于研发并不意味着专利一定要从研发项目中产生，发端于研发包括研发项目和研发人员两方面。比如，早期国内手机公司基本上属于跟随型的研发，这样的专利价值很低，即便专利申请量很多，但竞争对手基本不用，专利价值不高，面对竞争对手的专利威胁，很难有效对抗。为了解决这个问题，中兴就连续做了几届的手机创业大赛，让员工们提出一些关于未来手机应该具备功能的好创意，再把这些好创意拿去申请专利。后来，实践证明，很多有价值的专利都是当时手机创业大赛中提出来的设计。

知识产权获权于法律是指知识产权的最终获得是需要经过授权，以法律文件的形式呈现。而价值来自于市场是指针对企业而言，专利是否有价值取决于市场。

构建风险控制体系的基础是拥有一个强大且具有商业价值的知识产权储备体系，因为没米是做不出好饭的。构建风险控制体系前还需要一些认知，主要体现在3个方面。第一，知识产权风险体系虽然重要，但也仅是企业经营的一方面要素。对企业来说，最核心的还是创造价值、获取利润，所以构建风险控制体系是需要循序渐进地进行。第二，知识产权风险永远存在，无人可避免，但可控。所以作为知识产权部门负责人而言，不敢跟老板承诺没人告公司，而是说当有人来告公司时，心里有数又或者是提前告诉了老板，哪些公司对公司有威胁，具体哪些产品、哪些地方有威胁。在对手来围堵公司的时候，我们是有能力反击。第三，知识产权风险管理不是一个部门的责任。很多事情不是知识产权一个部门就能干完、干好，所以风险管理要贯彻于公司采购、研发、市场销售等整个运营环节，要把风险管理流程嵌套到其他部门的流程里去，大家互相配合才能实际做好。

做知识产权分析的话，我个人理解，老板都喜欢看到有公司自己知识产权分析、对竞争对手的知识产权分析以及各个国家知识产权环境的分析，最后变成一张世界知识产权地图。这份地图汇总了公司产品知识产权竞争能力的方方面面，简洁明了地告诉老板，哪些地方有怎样的风险，从而在战略上对商务起到支持作用。

　　知识产权的运营主要就是对外许可、转让和诉讼。所有的运营行为都要为公司整体的商业利益服务，比如说一个技术型公司可能拥有许多核心专利，但却从来不会轻易转让或对外发起诉讼，因为技术型公司要做的是技术和知识产权的许可，希望把专利和技术一起打包许可给他的合作伙伴。即便有其他公司侵权，这类公司也不会轻易发起诉讼，而更多是希望以合作的方式来解决问题。所以，企业知识产权工作包括法律工作，不能为专业而专业，你的专业必须是为公司的整体商业利益服务。

五、知识产权管理：业务与资源

　　最后，介绍一下知识产权管理要注意的几个方面：

　　第一，先建立制度。知识产权部门有什么权力、能做什么事情，是需要制度来赋予知识产权部门的权力和资源，如知识产权奖惩办法。所以我们新到任何一家公司从事知识产权工作，先要了解公司知识产权制度大体架构，而你在这个架构里面充当什么角色，起到什么作用。

　　第二，建立流程。流程分内部流程和外部流程。内部流程就是知识产权部门内部制定的关于专利申请等业务流程，它们能保证本部门内部业务的正常推动。外部流程就是上述知识产权业务流程与采购、研发、销售流程的融合，就是把知识产权流程嵌套到公司整个业务中去。比如研发项目立项时要有一个前期知识产权分析，用来分析竞争对手和业界知识产权状况，风险很大的项目是不是需要规避风险、调整方向。再比如采购部门引进供应商时，是不是要先评估供应商知识产权实力，需不需要签订担保条款等。其他部门的这些业务都是需要知识产权流程嵌入的，有这个外部流程，其他部门在涉及相关工作时就会来和知识产权部门合作。

　　第三，激励和考核很重要。制度和流程赋予我们资源来做工作，但推动工作还需要激励和考核制度。激励包括奖金、名誉奖励。例如，部门每年召开知识产权表彰会，奖励工作突出人员，建立本公司的知识产权文化和创新文化。考核就是建立硬指标，例如研发部门年度必须要完成多少件专利申请等。为什么这样做，是因为专业发端于研发，而我们研发的同事工作太忙了，如果不把专利申请列入 KPI 考核体系，则研发人员会认为知识产权的工作是额外的工作，完成本职工作为主，做额外工作的积极性并不高。在这种情况下，通过 KPI 考核约束研发人员，确定完成数量，就显得尤为重要。

知识产权日益成为国际竞争的重要武器，也是跨国企业战略中不可或缺的重要部分。如果一个公司知识产权基础不够牢固、与公司整体战略结合不够密切，那么将对公司在国际、国内竞争中带来巨大风险和危机。风险控制和知识产权储备是硬币的两面，互相支持、互相贯通。储备是结合公司业务做好知识产权布局，风控是要形成整套体系对公司各个业务有效监控。知识产权资源应当科学地投入，有效地利用。面对国际、国内竞争时，做知识产权工作既不能无知者无畏，也不能妄自菲薄，应对准重点，融合协作，循序渐进，逐步深入，全面展开，从而有效达成目标。

3.5 李晓菲：医疗创新与知识产权保护

李晓菲：深圳迈瑞生物医疗电子股份有限公司知识产权经理，深圳市知识产权局专家。

讲座时间：2019 年 3 月 16 日

与大部分传统行业不同，医疗行业具备很多特殊性。在全球大趋势及国内医疗改革大背景下，医疗行业在 21 世纪迎来重大机遇。如何推动这一技术密集型产业的创新发展？如何通过知识产权管理加强综合竞争力？

一、医疗领域的行业特点

（一）医疗设备产业概况

生物医学工程是一门由理、工、医相结合的边缘学科，是多种工程学科向生物医学渗透的产物。21 世纪，随着自然科学的不断发展，生物医学工程的发展前景不可估量。生物医学工程的发展不仅促进了医学的现代化，而且形成了一个新的知识密集型和资金密集型的高技术产业领域——生物医学工程产业。生物医学工程的产业包括：生物医学材料制品、（生物）人工器官、医学影像和诊断设备、医学电子仪器和监护装置、现代医学治疗设备、医学信息技术、康复工程技术和装置、组织工程等。

在生产实践和行业监管领域，"生物医学工程产业"更多地被称为"医疗设备产业"，该产业具有如下特点：

第一，面向专业用户。与电子通信、餐饮服装等大众消费行业不同，医疗设备行业的消费端是专业医疗机构，包括各级医院、基层社康服务站、卫生防疫部门等。使用医疗设备的人员均为具有医疗和临床知识的专业人员，因此用户群体非常专业化，同时决定了医疗设备行业具有较高的技术门槛。

第二，研发投资大、周期长。医疗设备的研发必须基于临床需求，通过技术手段解决临床问题后，再通过大量临床试验予以验证，因此资金投入大，且时间周期比较长。该领域内基本上被大型公司所主导。

第三，法规监管严格。医疗设备产品事关人类生命健康，无论是国际还是国内，都有详细的法律法规和专门的监管机构进行严格监管，这不仅体现在每一项产品的销售都必须在药监部门进行注册或备案，医疗设备企业本身更需要建立严格的质量控制体系，以满足监管机构定期或不定期的验收。

医疗设备产业的发展，对于提高综合国力、增强科技水平、推动民生关注，都具有重要的战略意义。

（二）国际和国内的行业竞争格局

医疗设备的市场竞争是全球化的竞争，医疗设备市场是当今世界经济中发展最快、国际贸易往来最为活跃的市场之一。美国、欧洲、日本共同占据超过80%的全球医疗设备市场，处于绝对领先地位，其中美国是世界上最大的医疗设备生产国和消费国，其消费量占世界市场的40%以上。全球医疗设备市场销售总额已从2001年的1 800亿美元迅速上升至2016年的3 800亿美元，并预计2022年将超过5 200亿美元，平均复合增长率高达7%。即使是在全球经济衰退的2008年和2009年，全球医疗设备市场依然逆流而上，分别实现6.99%和7.02%的增长率，高于同期药品市场增长率。随着全球经济的复苏和新兴市场国家中等收入水平消费者对医疗保健服务需求的增长，国际医疗设备市场将会持续增长。

中国经济的发展和卫生水平的提高，使得医疗卫生的消费和投入增加已是不争的事实，现已成为世界第二大医疗设备市场。医疗设备与药品是医疗的两大重要手段，发达国家这两者的销售额比例约为1∶1，我国仅为1∶10，可见我国医疗设备市场潜力巨大。受国家医疗设备行业支持政策的影响，国内医疗设备行业整体步入高速增长阶段。据中国医疗器械行业协会发布的《2017年度医疗器械行业研究报告》统计，2010年我国医疗设备市场销售规模已跃升至世界第二位，销售额首次突破 1000 亿元大关。尤其在多种中低端医疗设备产品方面，产量居世界第一。2010 年至 2018 年，国内医疗设备市场规模由 2010 年的 1 260 亿元增长至 2018 年的 4 700 亿元人民币，年复合增长率接近 20%。

国内的医疗设备行业之所以迅猛发展，得益于全球化趋势以及中国自身市场的日益增长，主要体现为如下几个方面：

一是中国已形成医疗器械产业集群并具有较大的人力成本优势，很多国际知名的跨国医疗设备商都将研发和制造放在中国，世界医疗设备前十强中有 8 家已在中国建立生产基地，这进一步带动了国内行业的发展。

二是国际上对医疗设备的巨大需求为国内企业提供了大量市场，与传统行业先内后外不同，很多国内医疗设备企业在国际市场上的销售额往往大于国内市场。据统计，2010 年我国医疗器械对外贸易突破 200 亿美元，达到 226.56 亿美元，同比增长 23.47%。其中，出口额为 146.99 亿美元，同比增长 20.05%；进口额为 79.57 亿美元，同比增长 30.35%。

三是国内人口老龄化的加剧以及人均可支配收入的提高，使得人民对自身保健意识增强的同时，医疗健康方面的投入和支出逐步上升，这一因收入和观念的改变而形成的助动力，给医疗设备市场带来了"主动性"增长。

四是中国医疗改革政策推动了行业扩容，基层和农村医疗服务体系的建立，为医疗设备行业的增长提供了进一步的生长空间，国家财政投入专项投资加强基层医疗卫生服务体系建设，带来大规模医疗设备政府采购。

二、医疗领域的研发创新

生物医学工程技术是一门由生命科学、机械、电子、光学、软件、医学、高分子材料等多学科相结合的交叉领域，其发展水平代表了一个国家的综合实力与科技发展水平。国内医疗设备市场中，高端医疗设备占整体市场的 25%，多数关键技术被发达国家大公司所垄断，国产高端医疗设备产品技术性能和质量水准落后于国际先进水平 10 年左右。目前国内企业具有竞争优势的方面，只在科技含量和制造工艺要求不高的基础医疗设备方面。对于这一行业技术发展状况，为持续增强相关综合国力，我国在国家层面和地方层面都采取了一系列措施，以推动医疗设备领域的创新，促进国内单位和个人尽快占领国际技术高地，扭转"制造大国"的国际定位。

（一）国家层面

近年来，我国重点加强了医疗设备领域的科技部署，制定了产业发展专项规划，成立了医疗设备产业技术创新战略联盟，部署了一批创新研究项目，启动实施了医疗设备产品应用示范工程，大力推动了"产学研医"协同创新、医疗设备科技金融融合发展，建立健全了医疗设备从技术创新、产品开发、应用评价到示范推广的整套体系。同时国家食品药品监督管理局、国家卫生健康委员会（简称"卫生部"）、工业和信息化部等多个部门发布规章制度，积极推进创新医疗设备的政策优化。

（二）地方层面

医疗设备行业目前在国内呈现集群式发展，主要有京津冀、长三角、珠三角 3 大产业集群地区。其中，监督管理广东省和深圳市一枝独秀。2011 年，中华人民共和国科学技术部（简称"科技部"）和卫生部将广东省列为实施示范工程的示范省，由科技部、卫生部和广东省人民政府联合启动"创新医疗设备产品应用示范工程"，旨在加快培育广东省医疗设备战略性新兴产业。从优化基层医疗机构设备的配置标准、引入远程医学服务体系、建立基层医务人员的培训中心等入手，推动一批适宜基层应用的医疗设备的研发、生产和推广，以实现"创新模式、集群发展、示范能动、科技惠民"，推动医疗设备产业的技术创新，突破并掌握医学影像、生物医学材料等核心关键技术，开发简单易用、维护方便、价格适当、可靠耐用的医疗设备新产品。

深圳是我国最早发展医疗设备产业的城市，其产值曾占全国近 1/5，在医疗设备行业独领风骚 10 多年。目前，深圳医疗设备生产企业超过 700 家，总产值超过 400 亿元，并且涌现出深圳迈瑞生物医疗电子股份有限公司（简称"迈瑞"）、深圳市理邦精密仪器有限公司（简称"理邦"）、先健科技（深圳）有限公司、深圳开立生物医疗科技股份有限公司、稳健医疗用品股份有限公司（简称

"稳健医疗")等一批优秀企业，其中有 40 多家企业已进入医疗器械亿元俱乐部。以位于深圳市南山区的迈瑞为例，其先后在生命信息支持、体外诊断、医学影像领域精耕细作，创造了多项"中国第一"，成为国内高科技医疗设备领军企业。迈瑞在全球形成庞大的研发、营销和服务网络，其产品应用于全球 190 多个国家。国内 95% 以上的三甲医院使用迈瑞产品。其市场表现卓越：监护系列产品在国内市场占有率排名第一；麻醉机装机量全球第三；黑白超全球供应量第一，便携式彩超中国区装机量第一；血液细胞分析仪全国市场占有率第一。2018 年初，深圳市发展改革委员会宣布，为推动医械发展将筹建深圳市医学科学研究院、组建转化医学研究平台等，这无疑为深圳的医疗设备企业的技术发展又增添了新的动力。

当然，随着长三角、珠三角地区的城市成本越来越高，一些主要的医疗设备企业开始在技术人才集中区域部署研发和生产，如迈瑞在南京建立生产基地；华大基因测序仪生产落户武汉光谷；稳健医疗在湖北崇阳建设全国最大医用敷料基地。另一方面，在苏州的江苏鱼跃医疗设备股份有限公司以及落户山东的威高集团有限公司和新华医疗器械股份有限公司，均成长迅速，这些新兴地区也正在对原有的优势地区发起挑战。

三、知识产权战略管理概述

知识产权是商业竞争的一个重要环节，知识产权战略是为商业竞争服务的，具体体现为诉讼（热竞争）和许可（冷竞争）等竞争方式。知识产权战略管理总体分为 3 个层次：战略—业务—体系。知识产权具体业务包含资产管理和风险管理，都要服务于知识产权战略目标，并以战略目标为导向。同时，通过体系化建设保证知识产权具体业务（包含资产管理和风险管理）的工作质量和工作效率。对于国内的大部分医疗企业来说，既缺乏知识产权工作的战略指引，也缺乏体系化流程保证工作质量。

从商业竞争对手的维度，在战略上牵引具体业务的推进，针对不同的竞争对手采取不同的应对手段。对于行业内的领先者，采用许可等方式避免诉讼，保证自身的商业自由。具体的措施包括：加大对于前沿和核心技术的专利布局，通过自身的优质专利组合与领先者达成交叉许可协议。对于行业内的跟随者，采用诉讼方式进行打击，打压跟随者的抄袭模仿空间，逼迫其自行研发设计，提高其研发成本，降低其研发速度，降低其产品的竞争力，以此达到打击跟随者的目的。

知识产权战略管理的核心是专利资产管理，即专利布局管理。目前国内的企业在专利资产管理工作方面发展参差不齐，对专利布局的认识也处于不同的阶段。企业对专利布局的认识一般经历 4 个阶段：第一阶段，企业没有专业专利人员，研发过程中研发人员有一些自己觉得很好的新技术，就去申请了专利。自己怎么做的，专利就怎么写的，专利保护范围极小，基本上没有诉讼层面的价值；第二阶段，企业发展到一定的阶段，有了对专利有一定了解的专业人员，在他们的指导和挖掘下，会考虑技术方案的扩展保护，也会重视权利要求的保护范围是否得当；第三阶段，企业的专利管理逐渐成熟，有一定的工作体系和流程，会考虑针对一款产品或者技术进行全方位的保护和布局，能够识别重点技术进行重点布局，产出具有一定技术保护作用的专利；第四阶段，企业的专利管理与公司战略和商业竞争紧密挂钩，专利布局不局限于某个产品或者技术，会结合自身产品组合及技术发展路线从更全面的视角规划专利布局，针对核心的竞争对手采取差异化和对应性的专利规划方案，整体专利布局工作围绕公司战略和竞争推进。

专利资产管理这个业务部分，要从专利申请前期、中期和后期管理进行工作分解。专利申请前要重点关注专利规划的方向，将产品的核心竞争优势进行重点专利布局，围绕客户需求或者功能痛点进行全面布局，将可能采用的技术方案进行包围式布局。这里经常存在一种误区，就是只申请自己的产品采用的方案进行专利申请，对一些功能或者成本上有些不足的技术方案没有进行专利布局，这就给竞争对手留下了抄袭和规避设计的空间。特别是现在企业之间的人员流动非常频繁，一些次优选方案或者备选方案会随着人员的流动，流向了竞争对手厂家。专利申请中期的管理，是目前国内企业的普遍短板，对于已经提交至专利局的申请，只是被动性的答复审查意见和对应修改，缺乏对专利保护范围的主动管理。但是国际上的先进企业，它们都非常重视专利申请中期的管理，如前文提到的 Masimo 公司，它们的专利族都非常庞大，专利申请过程中非常重视分案和接续案件的申请。一方面，它们会根据技术的发展，对申请中的专利进行扩展性包括，同时也会根据竞争对手的技术和产品发展方向，针对性地进行专利围堵；另一方面，它们会对专利说明书中有描述但是没有在权利要求中进行保护的技术点进行评估，确定是否要采用分案的方式进行扩展保护。在专利后期管理方面，要根据已授权的专利组合定期分析竞争对手的产品，对于确认对手侵权的专利，要根据前面所述的企业知识产权战略进行处理。例如，对于跟随者抄袭产品并侵犯专利权，就有较大可能性采取诉讼的措施对跟随者进行打击，当然具体诉讼时机、诉讼地的选择，要根据打击目的和具体的情况进行考虑。同时要考虑是否有其他重要相关事件，如上市、融资并购等特殊事件，综合考虑诉讼策略，做到"天时""地利""人和"。

专利风险管理这个业务部分，同样根据战略目标的指引，对于可能发生诉讼或者许可的竞争企业，研发设计过程中要对关注企业的专利进行重点排查，尽量避免"踩雷"情况的发生。同时对关注企业的专利申请动态也要进行监控，一方面通过专利申请识别其重点研发技术方向，另一方面了解其产品的相关技术信息，判断其是否存在侵权的可能。风险管理同时促进专利布局，根据重要对手的技术和产品发展路线，有针对性地进行专利布局，经常可以起到意想不到的效果。

四、医疗领域的知识产权管理

医疗设备产业的快速发展，也为国内企业的创新研发带来了动力。医疗设备领域创新路径可以总结为"发现""发明"和"发挥"。"发现"是指医学场景下发现客观的医学现象或者规律，"发明"是指利用上述现象或者规律通过发明创造来帮助进行医学诊疗，"发挥"是利用发明创造产生医生可以信赖的产品。企业通过研发医生信赖的产品解决医学问题，来获得利润，然后再投入到"发现"和"发明"的研究中，以此方式进行商业循环，不断推动人类的医学科技水平发展。可见，在上述 3 个节点中，形成发明创造并获得专利等法律保护，是承上启下的重要一步。

针对医疗设备领域的行业情况，知识产权管理具备 4 个特点。第一，研发投入大，企业投入巨资进行研发，所以普遍重视知识产权保护以避免他人仿制或者抄袭。企业根据技术的特点选择专利或者技术秘密进行保护。一般来说，对于比较容易识别或者发现的技术方案采用申请专利的方式进行保护，对于软件内部算法、特殊的加工工艺和试剂配方等不容易反向的技术则采用技术秘密进行保护。第二，不同于互联网或者一些快速迭代的消费类产品，医疗器械产品周期长，从产品研发到上市，到最终退市可能要超过 10 年。同时医生适应了产品使用方式后，并无很大冲动去尝试新的产品，导致医疗器械产品和技术迭代相对较慢，所以一般情况下并不追求专利的快速授权，甚至很多擅长专利布局的企业利用美国专利体系的特点，持续维持一件专利处于在审状态，保持专利可保护范围一定的灵活性，使得抄袭者一直处于潜在的风险中。同时，由于保护期限的问题，该领域尤其重视发明专利的保护，迭代比较快速的产品才会考虑申请实用新型。第三，医疗器械领域一般都是专业用户医生，由于应用场景的特殊性外部造型的设计空间相对较小，而且医院采购的过程中更注重产品的相关参数和功能特性，很少关注产品的外部造型，所以外观设计的重要性相对于普通消费类产品要低很多。第四，由于医院是具备政府采购色彩的特殊客户，医疗设备厂家一般不会将医院作为专利诉讼的被告，因此在专利撰写过程中特别要注意避免将客户的使用作为权利要求的环节之一，减少诉讼中可能存在的障碍。

国内医疗设备产业起步较晚，不少关键技术被发达国家的巨头公司所垄断。随着国际科技交流和经贸往来的不断扩大，知识产权的作用日益凸显。国外医疗设备企业通过实施跨国专利战略对其主要产品构建了较为严密的知识产权保护网，确立了其在中国的技术垄断优势，对国内医疗设备的技术研发和生产销售均构成了封锁，使我国医疗设备行业面临严峻的竞争形势。在世界领域内，医疗设备领域的知识产权纠纷发生的频率虽然不高，但是根据普华永道会计事务所对近 20 年美国法院的专利案件按照各领域的赔偿额进行的统计，医疗设备领域平均每个案件的赔偿额将近 2000 万美元，超过医药和通信领域，成为案件赔偿额最高的产品领域。

2014 年，荷兰皇家飞利浦公司（简称"飞利浦"）因专利侵权被美国内华达州法院判决需向美国加州的 Masimo 公司支付侵权赔偿额 4.66 亿美元，涉及的技术是利用光吸收测量血氧量和脉搏率的指尖设备，这是迄今为止全球医疗设备领域的最大赔偿额。飞利浦在两周的审判期间，表示其血氧饱和度监测仪确实使用了涉案专利技术，但该专利应被判无效，因为该技术是由飞利浦创新在先，故不必赔偿。但陪审团不同意此观点，后飞利浦使用其自有专利提出了反诉，但也被陪审团驳回。虽然飞利浦后续也提出了上诉，但是在巨大的赔偿额面前不得不签下"城下之盟"，与 Masimo 公司达成 3 亿美元的和解协议（该赔偿额可以跻身美国专利诉讼前 20 名），才得以解决争端。在中国，国内知名企业迈瑞于 2011 年针对理邦的监护仪和超声诊断产品发起的知识产权诉讼系列案件，终审赔偿接近 3000 万元。此外，在 2019 年年初，北京知识产权法院判决天锡海斯凯尔医学技术有限公司侵犯内蒙古福瑞医疗科技股份有限公司专利权，赔偿 3000 万元。这些高额赔偿案件在全球和国内医疗设备行业都引起了极大震动和深远影响，不仅因其巨大判赔额，也因其反映了目前很多医疗设备公司甚至是大公司存在的问题。这些问题包括如何保护自己的创新技术？如何利用知识产权制度在竞争中立于不败之地？这使得业内企业都越来越重视知识产权工作。医疗设备企业到底如何进行技术创新和知识产权管理，由此引起的启示值得我们关注。

知识产权作为保护创新利益的重要机制，在医疗设备产业发挥着至关重要的作用。医疗设备产业在蓬勃发展的同时，企业间的竞争也在加剧，知识产权保护是获得市场回报的关键，以知识产权竞争为手段争夺市场份额已在所难免，这使得知识产权保护成为医疗设备企业管理的重中之重。在企业发展的不同阶段，知识产权管理必须形成动态机制，以匹配不同的发展需求，这才是医疗设备产业保护创新的应有之义。

第 4 章

法律实践与法律职业

本章精选 5 篇讲座稿，包括原深圳市人大常委会法制工作委员会主任委员陈涤主讲"特区立法工作的实践和思考"；深圳市市场监督管理局政策法规处处长曾尧东主讲"情怀与责任——政府法制工作的体会"；中国银保监会银行检查局规划协调处处长凌桦主讲"法律人与金融业的职业讨论"；北京市隆安（深圳）律师事务所主任、创始合伙人贾红卫主讲"我对律师行业的理解"；北京市盈科（深圳）律师事务所合伙人佟长辉主讲"医疗损害赔偿诉讼实务探讨"。

4.1 陈涤：特区立法工作的实践和思考

陈涤：深圳市人民代表大会（简称"人大"）制度研究会、深圳市特区立法研究中心副秘书长、原深圳市人民代表大会（简称"人大"）常委会法制工作委员会主任委员。

讲座时间：2015 年 10 月 9 日

深圳的立法情况在全国还是非常有特点的。我讲一讲在深圳从事立法工作的心得体会。我结合在工作中遇到的一些问题，以及引起的一些思考来，和大家一起分享。同时，在深圳立法工作中还有一些问题没有在理论上予以解决，笔者也给大家做简单介绍，可以进一步进行研究。

下面，我讲 3 个方面的问题：第一，什么是特区立法权；第二，如何处理立法中的公权与私权的关系；第三，在立法中如何实现科学立法。

一、什么是特区立法权

特区立法权可能在以往的学习研究中并没有将它作为一个问题来看待，但是在我国法律体系中，特区立法权是非常特殊的问题，甚至于在我们的立法中也没有解决它的基本定位问题，所以今天我想跟大家介绍一下什么是特区立法权。1996 年深圳市人大通过了一个法规——《深圳经济特区道路交通管理处罚条例》，这个条例当时在全国引起了很大的争议，包括很多重要的法学刊物和地方报纸都刊登了一些意见。那么是什么问题引起的争论？当时国家有一个条例是国务院颁布的，我们称它行政法规——《道路安全管理条例》，深圳市人大出台了一个法规——《道路交通管理处罚条例》，这两个法规都对同一个行为进行了规定，如闯红灯——不按照交通信号灯或者是交通警察的指挥行驶，这种情况下国务院条例的罚款是 5 元，而深圳条例的处罚是 200 元。其他地方所制定的同类法规对同一个行为都是按照国务院的条例来处罚的，那么深圳的法规规定处罚 200 元是否违反了上位法的规定？这个规定是否有效？这个问题就涉及特区立法权的问题。

那么首先来说深圳为什么要罚款 200 元，而不按照国家法规的规定来处罚呢？这是因为深圳本身有它自己的社会背景和要求。深圳市是最先建立市场经济的城市，深圳的经济活动是非常频繁的，经济活动频繁带来的是交通需求大，产生的违法违规现象比较多。因此，在深圳出现了一个现象，香港的司机在香港规规矩矩遵守香港的交通法规，不敢越雷池半步，而到深圳之后则无所顾忌。这是因为深圳如果按照国家法规的规定只罚款 5 元，那么对于这些人来说他们是不在乎的，因为即使一个月罚 10 次也才 50 元。在市场经济条件下多拉快跑，就能获得更大的经济利益，这些人如何选择也就不难判断了。但有一条是他们害怕的，就是扣留驾驶证，这是从事营运的司机所无法承受的，因为扣证他就不能开车，而他的职业就是开车，这样他就没有收入了。因此他就希望在自己违规的情况下你可以提高罚款，但是不要扣证，而他下次也会注意避免这类违法行为。这样既保证了职业收入，又可以确保法律的执行。

在这种情况下产生了这种需求，这种需求法律上可以变通吗？并不当然是。我们国家的法律和西方国家的法律的源流是不同的。在美国，联邦的权力来源于州的让渡，先有州后有联邦，州把涉及公共的权力让渡给联邦，因此联邦才拥有权力，而州的权力来源于其自治政治体制。相较而言，我国早期的立法机关只有全国人大，连全国人大常委会都没有权力制定法律。后来随着经济社会的发展，发现这种立法形式不够用了（全国人大一年只开一次会是不符合立法要求的），这才逐步将立法权分离出来，授权给全国人大常委会、国务院以及各个省（自治区、直辖市）。这种中央授权的制度就意味地方上的立法必须符合国家法律的授权。那么国家法律的授权和地方上的法规是什么关系呢？我们为了保证法制的统一，因而确立了地方立法和中央立法的一个原则——法制统一，即不抵触原则。这也就是说广东省的立法跟国务院的行政法规、全国人大通过的法律之间遵循的是不抵触原则。那么深圳的立法是不是也遵循不抵触的原则，这就是问题的关键症结。

深圳的立法权是怎么来的呢？它是 1992 年 7 月份由第七届全国人大常委会第二十六次会议决定："授权深圳市人民代表大会及其常务委员会根据具体情况和实际需要，遵循宪法规定以及法律和行政法规的基本原则制定法规，在深圳经济特区实施，并报全国人大常委会、国务院及广东省人大常委会备案。"授权决定的核心内容还可以进一步进行概括，深圳的立法遵循宪法规定，第二句话是遵循法律和行政法规的基本原则，这是最基本、最核心的地方。也就是说，深圳的特区立法权既不是遵守法律和行政法规的具体规定，也不像海南省的特区立法权的内容——遵守宪法和法律的规定以及行政法规的基本原则。深圳的立法是遵循宪法规定以及法律和行政法规的基本原则，这就意味深圳的立法不像其他地方一样要遵循不抵触原则，它遵循的是宪法的规定、法律和行政法规的基本原则的原则。这也就明确了深圳的特区立法权可以变通国家法律和行政法规的具体规定。这里有个界限——基本原则不能变通，除了基本原则以外的具体规定是可以变通的。因此，《道路交通管理处罚条例》规定闯红灯这种行为的处罚，深圳是可以变通的，这是特区立法权所允许的变通。

在法律上，有的人认为变通是突破（好多人认为深圳的特区立法权可以突破国家法律，这是不专业的说法），我认为是不妥当的。国家的法律、行政法规是不可以突破的，突破就意味着突破了法制。但是，在我国法律上变通是有例可循的，如立法法中规定自治条例和单行条例可以依照当地民族的特点，对法律和行政法规做出变通规定。这种变通意味着在不改变法律宗旨、目的的情况下，对具体事项所做的一些变通。

学法律的同学可能有一些一瞟就过的法律概念，如什么叫不抵触。不抵触，是指上位法与下位法之间的关系，即下位法不符合上位法就是抵触。如果平行法之间规定不一致，是不是叫抵触？这种情况下在法律术语上不叫抵触，而是不一致。相抵触带来的是法律效力上的当然无效，下位阶的法违反了上位阶的法当然无效是的，而不一致则是有效的，所以在这种授权里包含了许多的法律原理。

当然，特区立法权的行使有它本身的要求和特点。从授权的内容来看，深圳具体在哪些方面可以制定法规，哪些方面不可以涉及，立法范围是没有限制的。大家看 2000 年的《立法法》和 2015 年的《立法法》的第八条。2015 年的《立法法》对第八条进行了部分修改，但是大的模样是没有改变的。第八条规定了中央的立法事权，地方立法是不能进入这个领域的。在对深圳的授权立法中有没有这种保留？答案是没有任何的保留。从理论上来说，你可以进入到任何的领域（当然还有其他的限制，如它的实施范围是有限的，只能在深圳经济特区实施），而且不需要报全国人大常委会、国务院、广东省人大常委会审查批准，应当备案等方面。深圳市人大及其常委会只要通过了这个法规，它就生效了，可以被实际执行了。所以，特区立法权是全国人大赋予深圳的非常重要的权力。

深圳有句话：深圳经济特区已经没有什么优惠政策了，像 15% 所得税和土地方面的优惠都没有了，但是深圳保留了一个优惠，那就是特区立法权。这话虽然不完全准确，但反映了深圳经济社会发展到目前这种状况与它享有特区立法权有紧密的联系。既然特区立法权这么特殊，那么为什么全国人大要授予深圳特区立法权？目前来说，具有这种性质的立法权的区域，在全国只有几个，包括广东的深圳、汕头、珠海以及福建的厦门，还有一个是具有类似于特区立法权的地区——海南。

最先赋予特区立法权的地方是深圳，为什么要赋予深圳这个立法权呢？这里面既有它的历史背景，也有我们国家改革开放的需要。在赋予特区立法权的时候，深圳市本身也做了一些工作，先将这个意见提交到广东省，广东省委专门开了一个会议并向国务院做了汇报。此后，由国务院提了议案给全国人大，全国人大开会期间认为还不成熟，就授权给全国人大常委会，由其来做出决定。其过程大概如此，而且过程中也出现了很大的争议。

为什么要给深圳立法权？因为深圳是我国最早开始实行市场经济的地区。有首歌说邓小平"在南海边画了一个圈"——那就是深圳。那么到底要深圳干什么呢？当时习仲勋同志到北京去跟邓小平汇报工作时提出："我们叫贸易加工区吧"，小平同志想了想（因为他经历了很多风风雨雨），最后决定还是叫"特区"。小平同志为什么要称它"特区"，他说了一句话："你们要杀出一条血路来。"就是说，要干市场经济，计划经济是干不下去了。市场经济的情况下，外商来投资就会出现许多的问题。比如说土地的问题，当时我国宪法明确规定土地是国家和集体所有，不允许买卖、租赁。外商来办厂，那么厂房用地怎么办？你说办国营的，但是资本是外国的，因此也行不通。比如说劳动力的问题，当时我们国家和集体把职工的衣食住行医疗都包了。外商来招工人时，工人是什么身份？你们反对剥削，那我们来投资你们承不承认？并且当时国务院有个《个体工商户管理条例》规定个体户雇工应当在 8 个人以下。那我们工厂规模很大，订单来了，8 个人以下我们怎么保证生产？因此产生一系列的问题。同时外商提出：你们政治上给我们保证，我们是很感激的，但是政策是变化的，如果政策发生变化那么我们的投资不是打水漂了？因此我们希望你们能用法律来规定。而在当时只有全国人大及其常委会和省级人大及其常委会拥有立法权，深圳是没有立法权的。深圳感觉到市场经济的发展迫切需要立法权来确立各种法规，以此来保证各种市场要素能在深圳得到发展，使真正的市场经济得以建立。所以，深圳如此迫切地需要立法权是基于自己的发展和改革开放的要求。这恰好跟中央高层推进改革开放的理念相符合，认为不给深圳这个立法权，市场经济是建不好的。当时也有个说法，即市场经济就是法制经济，因此要给深圳经济特区立法权。特区立法权对于深圳、对于国家来说也是必需的。对于如何建立社会主义市场经济，我国当时也没有经验和理论。因此，国家也希望通过深圳经济特区来积累经验。同时，深圳不论从物质上还是思想上都具备了建立市场经济的条件。最终，全国人大常委会才授予了深圳经济特区立法权。

关于特区立法权性质的问题到现在仍然没有定论。为什么说没有解决呢？2015 年的《立法法》第四章的标题是"地方性法规、自治条例和单行条例、规章"。仔细研究一下它的条文可以发现，地方性法规具体包括哪些法规。地方性法规包括省一级的立法和现在统称为设区的市的立法。设区的市是 2015 年的《立法法》所确定的法律概念。设区的市原来有 3 种：省会城市、国务院批准的较大的市、经济特区所在的市。这次扩大到所有设区的市，因此现在的设区的市包括了第四种，即在原有的基础上增加了设区的市。第四章所规定的地方性法规就包括这两种：省一级和设区的市的人大及其常委会所制定的法规。特区立法没有包括在地方性法规中，这是一种什么现象？如何去解释？授予深圳经济特区立法权后对于其性质，当时有两种意见：一种意见认为这是一种国家层面的立法，一种认为是地方性立法。

为什么说是国家层面的立法？因为授权者是全国人大及其常委会。当时全国人大因为深圳的条件还不完备，因此没有确定授予深圳经济特区立法权，而是授权给全国人大常委会作决定。这句话的意思是说全国人大同意给深圳经济特区立法权，但是深圳当时没有人大及其常委会。全国人大及其常委会决定将其权力授予深圳，由于权力只有在自己拥有权力的情况下才能授予，没有的是不能授予，从这个层面上来说授予深圳的立法权是国家立法权。更重要的是授权内容即遵循宪法的规定、法律行政法规的基本原则，这个内容是地方法规所没有的。因此，主张深圳的立法权属于国家层面的立法的主要理由就在这里。不管是立法还是司法都要遵循这个规定，深圳的两级法院在有经济特区法规的情况下，必须适用经济特区法规。二审上诉到广东省高级人民法院的时候，是适用国家法律、行政法规还是经济特区法规呢？解决这个问题的关键在于是否存在经济特区立法，在存在经济特区法规的情况下，它必须首先使用经济特区法规。因此，不管从立法层面还是司法层面上，都可以认为它具有国家立法的特点。

另一种观点认为，虽然经济特区立法权具有国家立法的意思，但是毕竟是地方性的立法，其适用范围是有限的——经济特区。经济特区的范围曾经发生过变化，2010 年以前经济特区法规适用的范围只有 372 平方千米，包括福田、南山、罗湖、盐田 4 个区。2010 年国务院把深圳经济特区的范围扩大到深圳全市，但是不管怎么扩大，经济特区法规的适用性存在地域界限的，因此可以认为它是地方性法规。

深圳立法权的性质到底是国家立法权的表现形式，还是地方立法权的特殊表现形式呢？在我们的立法体系内它究竟是一种什么性质的立法权至今没有一个定论。

下面介绍一下特区立法权在适用中遇到的一些问题。第一，特区立法权跟中央专属立法权的关系。《立法法》第八条规定的事项只能由全国人大及其常委会进行立法，地方法规不能在这个范围里进行立法，这一点是明确的。同时前面提到的在全国人大常委会授权给深圳的立法权的内容里没有限定其范围。因此这两者之间出现一个模糊地带，产生了在立法过程中如何把握的问题。

这个问题在深圳的立法实践中是经常困扰我们的问题。我认为，在特区立法权的行驶过程中，对基本制度做出设计是缺乏权限的，但是对基本制度中某些部分进行变通是可行的。在这个方面深圳做了许多尝试，如关于民事执行的问题。前几年全国法院的执行率只有不到百分之十，即当事人在法院判决下来以后，自动履行法院判决的非常少。因而出现了一个新概念，即执行难的问题。往往当事人打赢了官司，拿到胜诉的判决，却拿不到实际的利益，因此司法的权威受到了很大的挑战，法院判决可能只是白纸一张。国家花费了大量的司法成本、社会成本去解决这个问题，也没有什么好的效果，因此深圳就尝试在这个方面进行改革、变通。如果你不执行法院的生效判决，你的信息将被纳入社会征信系统。这将导致你坐飞机的头等舱、出境、银行款项的使用等方面都会被限制。深圳就这个规定能不能做到全国人大有关部门去请示，全国人大有关部门明确表明：民事执行是民事基本制度的范畴，地方立法不能介入。但是由于这个问题在全国是个普遍的问题，深圳利用特区立法权来规定，全国人大和最高级人民法院是允许的。这意味着深圳的特区立法权可以涉足《立法法》第八条所规定的基本民事制度，但是只能涉足基本民事制度中个别问题的解决。

深圳推出一个特区立法叫作《商事登记若干规定》，它突破了《中华人民共和国公司法》（简称《公司法》）里的很多规定。比如关于证照分离的问题，在过去你只有将取得营业执照所必要的证件都准备齐全，才能获得执照。因此有的企业针对"拿一个营业执照需要几个月甚至是几年"的问题来投诉。深圳的商事登记改革确立了证照分离的制度，这意味着商事主体可以先行获得营业执照，之后再按照其经营需要去办各种许可所需证件，而这种做法在国家《公司法》里是不允许的。还有就是注册资金的问题，国家规定的是实缴，即商事主体必须先提交验资报告，进行验资，才能获准登记。深圳的《商事登记若干规定》将其改为认缴制度，即假设公司章程里规定注册资金是 1000 万元，那么你可以分期缴纳，而不需要一次缴纳。过去，商事主体不管有没有问题，每年都需要进行年检，商事登记改革将其变为报告制，你自己来报告，当然这后面都设计有必要的监督制度。

公司制度是最基本、最重要的民事基本制度之一。马克思对当年荷兰人创建公司制度给了极高的评价，他指出：公司制度的创造不亚于达尔文的进化论，极大地推动了社会的发展。公司制度是最基本的民事制度，深圳在这个领域中进行的变通被证明是成功的、可行的。深圳就商事登记改革到中华人民共和国国务院法制办公室（简称"国务院法制办"）、国家工商管理总局去汇报，他们是极力赞成的，全国人大常委会的立法工作机构也同意深圳试验。整个公司法深圳是不能制定的，但是对公司法的部分进行变通是被允许的，这在其他地方则是不行的。

另外，特区立法权的行使除跟《立法法》第八条有关外，还受深圳的地方事权的影响。在我们国家存在一个级别制度，不同级别的城市所拥有的事权是不同的。深圳市作为一个副省级城市、计划单列城市，它所拥有的事权是有限的，因此我们的特区立法权就受到了一定的限制。例如，《性别平等条例》提出男女同等的退休年龄，因为现在女性的社会地位得到极大的提高。香港就是一个很好的例子。在香港无论是企业高管还是政府里的高官，很多都是女性，在深圳也同样如此。随着科技的发展，女性从家务活动中解放出来，很多人有这个能力和精力来从事工作，因而提出延缓退休年龄的要求。深圳就这个问题向国家有关部委请示，国家有关部委明确提出退休年龄问题属于国家事权，只有两个机关有权决定，即国务院和中央组织部门。党管干部的退休年龄必须由组织部门来规定，这属于国家事权，地方是无权介入的。如深圳的交通问题，大学城这边的交通情况就非常好，几乎没有什么拥堵现象，但是深圳城区的交通拥堵情况就非常严重。现在深圳实行的是限购、限行政策，而在实施限购、限行政策之前试图通过收取高额的进城费来解决交通拥堵的问题。从生活常识的角度来说，开车总需要地方停车，那么假设我们一个小时收 200 元的停车费，那还会不会开车出行？答案是显而易见的。深圳曾希望通过收取高额费用来限制机动车的出行，促使民众多用公共交通工具，少用私家车。然而国家有规定，凡是涉及收费的项目都要在省政府进行公示后才能收取，否则有权拒绝。深圳没有这种事权。所以，事权对地方立法有很大的影响，不是说有些事情不想做，而是因为没有事权。

还有一个问题是如何理解基本原则，全国人大常委会规定：遵循宪法的规定、法律和行政法规的基本原则。但是这个基本原则如何把握确是一个大问题。有的法律明确规定它的基本原则，如《民法通则》中明确规定了民事行为应当遵循公平、等价有偿、诚实信用原则。这部法律里明确规定了基本原则，而有的法律里面则没有。那么这种情况下，深圳立法权遵循法律和行政法规的基本原则，这个基本原则的来源就成了一个问题。有的人说应该从立法宗旨和目的里去找，但是立法宗旨和目的有许多说法，而且这些说法不是法定的解释，而是学者或者民间的说法，都没有定论。所以我们在行使立法权时如何遵循基本原则的问题，应该有哪些可循的途径，这个问题还有待进一步的研究。

二、如何处理立法中的公权与私权的关系

这个关系不仅是在特区立法中，也是立法界所面临的一个难题。这个问题如果处理不好，也会产生很大的社会矛盾，所以解决立法中公权和私权的关系也是立法界的一个永恒的命题。从契约角度来说，个人将其个人无法处理的问题交给公共机构来处理，但是却没有见过哪个国家与人民签订契约。最通俗的说法是，人民选出自己的代表，通过代表来制定法律，从而参与社会事务的管理，这就产生了公共机构职权法定的理论。大家都清楚"法无授权即禁止"，李克强总理在政府工作报告中提出权力不可任性，讲的就是这个道理。对公共机构来说，应当尊重、保护私权，不得侵犯私权。无论是对公权还是私权而言，法律都是处理公权和私权的标准。那么法律在什么情况下允许公权干预私权，而在立法中私权在什么情况下应当予以控制或者合理的控制，这是实践中所遇到的一个重大难题。

有一个古老的问题一直在被探讨，比如韩国最高法院的判决裁决韩国刑法里的关于通奸罪的规定是违反宪法的。通奸罪就是公权干预私权的一个表现。早在古罗马时期法律中就有通奸罪的存在，此后经历不断立、不断废的情况。

现在韩国又把刑法中的这个罪废掉了。所以，公权对私权进行干预的现象是一直存在的，但是干预到什么程度，这就是立法者要解决的问题。同时，在立法实践中是否将一项公共事务纳入立法范围给政府以授权，是一件颇费心思考量的问题。这个问题，过去有，现在有，将来还会有。

我们国家自改革开放以来，随着私权意识的觉醒和提高，对公共权力控制私权提出了挑战。在各个城市里面，公权对私权的管理与被管理、限制与被限制在立法里面表现得越来越丰富。例如，深圳在控制吸烟立法方面做得比较好，在烟花爆竹管理、物业管理、小汽车限购等方面也有立法实践。这方面的现象是越来越多，它表现为公权与私权的一种磨合。例如，物业管理方面的立法，1994 年深圳就进行了立法，此后又进行了多次修订。每次修订都会产生一些新问题。深圳的律师反对物业管理立法，引用了国外的谚语，"风能进，雨能进，国王不能进"，我的私宅，你是不能进的。举个极端的例子，按照美国法律，如果有人擅闯私宅，人家是可以开枪的，私宅是神圣的。因此，若进行物业管理，那就干预了私权，就不应该立法。我们从物业管理的概念来看，物业和物业管理并不是深圳创造的，是香港创造的。深圳为什么引进了香港的物业管理概念？因为深圳是最早进行住房改革的。过去，房子都是单位提供，个人没有房子。实行市场经济后，单位不提供房子，个人去解决，因此有了个人的私宅和物业管理。物业管理范围内的住户的公共事务，像保洁、绿化（理论上是业主的个人事务）。那么怎么管，谁来管，需不需要一个机构来管，这是要回答的第一个问题。第二个问题，物业管理里面，公权是否应当干预？物业管理条例里面有规定，如果业主委员会不能成立，街道办事处（简称"街道办"）帮助成立业主委员会，而且业主委员会成立以后，街道办依然要监督、指导业主委员会。那么就出现一个问题：业主委员会本身是一个自治的组织，我们自己管理自己，街道办为什么介入到里面来？法规里为什么要这样规定？我认为，取得民主、实现民主、实现自我管理是一个社会民主的演化过程。成立业主委员会，要召开业主大会，有两个 1/2，投票率的 1/2，业主的 1/2。而业主能不能保证出席率就是一个问题。在深圳，满足两个 1/2 的，不到 1/10。业主委员会很难成立起来。为什么成立很难呢？很多业主房子买了，租出去，交了物业管理费就够了，其他事情不管，漠不关心。因此业主委员会成立不了，小区里面的事情就没有人做主张。问题不能解决，最后受苦受难的还是这些业主。因此，怎么办呢？采取一些手段训练这些业主，来培养他们的民主意识，建立起自我管理的机制。在这种情况下，公权应不应当适当干预？再如，汽车限行问题，在北上广这些城市都采取了限购、限行措施。深圳总面积1953平方千米，现在在深圳登记的车辆有300万～400万。有人说，把深圳所有的车开到道路上，深圳就成了一个大停车场，究竟应不应该限？2015年全国人大常委会修订了《中华人民共和国大气污染防治法》。这里面有一个条款，就授予地方政府，根据大气污染的情况，可以限制车辆的通行。这个法律草案在常委会内外的审议讨论中引起了很大的反响。常委会中的很多委员提出，公民买汽车以后有完全的使用权，那么限行以后他的使用权会受到限制。如单双号，一个月的时间里，只能有一半的时间使用汽车，另一半的时间里，用其他的替代方式，其他的替代方式又带来另外的负担。有车不开，坐公交、坐地铁、打的，造成了另外的损失。另外，国家对汽车收税费，国家收取的是全额的，而车主只使用了一半。这一部分，国家如何补偿？很多学者也提出了这个问题。同时依据法律规定，国家为了公共利益需要，可以对私有财产进行征收、征用。对征收、征用应该服从，国家是不应该给予补偿。从全国人大常务委员会到学者的意见，看样子是比较一致的。生态环境部也进行了分析，机动车是当前雾霾污染的主要来源。其中北京、广州、杭州、深圳等城市的主要污染物来自于机动车尾气。深圳市人居环境委员会2015年发布的研究成果显示，深圳大气污染PM2.5的主要来源是汽车尾气，PM2.5的41%来自于汽车尾气。一个是对所有权的限制，一个是污染源主要来自于汽车尾气的排放。在这种情况下，限行对公民财产所有权、使用权造成了限制，这是一个事实。汽车尾气是使用汽车的过程中产生的，使用汽车的人是大气污染者这一点也是可以肯定的。大气污染不仅是对自己，对其他人，包括不使用汽车的人也产生了影响。因此，在这种情况下对汽车进行限行是否必要，这是对形势的判断问题，也是公权对私权的一种限制。这种限制在《中华人民共和国环境保护法》（简称《环境保护法》）里面是有明确规定的。我国的《环境保护法》是2014年新修订的，在《环境保护法》里面明确规定，环境包括大气。第五条规定了原则，即一切单位和个人都有保护环境的义务，同时强调公民应该增强环境保护意识，提倡节俭的生活方式，自觉履行环境保护责任。在我国，很多方面都采取了这种环境保护的措施，比如水电的阶梯收费，给你一个基本用电、用水额度，基本额度超过了要加价收费等。那么在小汽车成为大众消费的情况下，若尽情地行使我们的权利，那相应的义务呢？在法律里面应不应该给小汽车的使用者的私权一定的限制，这是立法里面公权与私权的处理问题。

三、在立法中如何实现科学立法

关于科学立法的问题，中央早就有所关注，早在党的十六大就提出了科学立法的要求，十八大对科学立法加以重申和强调。大家知道过去讲的法治主要是指"有法可依、有法必依、执法必严、违法必究"。党的十八大提出了新的法治概念——"科学立法、严格执法、公正司法、全民守法"。十八大把科学立法摆在了实现法治国家的首位，科学立法是实现法治的基础和核心。因此，首先要回答什么是科学立法？就我目前所知道的关于这方面的研究，对于什么是科学立法仍然没有一个定论。我认为马克思关于科学立法的论述是比较经典的，马克思指出：立法者应该把自己看作是一个自然科学家，他不是在创造法律，也不是在发明法律，而仅仅是实在表述法律，他用有意识的实在法把精神关系的内在规律表现出来。如果一个立法者用自己的臆想来代替事情的本质，那么，人们就应该责备他极端任性。经济社会的发展规律是存在的，立法者的作用只是将其表述出来而已。马克思从相反的角度批判，如果一个立法者用自己的意志来代替事物的本质，那么我们应当责备它的极端任性。我认为马克思关于科学立法的表述相当地经典。

在科学立法里面还有一个问题，就是科学立法应当是整个社会的问题，但主要是对立法者提出的。它要求立法者探索经济社会发展的基本规律、立法所要调整的社会关系的本质。只有如此，立法的内容才能反映社会的本质。我在讲立法法时讲了一个比喻，民间有一个说法："杀人偿命，欠债还钱。"科学立法要反映经济社会的规律，即符合事物本身的性质。"杀人偿命，欠债还钱"是一个事理，也是一个法理，要回归到事物的本质上来。习近平总书记曾经说过："不是所有的法都能治国。"科学立法要求制定的法是善法、良法。在立法中有很多的现象是不符合科学立法的内在要求的如重复立法。这次修改的《立法法》第七十三条增加了一个规定——制定地方性法规时，对于上位法已经有所规定的，地方立法中不得进行重复规定。重复立法是一种很简单、粗暴的立法方式，即上位法中规定的内容，变更其名称后就当成自己的立法，这种现象不符合科学立法的要求。现在有一个现象，立法的文件化，文件的法律化，即在立法中大量存在文件中出现的词语。这种词语很正确，但是却没有用。恰恰相反，有的文件很明确、很具体，有鼓励、有惩罚，很具有法律的性质。这种宣示性立法，它是法律吗？它是科学立法的一种表现吗？重复立法、宣示性立法实际上是立法政绩观的一种表现，也因此创造了很多没有用的立法。

另外一个问题是科学立法和民主立法的关系。民主立法也对立法者提出的要求。民主立法是实现科学立法的一个途径、一个方法、一个内容。鼓励公民有序参加政治生活，政治生活包含立法。还有就是在立法过程中要注意"沉默的大多数"，这个跟民主立法也有关系。一个人不吭声不代表他就没有意见，只是各种限制使其不能发声而已。因此说民主立法是实现科学立法的一个有效途径。现在在民主立法方面有了一些程序性的规定，比如这次修订的《立法法》中就规定必须将法规草案、法律草案进行公布，通过征求意见、专家论证、立法协商等来促进民主立法的实现。同时我们也要注意到民主立法它不是民粹的，也不是立法上的全民公决。听取各方面的意见是立法者的责任，立法者的权利在于对这些意见的取舍做出合理的决定。

如果把立法民主当成全民公决，那么将会对这个国家、这个地区产生非常不利的后果。希腊的债务危机中就存在着立法理念的问题。当它到期的债务不能偿还，希腊向欧盟提出援助请求时，欧盟提出了一个对于希腊来说很苛刻的条件，希腊就是通过全民公决否定了欧盟的援助计划。欧盟条件中就有一条，希腊要修改法律，把以往的法律赋予的高福利降低，这就引起希腊人的反抗。希腊立法规定的全民福利越来越高，这是符合全民意志的，但是这种高福利却超出了国家能够负担的程度。在出现债务危机后，希腊无法偿还债务的情况时，希腊人就开始寻求援助。但是欧盟提出援助的条件是希腊必须降低福利标准，而这又与希腊全民公决的结果相违背，因此两者就出现了不可调和的矛盾。可以说希腊这种立法上的民粹、全民公决是不符合科学立法要求的，造成的后果就是国家受到损害。

在科学立法中还有一个近年来争议很大的问题，那就是立法者的立法能力问题。2019 年 3 月份全国人大修改《立法法》赋予了设区的市以立法权后，关于这个问题的争论就越来越激烈了。有人认为人大常委会委员有两个特点，一个是兼职化，即不脱离群众不脱离工作，他有自己的一份主要工作，并且这种工作一般还是重要岗位，或者是在公司里任高管或是在政府里任高官。这也就意味着他们平时是很忙的，那么他们有没有精力，有没有时间去承担作为人大常委会委员应当研究立法的工作？第二点，常委会组成人员中相当一部分是没有法律背景的，没有受过系统的法律训练，或者是从事过法律工作。在这种情况下进行立法，立法的质量是值得怀疑的。还有的人认为这个疑问是个伪命题，他们认为常委会组成人员有高度的政治觉悟和政治敏感性，他们只要将他们的意见表达出来就可以了，不需要有很多的法律知识。那么立法者的能力决定什么呢？它所决定的是立法的质量。常委会的组成人员应当有较好的法律素养，这种法律素养并不是法律专业人士专有的，它需要有责任心。党的十八届四中全会提出了一个解决途径，要增加常委会的专职委员，专职委员的出现就是为了解决上述问题。十八届四中全会以后，从全国人大还有地方人大的换届情况来看，专职委员制度的实施非常缓慢。深圳是在 6 月份进行人大换届的，大家有没有在报纸上看到常委会专职委员这一说法。充当专职委员应当具备什么条件呢？这是大家都不知道的。所以立法者的能力问题在我们国家是进行科学立法、保障立法质量的一个很重要的问题。

立法者的立法能力问题，我觉得在实践中有些现象表现得很曲折。深圳在对《道路交通安全条例》进行修改时有个条款，即给所有车辆安装电子标识。草案出来以后，全社会都很关注。私家车主坚决反对，为什么反对，因为安装电子标识以后不论这个车子走到哪里都会被别人知道，这不就是另一种形式的人肉搜索吗？隐私怎么保护？因此立法机关就把安装电子标识的车辆范围进行了限定，比如说载重汽车、公共交通工具等要安装电子标识，这样有利于对这些车辆进行更有效的管控。常委会委员就此提出公车应当安装电子标识，公车应不应当安装电子标识呢？有的常委会委员认为公车应当安装，便于监督公车的使用。后来，有的常委会委员提出为什么要把公车放到安装电子标识的范围？他们指出在进行公车改革后，公车的量已经很少了，公车腐败的问题已经基本得到了遏制，还要将公车纳入到安装电子标识的范围，还说要进行监督。这就引发了一个思考，即这么小的一个数量、这么小的一个问题足不足以放到立法层面上来看待和处理？这也是立法能力的表现。

4.2　曾尧东：情怀与责任——政府法制工作的体会

曾尧东：深圳市市场监督管理局知识产权保护处处长，曾任深圳市市场监督管理局政策法规处处长。

讲座时间：2015 年 9 月 25 日

我在政府部门已经工作了 25 年，基本上都是从事法律工作。政府法律工作有它的特别之处。

深圳在发展之初确实依赖于国家所给的特殊政策，但为什么特殊政策取消之后深圳依然能够继续发展？我的体会是，深圳得以继续发展的根源还在于深圳人的思维方式和法律意识。深圳人有个特点，就是很少串门，很少到别人家里做客，基本上也不太欢迎别人到家里来，一般见面都是在外面。这不是说关系不好或者说关系不够密切，主要是思维习惯和生活习惯的不同。这体现出一个什么意识呢？就是对私权的意识特别强。比如，在研讨商事制度改革的时候，有人主张把注册经营场所放开。大家就担忧遍地开餐馆会不会有问题。要是把餐馆开到自己的楼下，会不会影响自己的生活？深圳人就有这样的意识。

一、深圳的法治环境

深圳的法治环境为吸引投资起了非常重要的作用。很多企业在都愿意选择在深圳落户，并不是因为深圳给了企业什么特别的优惠，而是这些企业依赖深圳的法治环境。

有让企业充分发展的法治环境，这是很重要的。作为执法单位，一般不会轻易通过执法去扰民——执法扰民的情况在深圳相当少，从法律的角度来说就是"不告不理"。是不是眼皮底下的违法行为都不管呢？当然也不是这个意思。

一般来说，是"不告不理"，但也有专项审查和预告审查等一些机制。之前，有人问知识产权侵权行为那么普遍，控制不住该怎么办？这从执法的角度来说是"不告不理"。假如权利人自己都认为这个事情不会影响到他的权利，执法者也就不会轻易主动地去介入。当然，涉及一些重要的比如食品安全方面的，是从严管理的。

深圳的发展，法治环境是一个因素，人才也是一个重要因素。一个城市的竞争力离不开人才和法治环境。深圳这几十年的发展充分证明了市场经济与法治是密切相关的。改革开放离不开法治，市场经济也离不开法治。

深圳在开始建设的时候受香港的影响非常大，香港的法治环境对深圳建设的影响很大。我 1989 年毕业来深圳市法制局（当时叫立法局）报到。20 世纪 90 年代，法制局（法制办前身）和人大在立法活动中密切配合，我经常去参加分组讨论会。那时还只是个科员，但在讨论的时候经常"舌战群雄"，有时甚至会有点喧宾夺主的感觉。领导对我很宽容，对我提出的合理的意见可以听得进去并能采纳。这些不断的争论和辩论，确确实实地为完善当时的特区立法起到了一定的作用。

二、政府法制工作

这里有一个体会：做好政府法制工作要有一个好的法制环境，关键还在于领导要重视。如果没有一个宽松的、让人表达意见的环境，听不进法制部门的意见，政府法制工作就难以做好。法制办多年来的工作实践证明，领导重视，工作就好开展；反之，工作就不好做。从历史的角度来说，要改革、要创新，就必须要有法律的保障，否则就会走偏。

深圳的法制环境好，经济发展快速，与整个宽松、自由、包容的大环境密切相关。大家以后不管在什么岗位，对法律工作一定要重视，要能充分听取法制机构和法制部门的意见。法制局或法制办作为政府的一个职能部门，要发挥参谋和助手作用。作为个人，要认真学习、钻研法律法规和政策，并力求精准掌握，以便将你的意见、见解、建议提出，供领导决策时参考。在这方面，正如我曾经的一位老领导所总结的一句话，就是要"敢于说不，善于说行"。

在实践中碰到实际问题时，要敢于担当。如为当年大运会的设施建设而进行的拆迁方案，很明显，这是重点工程、重点项目，时间、进度等各方面都需要保障。拆迁工作又是社会矛盾的焦点，很容易引发群体性事件。拆迁方案经市政府批准通过了，还要法制办把关，不能与法律法规相抵触。当时时间很紧，从八点钟开始干到凌晨三点半，才把这件事情完成。方案中有 3 点非常重要，第一，是不补差价。当时拆迁为什么矛盾那么大，就因为有补差价这个问题。我们坚持不补差价的政策，与当时的财政条例规定有抵触，但当时必须要有这个担当。这并不是说非要违法，这个担当是什么呢？要看这个事情是不是符合社会公共利益，符不符合公平正义的标准。对事情要有一个总体的把握和判断。第二，是拆迁补偿问题。要按当时、当地的市场平均价进行拆迁补偿。如，这个房子虽然已经破旧，拆迁时也应与附近同地段、同地域房子的市场价格进行参照，给予补偿。第三，是经商用房的问题。在建筑物里面经商的是不是要进行适当的补偿？从法律的角度来说，拆的是房子，你在这里经营该走就走，不影响你。实际上这是有影响的；从公平的角度来看，还是应该给予适当的补偿，但要防止和避免假冒经商及为获取补偿而临时突击进行"经商"的情况发生。如有些人为了得到这样的补偿而装作是经商的人并与别人签订一个合同（如开个小电话亭等），做一些虚假的事。为了避免这种情况，设置了一个条款：拆迁公告发布之前 3 个月或者半年之前已经存在的可以补偿，这个时间之内所实施的行为不能补偿。后来的政府拆迁和市政投资都体现了这样的一个精神。

还有一件事，就是"微软黑屏事件"❶。当时我在知识产权局，领导问我怎么看这个事情。我回答这个就是知识产权维权，但要通过法律途径进行维权，不能通过私权救济的方式来解决问题。建设法治国家，必须通过法律规定的途径合法地维权。

---

❶　微软黑屏（Microsoft black）事件，是指微软中国宣布的从 2008 年 10 月 20 日开始同时推出两个重要通知：Windows 正版增值计划通知和 Office 正版增值计划通知。根据通知，未通过正版验证的 XP，电脑桌面背景将会变为纯黑色，用户可以重设背景，但每隔 60 分钟，电脑桌面背景仍会变为纯黑色。微软中国方面解释，电脑桌面背景变为纯黑色，并非一般意义上的"黑屏"，黑色桌面背景不会影响计算机的功能或导致关机。微软方面表示，此举旨在帮助用户甄别他们电脑中安装的微软 Windows 操作系统和 Office 应用软件是否是获得授权的正版软件，进而打击盗版。

法制部门其实经常处在风口浪尖。这个时候，大家要有一种担当精神，要敢于说不，善于说行。我们现在还处于一个发展、过渡的阶段，总是这个不行、那个不行的话，是做不成事的。所以，还必须找到一条能够走得通的路，善于说行。

市场监督管理局主要职能有行业管理，如食品药品行业管理、农产品管理，也有一些知识产权方面的行业管理，其中很大一部分与执法相关。局里总共有六千多人，是深圳市除了公安之外人数最多的一个执法部门。工商部门执法是非常规范的，也是很严格的一支队伍。在执法过程中也碰到过不配合的情况，有的人直接把仓库门一锁不让进去；还有不让出门的，没办法就打110报警。有时候警察说："没打人吧？出门就行了嘛。"遇到这种情况，也挺委屈。后来摸索出一个经验：执法之前要先跟公安协调好，请他们在我们的后方。后来这些情况都有所改善，场面失控的情况基本不会发生。但是也挺难的，要有线人举报，要处理，要查证等。

执法工作当中要怎样去把握这个度，做一个合格的执法人员呢？执法和立法确实很不一样，进行制度设计的时候，必须把它设计完善，不能千疮百孔，不能造成不良后果，要追求良好的"法律效益"。执法总体来说是必须严格执法，法律规定怎么做就必须怎么做，不能天马行空地去做。

三、对行政立法和执法的思考

法律规定听起来很简单，但遇到具体问题的时候判断起来又很复杂。严格执法，我们要怎样把握这个度？这里有几点意见，供大家参考。

执法的目的是什么？仅仅是为了惩罚，还是追求一种价值？这是值得我们思考的问题。我个人认为执法工作总体来说是要追求社会的公平和正义。这听起来可能很简单，但是它们在每个人心中的标准都是不一样的。对于一个执法人员来说，应该怎样判断这个事情？我们在执法的过程中，并不是简单地按照条文硬套，要按照"过罚相当原则"、处罚和教育相结合原则，还要考虑整体的社会效果来决定该不该罚，以及处罚的轻重。

举例来说，现在大多数人关注食品方面的问题，其中有一个规定是说，"普通食品当中不能加药",这是很清楚的。问题是,什么是"药"?药的范围非常广泛,"萝卜"在药典当中就是中药。但是我们没办法处理这个事情:假如有人做了"萝卜牛腩",就是触犯法律了?这就是一个法律规定跟现实存在差别的例子。又如,枇杷润喉糖是食品,可是枇杷又是药,这样算不算违法?你们可能不觉得这是违法行为,但如果照搬法律条文规定,那就是违法的。再如,一些进口鱼肝油胶囊,办理的是针对食品的卫生检疫证,可是鱼肝油也是药,这时候怎么办?这些例子我们认定为是不违法的。但是,处理时也遇到过法院等司法机关的不同意见。也就是说,虽然通常认为食品中不应该加药,但到现实中就会有一些模糊地带。对一些明显属于常识的,就不能够完全依据法律规定给予处罚。但是,类似事情上存有不同的看法,也就存在执法风险。此外,还有一些执行标准的惯性问题。具体而言就是,一个行业里面本来有它固有的执行标准,后来一个新标准出来,按照旧标准所生产的东西就会面临召回的问题,可是目前没有完善的召回机制。一般来讲会有一个宽限期来进行过渡,但这样做也存在争议。所以,在执法的时候要考虑执法目的是什么,追求的价值是什么,不能给社会发展添乱,而是要维护社会秩序。机械性执法会导致一些破坏性效果,这是我在执法中的体会。

　　法制办的工作还有很大一块是行政复议工作。行政诉讼法的基本架构是三角形的,包括司法机关、行政机关和管理相对人。但是,还要再加上利害关系人。什么人属于利害关系人?例如,一个投诉的举报人,只要他有举报、投诉的行为,不管行政机关怎么处理,都可能引发相应的复议和诉讼,这样就出现了四角关系,而四角关系就不稳定,就容易变形。第四方介入之后会出现什么问题?一是滥诉问题。滥诉,即滥用诉权,现在举报的情况非常广泛,诉讼费只有 50 元,如果这些举报全部进入诉讼领域的话,工作量将会非常大。可以设想一下:发个邮件就可以举报,又不知道对方是谁,而执法机构就要处理。目前,法律对滥用诉权行为的限制还非常薄弱。二是诉权冲突问题。过去诉权掌握在管理相对人手上,而现在相对人和举报人是天然对立的,这两者之间本身存在冲突。在一些案例中,相对人认为行政处罚过高,要求复议;举报人又认为行政处罚偏低,也要求复议;就这样来回多次反复。我认为,导致这一现象的根本原因就是存在诉权冲突，而如何解决这个问题还是个问号，根本解决还是要依靠法律修改。

以上主要是从立法和执法的两个角度谈了对政府法制工作的体会。总的来说，立法工作要有情怀，有理想主义色彩。有时确实需要有激情才能制定好的法律，不能和利益绑在一块。执法工作更需要严谨，要严格执法，严格也不是无情，根本上还是一种责任。

4.3　凌桦：法律人与金融业的职业讨论

凌桦：中国银保监会银行检查局规划协调处处长。

讲座时间：2015 年 5 月 13 日

一、金融和法律

金融资产与知识产权有某种相似性，它们都是无形资产。无论是对国家的或单位的财产而言，还是对于城市中个人的财产而言，占有比较重要地位的一个是金融资产，另一个是不动产。在人们的概念中，金融资产和不动产除了数量多寡之外，似乎没有什么区别。请诸位想想，如果你买房子，为什么要选这个房子？房子是个物体，有它的地理位置、周围环境、楼层、朝向、装修、材质，这些都可以用眼睛看到，因为房子是一个实物。房子一旦建好，它的存在不依赖于人，也不依赖于你交易双方的存在而存在。但是金融资产是这样的吗？举个例子，去买一款理财产品的时候，应怎样去认识它？对于这个理财产品，或者称之为金融产品，不管它是券商发售的、银行发售的还是基金公司发售的，请大家回想一下，这款理财产品你知道的时候是什么样的，销售人员又是如何向你推销的？他／她会拿出一堆文字材料，然后给你介绍，说这款产品期限是多少、预期收益率是多少、主要投向是什么、各个方面的比例如何、客户风险评级是哪一档、需要办理哪些手续、可能面临的风险有哪些等。因此，不动产在出售的时候，主要是以展示的方式进行交易；而金融资产在出售的时候，不是通过展示的方式而是通过描述的方式，进而促成交易。❶

---

❶　菲利普·伍德.国际金融的法律与实务［M］.姜丽勇，许懿达，译.北京：法律出版社，2011: 4–5.

顺着这样的逻辑分析下来，大家可以更好地理解，为什么防范虚假陈述会是金融业重点关注的领域。金融业的审慎经营、风险管控以及监督管理方面，与其他行业有很大的不同，也是和金融资产的这个特性是高度相关的。这也提示我们，当思考分析问题以及提出问题的解决之道时，很多时候从问题的本质出发，就会豁然开朗。

再回到"金融与法律"这个主题，对于金融资产，我们在进行交易的时候，至少有两端以上的当事人。很多时候金融法重点关注的不是金融资产本身，更多的是研究交易两端当事人的权利义务关系。以贷款为例，普通贷款有贷款人，有借款人，这是最简单的金融资产两端的关系。与法律研究相区别，在金融领域，我们不仅要关注当事人的权利义务关系，金融资产本身也要研究，要关注金融资产本身质量如何、金融资产的风险及外部性如何。金融和法律二者聚焦点很多时候会有不同。金融资产的质量、风险及外部性的判断，是一个非常复杂的问题。在这里想提示大家，金融和法律在这个领域中有重合、融合的地方，但两者的关注角度还是有一定的区别。

二、法律人从事金融的优势

第一个就是简。这个简是化繁为简，因为很多的金融产品，就算是银行的金融产品也不是简单的存贷汇了，现在银行的金融产品已经做得非常复杂。法律人最大的一个特点就是有一个化繁为简的能力。在看到很复杂的产品、交易设计时，法律人可以明了它的实质是什么，理清它最基础的法律关系，洞察相关环节可能存在的漏洞或风险，这样免于受一些不必要枝蔓的干扰。

第二个就是逻辑性。逻辑是人的一种抽象思维，是人通过概念、判断、推理、论证来理解和区分客观世界的思维过程。概念，涉及内涵和外延；判断，必须对事物有所断定，而且判断总有真假；推理，则主要有演绎和归纳两类，前者从一般规律出发，运用逻辑证明或数学运算，得出特殊事实应遵循的规律，是"一般到特殊"，后者是从许多个别的事物中概括出一般性概念、原则或结论，即"特殊到一般"。

举个例子，《中华人民共和国银行业监督管理法》（简称《银监法》）第四十五条规定："银行业金融机构有下列情形之一，由国务院银行业监督管理机构责令改正，有违法所得的，没收违法所得，违法所得五十万元以上的，并处违法所得一倍以上五倍以下罚款；没有违法所得或者违法所得不足五十万元的，处五十万元以上二百万元以下罚款；情节特别严重或者逾期不改正的，可以责令停业整顿或者吊销其经营许可证；构成犯罪的，依法追究刑事责任……"，该条第（三）项是"违反规定从事未经批准或者未备案的业务活动的"。那么此时就需要判断"未经批准"具体指什么，未经批准经营相关业务与违反相关规定经营相关业务有什么联系和区别。从现实看，一些监管法规规则中屡屡出现"不得"之类的规定，但是到业务经营管理等活动中，免不了有人因为这样或那样的动机铤而走险。"不得"做的动作做了之后，如果暴露了，就要对这些行为进行定性到底是未经批准经营还是违反相关规定经营。与其他一些行业相比较，金融行业是比较严格实行许可的一个行业，因此在有关的机构、人员或业务方面是需要准入审核的。"简政放权"之后也取消了或下放了很多审批事项，很多业务就不需要申请许可了。《银监法》第四十五条第三项"未经批准经营相关业务"从逻辑上而言，其实是只针对某些特定的业务，即需要经过许可审批的业务。如果相关的业务或行为不在这些必须经过准入的业务范围中，那就不能适用第四十五条，"未经批准经营"与"违反规定经营"之间划不了等号。

对于类似问题的讨论，很多时候会发现，没有法律教育学识背景的人员与有法律教育学识背景的人员之间，观念存在差别。在定性的时候，每个人都会有自己的判断及推理，而法律人由于经过较为系统的训练，有一定优势。

第三个是规则意识。这个规则意识就是说做一件事情之前，我们可能会先去想一想相关的规定是什么，这件事情可不可以做。金融是一种交易活动，它与"一手交钱，一手交货"或"以货易货"有很大区别，金融的核心就是跨时间、跨空间的价值交换。一般而言"钱货两讫"或"易货"不复杂，有的地方当事人通过将手藏在袖笼里，捏捏手指头买卖就做成了，而支撑起现代社会金融正常运转的，则是庞大的，有时候还很复杂抽象的规则。遵守规则不一定会让大家都赚钱，但一定不会让大家有牢狱之虞。

三、金融监管

金融监管的职权，第一个是制定规则，第二个是推行政策，第三个是对相关问题的处理或处罚。这是一位在金融法领域非常知名的英国教授——菲利普·伍德先生对享有充分职权监管机构的分析。❶制定规则，相当于金融监管机构拥有立法权，当然这个"法"的层级可能较低。就我们国家而言，属于部门规章及相关规范性文件的范畴；推行政策、执行规则，相当于行政权；实施相关的处罚，做出处理决定，这相当于司法权。伍德先生认为监管需要将立法、行政和司法权力集中于一个实体。我们知道，一般立法都会经过非常漫长的程序，监管机构能够制定规则才会快速适应市场，做出相关的应对安排；监管机构运用相关的措施手段，推行政策，落实规则，这属于行政应有之义；监管部门对违法违规行为进行的处罚属于行政处罚而并非刑事处罚，如果一旦属于刑事处罚，被告会被赋予更多的权利，而行政处罚中对于被告的保护就不如刑事被告享有的那么多。伍德先生的相关论述为分析各国金融监管提供了一个很好的切入点。

下面简要介绍下我国的金融监管。我国现行金融监管体制的基本特征是分业监管，涉及的监管部门一般概括为"一行三会"。按照分工，银监会主要负责银行业金融机构（包括中资银行、外资银行、农村信用社、新型农村金融机构、信托公司、财务公司、租赁公司、金融资产管理公司）的监管，证监会和保监会则分别负责证券、期货、基金和保险业的监管。❷同时，中国人民银行加强制定和执行货币政策的职能，负责金融体系的支付安全，发挥中央银行在宏观调控和防范与化解金融风险中的作用。

目前有很多关于我国金融监管体制改革建议的论述，大家有兴趣的可以去图书馆查阅研究，这里就不再讲述。给大家一点提示：监管体制改革，考虑组织架构模式，应当说每种模式都有其自身的优势和不足，但无论采取哪种模式都应当与本国的历史国情、发展阶段相契合。

---

❶ 菲利普·伍德. 国际金融的法律与实务［M］. 姜丽勇，许懿达，译，北京：法律出版社，2011：415.

❷ 2018 年机构改革后，成为"一行两会"。

四、职业规划

（一）关于银行

法律法学专业毕业生到银行合规部门、审计部门就业的比较多。此外还有一些综合性的部门，如办公室、战略规划部等。当然，还可能到业务部门，比如一些前台部门。从薪酬角度而言，一般中后台部门拿的是平均工资。中后台主要是一些风控、合规、审计之类的工作，对于风控、合规、审计等部门，一些管理人员不是很重视，但等到真正出问题的时候，又追悔莫及。很多制度、部门和相关人员的重要性乃至好坏，平常是没有感觉的，只有到出现问题的时候才会有切身体会，因为中后台部门具有内勤的性质。这样看来，前台部门的人，似乎机会最大。但前台部门的风险也是最高的，这符合高风险、高收益的原则。对于前台部门而言，业绩永远是第一位的，因为有经营指标的压力。同时银行作为市场竞争的主体，会有对标性。例如，有的银行就认为，大家都在同一个市场上，别的银行利润率能做到 25%，我为什么就不到 25% 呢？我一定要超过它，做到行业前列。当然，从银行作为市场竞争主体的角度而言，像这种追求进步、追求创新是没有问题的。但如果客观环境已经发生了变化，绩效考核指标还是一味地年年加码、层层加码，这其中到底有多少科学性和合理性，值得思考。在这种考核激励下，前台人员的业务经营活动，怎么达到这个科学性、合理性尚有待论证的不断加码的指标呢？这样的考核指标必然会促使他们铤而走险，去做一些"打擦边球"或"踩红线"的行为。因为这时，别人不做的，他做了，他能获取一定的超额利润。当然，如果这些行为暴露了，行为人就会付出相应的代价，所以前台部门的压力非常大。

去银行前台部门工作的人，主要跟性格有关，与专业背景的相关性不突出。在求职的时候，法学法律专业的人有不少选择了银行。一些银行总行的招聘员工，第一年或前两年都要下到支行去锻炼，一些极特殊岗位（如高级翻译）除外。还有一些银行也不定岗，基层锻炼之后根据情况再确定。当然，有的银行还是传统模式，哪个部门招聘的员工就留在哪个部门。但是，总体上，应届生招聘不设岗的趋势是上升的。

（二）关于职业发展

金融业从业人员的背景非常复杂、丰富，法律人的一个突出特点就是合规，我们很遵守规则。在某种情况下，如果周围是不顾一切纯粹追求利益的环境，那遵守规则的人或许就会吃亏。有的人，他们可能就是唯利是图，认为闯过去就赢了。规则意识强的人可能会思前想后，顾虑重重，反复掂量而不去做，所以这样发不了大财，但是也会有大的灾难。这就是所谓的收益都是有风险相伴的。

你现在可能看到，谁谁谁挺风光的，但他背后经历了哪些事情你可曾知道？即使你知道他所有的经历，你也可以评估一下，以你的性格和能力，当你遇到他经历的那些事情之后，你还能像他一样重新站起来吗？所以，评估之后你就会选择一条属于自己的路。

大家今后从事的职业和现在所学的专业可能有某种关联，但是你自己的兴趣和优势一定需要把握好，一定要评估好。现在的选择很多，道路也很多，大家能够发挥和展示的舞台也很大，所以有可能的话就尽情地尝试，因为你们都还年轻。

4.4　贾红卫：律师行业的理解

贾红卫：北京市隆安（深圳）律师事务所主任、创始合伙人，华南国际经济贸易仲裁委员会和深圳仲裁委员会仲裁员、深圳市人大常委会人大常委法律助理，广东省律师协会常任理事、省律师协会港澳台与涉外工作委员会主任。

讲座时间：2015 年 9 月 16 日

我是 20 世纪 90 年代初从事律师行业的，至今已经有 20 多年了。回顾这 20 多年的执业生涯，酸甜苦辣，五味俱全。总体感觉，自己很幸运，生活在了一个好的时代，一个充满机遇的时代，一个国家经济建设和法治建设都突飞猛进的时代。

伴随着这个时代的发展和进步，自己从最初的一名普通法学院毕业生，到一名专职律师，后来成为律师事务所的合伙人，进而开办了律师事务所，成为全国性律师事务所的管理者、省级行业协会的管理者，实现了我作为一名懂法律、懂经济、懂外语"三懂"律师的理想，成为"中国涉外律师领军人才"。如果说我在律师行业有所建树的话，那么这些成绩应该归功于这个年代！是这个时代提供了给我发展的背景和平台，是这个时代成就了中国律师行业的发展。我个人的成长经历，无非是这个时代发展的缩影罢了。下面，我将结合自己做律师的成长经历，谈几点个人的体会。

一、我做律师的成长经历

我对于律师行当的认识和理解，最初起源于自己人生第一次实习经历。1988 年我在北京大学法学院上大四，做论文期间利用比较灵活的空闲时间实习。于是，我就通过学校，联系到海淀一家律师事务所实习，参与一些案件。由于从未走出过校门，对于实践中接触到的司法案件的操作，我充满了惊奇和期盼。我总体感觉，在四年教学期间，法学院教育似乎更加重视理论灌输，而对于案件实际操作能力的培养是欠缺的。这一点，后来通过和英美律师交流，发觉二者之间的差异还是蛮大的。其实，在大学期间，不断地参与法律行业的专业实习，在实践中锻炼自己的法律思维方式，是十分必要的。因为，只有这样才能使自己在大学课堂上所学到的知识鲜活起来，才能在现行不完善的法学教育体制下，尽快地完成与社会的对接，更好地服务于社会。

经过当初在海淀律师事务所实习的几个月，使我对那个年代的公、检、法3家之间的关系，以及它们之间彼此分工配合，有了比较直观的感受。同时，对于律师在其中的定位和作用，也有了切身的体会。法院的法官给人的印象是高高在上地端着，严肃有余，活泼不足。有些时候判决并不是自己说了算，也要看上级领导的脸色和意见。"大盖帽、两头翘"，原、被告的利益都要照顾到，得罪了哪一方，人家都不干，都要上诉。反正当法官的最终肯定要得罪一方，内心其实是很累、很无奈的。检察院的检察官办理案件的时候，说什么话、怎样说，都是事先规定好的，自己并不能左右。有时尽管对案件有不同意见，最终也是要听领导的，听政法委的，内心同样累得很。相比之下，作为律师就不同了。律师可以根据自己对于法律的理解和事实证据的把握，畅所欲言，尽情地挥洒，为当事人的利益，尽可能地发挥自己的聪明才智。尽管在律师的职业生涯中，和政府机关和司法机关打交道，有时也是很累的，但至少律师在自己的当事人面前，还是有自尊的。这一点我比较看重，也感觉比较舒服。我本人天性喜欢自在，不喜欢被管束，所以我觉得做律师还是不错的选择。

1989年大学毕业之后我被分配到了北京市房山区司法局，在基层司法机关工作了3年。这期间，我做过律师公证管理，代理过简单的民事案件，到基层讲过法制宣传课，下乡参加过人民调解，还当过公证员、公证处主任，当过局机关的团的总支部委员会（简称"团总支"）书记等。在这个过程中，我练就了自己的口才、写作能力，训练了法律思维，同时也打下了比较扎实地做律师的基础。机关的工作尽管稳定悠闲，但我觉得有点死气沉沉，没有波澜，始终还是想做律师。我一心想到广东深圳这样改革开放的先锋城市去创业，去发展自己。

1992 年邓小平"南方谈话"揭开了中国进一步深化改革开放的新的春天。记得那个年代有首特别流行的歌曲——《潇洒走一回》，红遍大江南北。"我用青春赌明天，你用真情换此生"，既唱出了许多青年创业者的情怀，也鼓动了不少有识之士投身到这股滚滚的创业洪流之中。一个时代有一个时代的主旋律，既然我当时除了拥有青春外一无所有，那么何不也潇洒走一回，去创业呢？留在北京机关里继续工作，按部就班，稳步发展，并不是我本心所需要的人生。我需要的，是趁着还年轻，积累更多的人生经历，获取更多的发展机会。

所幸的是，一个偶然的机会我通过写自荐信的方式，结识了我生命中一个重要的贵人——当时深圳经济特区经济贸易律师事务所主任郭星亚律师。郭星亚律师是当时中国律师提供全方位非诉讼法律服务的倡导者，是律师参与中国股份制改组，为上市公司提供法律意见书业务，律师参与企业破产清算业务的开拓者，也是 20 世纪 90 年代初深圳律师体制改革的重要推动者。1993 年 6 月，郭星亚律师把我带到深圳来发展。从那一天起，我便没有了以往的"铁饭碗"和安逸的生活。

记得我下海后的第一星期，就接到第一单案子，提成到手人民币 1500 元。而那个时候，我在机关工作一年才挣 1200 元。二者之间的反差，实在是太大了，为此，我兴奋不已。但高收入的同时，自己内心所经受的煎熬，所受的苦和累也是惊人的。那之后，我便几个月都没了生意，整天早出晚归，无所事事，打起了"消耗战"。每天笔者回到住处，眼望着房间内四壁空空，经常整宿地睡不着觉。我当时在想：在北京机关里"混"得好好的，为什么要来这里来受这份罪呢？每当想到这里，我都本能地告诫自己：我其实已经没有退路了！我拥有的，只有我赌上命运的青春！我只能硬着头皮向前，相信将来会逐渐好起来的！

总结我作为执业律师的生涯，从 1993 年到 2002 年期间，应该是第一个发展阶段。经过两年多在深圳做律师的"原始积累"，1995年年底我和事务所的另外一个同事一起出来，加盟了深圳中安律师事务所，成为这个所的合伙人。这个时候，就涉及专业问题了。

我一开始到深圳的时候，当时企业股份制改组上市业务特别火，但我没有被"摆"在这个位置，而是被"摆"在了企业清算破产业务方面。我这个人天生进取心并不是很强，缺乏灵活性。于是只是对安排的工作扎扎实实地做好，别无他求。但我忘了一条，做律师是在市场上求生存的，市场的变换随时对自己的生存都有影响。就如同在海上行舟一样，划船的时候，要随时关注自己的船是否能禁得起风浪的冲击。1998年前后，国家大的经济形势发生变化。深圳一年的破产案件就不是很多，而这对于我这个只会做破产案件的律师来讲，无疑是雪上加霜。我个人的律师业务，由此也进入了冬季。

破产案件少，影响自己生计的现实，迫使我冷静下来做一些思考，以寻求使自己的业务逐渐多元化。俗话说，一个人的性格从某种角度来说，决定着他的命运，这句话的确不假。靠拉关系、跑江湖，或者低价竞争等手段，去招揽律师业务，在传统律师业务市场，去分得一杯羹，并不是我个人所推崇的。同大多数律师的发展路径不同的是，我将自己的主要精力，放在了自我充电、自我提高上。从1995年下半年开始，我半工半读，报名参加了一个北京大学经济学院在深圳举办的一个世界经济硕士班项目。3年多时间，我通过自身努力，拿下了北京大学的世界经济硕士文凭。

记得我当时在北京房山司法局每个月挣100多元人民币的时候，就开始采用"三三制"理财，即：大概30多元存到银行，30多元吃饭，剩下的30多元去买书。每个月都要到北京市里的主要书店去一趟，用积攒下来的钱买最新的书籍。因为我知道，如果不能得到最新的书籍和资讯，自己非常容易和现实脱节，和这个时代脱节。所以，从大学毕业一直到自己参加工作后相当长的一段时间里，我还是能够坚持每天自我充电和提高。工作之后，每天还坚持看书学习，看上去是有点傻。但后来事实证明，自己的这种"倒行逆施"，反倒阴差阳错地使自己找到了一条适合自己走的发展之路。

2000年左右，我完成了一定的资金积累，读完了北京大学硕士学位项目。

同时，我也组建了自己的家庭，有了可爱的女儿，生活进入了一个相对平稳的发展时期。在事业发展方面，特区内的破产业务尽管不多，但也还能勉强维持生计。专门从事破产清算律师业务，一方面使我成为全国这方面少有的专业律师，获取了专业化发展的红利；另一方面，又使我深受其累，实现不了业务的短期内转型，长期看事业发展空间有限，前景堪忧。不行，这种局面必须改变！人无远虑，必有近忧。我必须利用相对平静的发展时期，去克服自己事业上的发展瓶颈才行！于是，我经过用将近两年的努力和准备，做出了自己人生中第二次重大选择——出国去读书。

出国读书说起来简单，其实具体的国家和地点选择，也是满有讲究的。去英国留学容易，但是学完之后工作机会相对比较少，美国留学似乎对我更加具有吸引力。而具体到美国较为发达，东西海岸地区中部、南部地区较为落后。对于中国律师出国深造来说，"洋插队"的"罪"总归要经历一回，最好是到东西海岸发达地区去，因为那些地区的校友资源、工作实习机会等，相比中南部地区具有明显的优势。这是我个人的一点体会。

有些时候，自己的人生策划中，一点一滴的小错是可以犯的，但是大的方向性错误，千万不要犯！因为只有这样，才能保证自己始终在正确的道路上行进。就这样，我在 2001 年 8 月初，赶在美国"9·11"恐怖袭击之前，来到了美国首都华盛顿特区的美利坚大学华盛顿法学院，开始了近两年的国外求学生涯。

出国之前，自己曾经设想，拿完美国法学院的文凭之后，如果可以的话，再考个纽约州律师资格。然后找个工作机会，作为外国公司的首席代表，被派回中国。如此，自己就可以实现较为顺利的转身了。理想的设计可谓精彩，但现实的确很冷酷。后来，事情的发展并不由自己的主观意志而转移的。虽然自己拼了老命去努力准备，但纽约州的国外律师资格最终还是没考过。担任外国公司的代表回中国，更是连一点机会都没有。在自己挫折不断、前途茫茫之际，一个非常偶然的机会，却悄然降临到了我的身上。

2002 年，我通过与法学院其他学生的面试竞争，最终来到了美国华盛顿特区的一个私人小型律师事务所进行实习，协助美国和乌克兰律师，代理一家乌克兰当地企业，应诉中国商务部针对从乌克兰进口的某种产品的反倾销调查案件。正是通过这个案，我学会了国际贸易领域里的反倾销调查案件。这段经历为我回国转型做反倾销业务奠定了坚实的基础。此外，美国的律师资格尽管没有通过，但我通过准备考试，比较系统地学习了很多的普通法知识。我对美国的证据法、诉讼法、刑法、商法等各方面都有了比较清楚的了解。对于普通法知识的学习和理解，后来有效地帮助了我和外国律师打交道，知道他们在想什么，知道在他们的 legal system 里，相对应的 term 是什么。可见，有时候受的罪并不是白受的，学到的这些东西，让我受益终身。

总结我第一阶段的律师专业发展道路，除了勤奋努力之外，觉得有些时候，可能冥冥之中是有些什么东西在左右着自己的发展，引领着自己向前不断寻求突破。而要认识这一冥冥之中的东西，也要靠自己不断的"参悟"。你不"参悟"的话，可能永远也转不过来，找不到自己要走的路。有的时候，你可能是不自觉地走过去了。但在犹豫怀疑自己之间，回过头总结时才发现，一条大路其实已经走出来了，而且其指向的方向，正如你所愿、如你期盼的那样。

2003 年从美国留学回国后，一直到现在，可以说是我从事律师行业发展的第二阶段。在这阶段，我主要做了两件事：一件是抓住机遇，逐渐实现自己的业务转型；另外一件是我开办了隆安深圳分所，并在此基础上逐渐发展壮大。

2001 年底，中国加入世界贸易组织，许多国家利用中国入世时的承诺，纷纷对原产于中国的各类产品提出反倾销调查指控，保护本国市场。而中国企业要保持出口市场，就必须积极参与应诉案件调查，否则就会面临失去国外市场的境地。但在当时，国内能够从事反倾销案件的律师少之又少。我由于此前在美国的律师楼学习过这类案件的实际操作，所以就抓住了这一难得的发展机会，参与其中，发展自己，实现自己的业务转型。

我和同事们的齐心努力，通过市场营销，在 2003 年 5 月，终于成功地将深圳律师界第一单反倾销调查案件——创维集团彩色电视机反倾销调查案件揽入囊中。万事开头难，以后的事情就好办多了。从那之后，涉及美国的烫衣板、购物袋等产品，涉及加拿大、土耳其、印度、欧盟等国家和地区的反倾销案件都纷纷来了。从务虚的宣传讲课，到务实的办理案件，慢慢积累之间，我不知不觉地实现了业务的转型，摇身一变，成了深圳律师界国际贸易和涉外法律服务方面的专家。

在做反倾销业务期间，涉及出口企业面临的涉外知识产权问题出来了，反垄断问题也出来了。自己原来在美国学习的知识，这回全然派上了用场。经过多年的努力，自己多少也可以不用再去拎着包看人脸色过日子了。因为你能做的律师业务，别人会做的很少，你具有了有别于他人的特殊差异化价值，客户只能来找你。但是，随着经济形势的变化，深圳这些年劳动密集型产业逐步外移，涉及的反倾销调查案件越来越少。相反，外资并购、与资本市场相关的案件需求则越来越多。于是这些年，我又将业务的着力点，放到了并购和资本市场领域。所以，一个律师要随时关注市场的变化，也要随时调整自己的专业取向、人生策略。要随着市场变化而变化，跟着市场起舞。只有这样，才不至于使自己陷入竞争的被动之中。这一点还是蛮重要的。

我从 2005 年加盟了北京市隆安律师事务所，负责起深圳分所的组建。历经10 年的时间，我把隆安深圳律师事务所从当时的仅自己一个合伙人，发展到现在的营业面积 1300 多平方米，合伙人 30 人，律师 70 余人，总共接近 100 人的律师事务所。两年前，我又被隆安全国发展基金理事会推选为理事长，负责隆安律师所全国发展的领导管理工作；被推选为广东省律师协会的常任理事，负责省律协涉外工作委员会的工作。这些律师所的管理和行业协会的工作，都不同程度地开阔了我的视野，锻炼了我的领导才能，间接地也促进了我业务上的发展。

我始终认为，作为一个青年律师或法学学子，只要不断勤奋努力，扎扎实实地工作、办案，最后一定能够走出一片属于自己的天地！

二、我对律师行业的几点感悟

在中国做律师也不是太容易，需要解决很多自我认识、发展路径等诸多方面的问题。律师这个行业，外表光鲜无比，名誉、社会地位、收入基本上都会是社会的中产。但身在其中，你会觉得，长期困扰你的问题的确不少。笔者就其中的几点，谈谈自己的看法。

（一）能不能做一个律师

能不能做一名律师，这是从事律师行业需要解决的首要问题。因为这个问题如果不解决，或者回答含糊，判断不肯定，会直接影响你做律师的自信心和决心，也会影响你在这个行业能够走多远。要回答这个问题，教大家一个简单的方法。你可以问自己两个问题：

第一，做律师是不是你的第一选择？你如果说你还在犹豫，这不行。就如马克思说的那样，这里就像在地狱的入口处一样，必须根绝一切犹豫，任何怯弱都无济于事。下海就是下海，要根绝一切陆地上的生存希望，这样才有可能在海上生存下来。做律师必须非常冷静，当你接触一些社会上的丑陋的东西时，必须非常客观、理性、现实地把它消化掉。有些是当事人的秘密，你不能讲，讲了就违反了律师的职业道德。作为律师，如何来平衡这个？所以我觉得，作为律师是不是你的第一选择，这个可能要经过很长时间的思考。发现有很多人在犹豫，做还是不做。犹豫的时间长了，这就有可能把自己荒废掉了。

第二，你再问自己，你除了做律师之外你还能做什么。如果你把做律师作为你必需的职业选择，恐怕你做律师也做不下去，因为有很多来自其他行业的诱惑。你在为客户提供律师法律服务的时候，做着做着，你就会觉得做律师挣得是辛苦钱，比起他们做生意的挣钱速度，做律师简直不能同日而语。所以，这个问题要考虑好，就是除了做律师之外，你还有别的最好的选择没有。当然，长期做下去，也会给自己带来相当不错的财富收入，起码也会属于社会的中产阶层，不是很贫穷的那种，这一点应该是问题不大的。当然，如果你做了多年律师，仍然很贫穷的话，这是现实在告诉你，你的确不太适合做律师，你自然也就放弃不做了，因为律师这个行业优胜劣汰很严重。所以，我觉得第一个问题是要不要入行的问题，第二个其实是能不能坚持的问题。选择入行，然后是坚持，坚持下来就可以了。

（二）做律师的一般发展路径

每个人做律师的发展路径都不尽相同，我这里介绍一下做律师的通常发展的路径。首先你要有个大学法学院的法律专业文凭，然后在律师事务所的实习。之后，如果你能单独做业务，有自己独立的案源，你就可以从一名律师助理转做一名专职律师，独立开展律师业务。其后，经过几年的积累，大多数做专职律师的到一定时期可能要升做律师事务所的合伙人。合伙人里面又可以分为管理合伙人和一般合伙人。管理合伙人一般我们称为律师所的主任，也就是律师所的带头人。律师所主任主要承担事务所的日常管理工作，承担律师所方向性的、团队化、专业化、国际化建设等方面的责任。一般来说，一个律师所主任的眼光高低以及能力如何，与这个律师所的发展建设是息息相关的。当然，律师这个行业由于是知识分子集中的行业，又经历了市场化的熏陶和锻炼，的确是精英荟萃、人才济济。所以你会发现，律师事务所中藏龙卧虎的不少，闷声大发财的也不少。

成为律师事务所的管理合伙人之后，再往上一层，你可能就要进入律师行业协会，竞选理事、监事，并负责行业协会的某方面职能工作，以进一步扩大你在行业内的影响。在律师行业协会参与有关的管理工作，不用指望它能帮你拿到什么具体的律师业务，律师协会的工作其实是有助于确定你的行业影响力和"江湖地位"的工作。所以说，一个律师所的主任，如果想让你的律师所能在行业里有所建树，有所影响，你必须在律师协会里有所突破和建树。

律师的进步快慢与成功与否，和一个人的性格也有很大关系。俗话说，性格决定命运。我就属于性格内向的那种人，平时与人交往不是很主动。在大学期间，我对自己的性格感到很悲观，觉得与人交往没有什么优势，竞争不过那些性格外向的人。但经过多年的律师实践工作，我觉得性格的内向和外向其实是相对而言的。有些外向型的人坐在一起，热热闹闹，高谈阔论，几分钟之内，就与其他人搞得烂熟，固然有其有利方面。但我们内向的人，私下递个名片，和风细雨，察言观色，不温不火，也能做到恰到好处。人生其实是个长跑过程，日久见人心。以我的经验，人与人之间的交往，最关键还是看他的谈吐，而谈吐直接关系到你肚子里有没有货，你头脑中有没有真才实学。如果你有知识、有见地、有观点，又能抓住适当的时机适时表现，绝对会有好多人会对你刮目相看的。所以，从一个人性格来讲，不论是内向还是外向，早晚都有表现的机会。关键在于要把知识学好，把自己的头脑武装好。要记住，客户请的是律师，要律师去解决他所面临的法律问题。一个律师最重要的是办案能力，在于案子办的是不是令客户满意，而不在于律师的性格如何。

（三）寻找自己适合的律师事务所执业

中国的律师事务所，按照其内部的管理模式来分，基本上可能分两类：一是公司制的，或者准公司制的；另一个是传统意义上合伙制的。

国内运行成熟的公司制律师事务所有它自身的诸多优势，如品牌优势、网络优势、业绩优势等。这类律师事务所的特点是，你到哪儿去都不用愁案子。到那儿之后，你就是一个螺丝钉，再资深的律师进去也是如此，因为它已经运行成熟了。如果对于初入行的，或者处于案件积累阶段、性格不是很活跃的律师，图一份稳定的工作，加盟这样的律师所会是不错的选择，但前提是你要做好经常加班的思想准备。这种律师事务所也有其弊端，做的时间长了，你就会发现有两种人适合这样的律师所：一种人是整天在外面跑单的大腕、大咖律师，他们整天在外面打高尔夫，出席公共场合，跟老板谈天说地，联络感情。谈笑间不但维系了客户，而且案子也就过来了。案件过来之后，自然就会移交到后台承办案件的律师，由他们负责具体的承办；另外一种人，就是在后台专门承办案件的律师，他们工作做的专业、周到，精益求精，久而久之，就成了我们说的很"专业"。但任何事情都有另一方面。时间长了，这些人会发现，他们不会"飞"了，他们跟客户打交道的能力在退化，因为他们没有机会和时间和客户打交道。这样的分工状况，就是一部分人专门去拿案子，而另一部分人专门做案子。通常情况下，拿案子人所占的收入分配是占大头的，而做案子的人收入分配占小头。可以说，作为一个初入行的律师，或者案源不多的年轻律师进入这样的律所，基本上是可以解决一些基本的生活费用的。同时，随着经验的积累，以后接触大案子、接触大人物的机会也不是说没有，但是要在这种体制下的律师事务所成长起来，还是相当困难的。

国内绝大多数律师事务所实行的运行体制是传统的合伙制。简单说，传统的合伙制的律师事务所就是几个合伙人依照合伙协议在一起，大家共同承担费用，共同使用一个律师所品牌，然后每个合伙人下面有自己的助理组成各自的团队，个人做个人的案件。合伙人关系比较紧密的律师事务所，合伙人之间有时会进行合作，互相配合，彼此介绍或者合作案件。但总体来看，传统的合伙制律师事务所是合伙人单独操作为主，彼此分工合作为辅。如果一个年轻律师进入这样的律师事务所，关键就是要找一个好师傅。通常情况下，做律师都是从给人打工开始的。开始之后不久，就要看你的人生策划和个人天分了。你是将来想自己独立出来做业务呢，还是想比较安稳的作为团队中的一员，按部就班地做下去？但你要记住，在一个地方待的时间越长，你改变的成本会越高。不管怎样，在这个过程中，不断学习、不断反思是至关重要的。

（四）坚定看好未来中国的律师行业发展

目前的中国律师行业，虽然专业化分工有越来越细的倾向，但应该还没有成熟到完全靠专业吃饭的程度。有些律师靠专业吃饭是"天成"的，因为他们当初就占据了某些资源，抓住了某些发展机遇。但对于大多数的律师来说，他们的执业命运往往是经历了一个漫长的探索和选择过程。因此，你必须根据市场的变化及时调整自己的专业方向。一旦做了律师之后，你需要准备一个或者几个专业方向作为储备，这样才能保证你做律师的基本生存需要。

目前，中国的经济规模已经达到世界第二的水平，而且排名还在上升。随着中国资本的双向流动日趋活跃，无疑为中国律师的发展和国际化提供了一个非常好的发展机遇。所以，我对中国律师的发展未来充满信心！

4.5 佟长辉：医疗损害赔偿诉讼实务探讨

佟长辉：北京市盈科（深圳）律师事务所合伙人、执业律师，深圳仲裁委员会仲裁员，深圳医患纠纷仲裁院仲裁员，中国卫生法学会会员。

讲座时间：2016 年 3 月 8 日

一、医疗纠纷概述

所谓医疗纠纷，通俗地讲就是患者及其家属在医疗机构就诊过程中，对医务人员的诊疗护理行为产生不满而引起的矛盾冲突。产生纠纷的原因复杂多样，可能由于患者缺乏基本的医学知识，对正确的医疗处置、疾病的自然转归和难以避免的并发症以及医疗意外不理解而引起；可能医方在医疗活动中并无任何违规、疏忽和失误，仅仅是由于患者单方面的不满意引发的纠纷；也可能是医务人员在诊疗护理过程中违反诊疗护理常规，造成患者伤残或死亡等各种不良后果。

（一）医疗纠纷分类

医疗纠纷按法律调整范畴可划分为：民事法律纠纷、行政法律纠纷、刑事法律纠纷。行政法律纠纷如医护人员超越资质等级执业、跨专业范围执业等违规执业，患方投诉至卫生行政机关，要求对其进行相应的行政处罚。刑事法律纠纷如医疗事故罪、故意伤害罪、故意杀人罪、故意毁坏财物罪、寻衅滋事罪、聚众扰乱社会秩序罪、非法拘禁罪、侮辱罪等。可能是医务人员严重违反诊疗护理常规造成就诊人重大伤残或死亡等，构成医疗事故罪；也可能是患者或其家属在解决纠纷中，其所采取的行为涉嫌构成相关刑事犯罪，被司法机关采取刑事强制措施，甚至最终判处刑罚。

民事法律纠纷是本部分的主要内容，按其是否与诊疗护理行为相关划分为：

医疗损害责任纠纷及其他民事法律纠纷。经济纠纷如患者拖欠医疗费的债权债务纠纷，非医疗侵权纠纷如侵犯患者名誉权、肖像权、隐私权纠纷等。其中，侵犯明星肖像权诉讼近几年处于高发阶段，医疗机构未经权利人允许擅自使用其肖像，如我经手处理的多起范冰冰、李冰冰、王雅捷等知名影视明星在深圳、北京、上海等法院提起的系列侵犯肖像权诉讼。本部分重点探讨的医疗损害责任纠纷，是指医务人员在诊疗护理过程中违反诊疗护理常规，造成就诊人伤残或死亡的不良后果。

（二）医疗损害责任纠纷争议解决类型

目前解决医疗损害责任的主导路径包括 4 种。第一，诉讼。这是最主要的路径，也是本部分的核心。第二，仲裁。目前全国只有深圳设立了医疗纠纷仲裁机构，深圳仲裁委员会下设多个仲裁机构，其中医患仲裁机构全称为"深圳医患纠纷仲裁院"，我也是该仲裁院仲裁员。第三，人民调解。人民调解是根据《中华人民共和国人民调解法》设立的相关调解机构，对包括医患纠纷在内的各类民间纠纷进行调解，其中最具特色的是 2011 年 6 月 13 日挂牌成立的广东和谐医患纠纷人民调解委员会，据了解该委员会已在省地县设立了 21 个医调组织。第四，协商和解，简便快捷，非常适合赔偿额较低的案件。事实上，民营医疗机构 90% 以上的案件都是通过协商调解结案的。

二、医疗损害赔偿诉讼前法律实务

（一）复印与封存病历

1.复印并查封病历需提供的主体身份相关法律文书

根据《医疗机构病历管理规定》第十八条，根据申请者身份不同，提供不同的法律文书。申请人为患者本人的，应当提供其有效身份证明；申请人为患者代理人的，应当提供患者及其代理人的有效身份证明，以及代理人与患者代理关系的法定证明材料和授权委托书；申请人为死亡患者法定继承人的，应当提供患者死亡证明、死亡患者法定继承人的有效身份证明，死亡患者与法定继承人关系的法定证明材料；申请人为死亡患者法定继承人代理人的，应当提供患者死亡证明、死亡患者法定继承人及其代理人的有效身份证明，死亡患者与法定继承人关系的法定证明材料，代理人与法定继承人代理关系的法定证明材料及授权委托书。

一般而言，有效身份证明一般以居民身份证为准。当然，军官证、警官证、法官证、检察官证等特定职业的身份证明也可以。通常公务行为，必须出具前述身份证明。法定代理人需要提供户口簿或者公安机关出具的证明。如果流动性比较强、户籍地没法证明的，其他能证明身份的有效证件都建议予以采纳。律师需提供律师证、律所的所函。

申请人在去医疗机构申请复印查封病历前，应将前述法律文书准备齐全，防止医疗机构以此为由拖延复印病历或借此更改病历，造成不利于申请人的不利后果。

2. 病历复印的范围

病历包括《医疗机构病历管理规定》的全部主客观病历：体温单、医嘱单、入院记录、病程记录、术前讨论记录、手术同意书、麻醉同意书、麻醉术前访视记录、手术安全核查记录、手术清点记录、麻醉记录、手术记录、麻醉术后访视记录、术后病程记录、病重（病危）患者护理记录、出院记录、死亡记录、输血治疗知情同意书、特殊检查（特殊治疗）同意书、会诊记录、病危（重）通知书、病理资料、辅助检查报告单、医学影像检查资料等病历资料。

医疗病历通常分为主观病历和客观病历。主观病历即以上提到的病程记录、术前讨论记录、术后病程记录、会诊记录，其他为客观病历。所谓客观病历是指那些不容易被随时修改、保持相对稳定性的医疗文书。主观病历包括医务人员诊疗过程中对患者病情的讨论分析、病情变化记录、科内会诊、科际会诊、院外会诊、转科记录、疑难病历或死亡病历讨论等。无论是死因鉴定还是医疗损害鉴定，质证的核心都是病历。

《中华人民共和国侵权责任法》（简称《侵权责任法》）第六十一条与《医疗事故处理条例》第十条，都有关于病历及其复印的类似规定。法律法规没有明确复印病历的范围，实践中，有的医疗机构给复印全部病历；医疗机构仅给复印客观病历，有时同一个医疗机构，有时给复印全部病历，有时仅给复印客观病历。

司法实践中，经常发生医疗机构以各种各样的理由不给复印病历或拖延复印病历的情况。医疗机构通常会以未出院为由禁止复印病历，这是违反法律规定的。已经完成的病历可以复印，未完成的病历在完成之后也有权要求复印；急救病历在急救之后 6 小时完成，如果未完成视为没有相关诊疗行为记录。住院治疗期间发生争议可以复印病历；出院后病历尚未归档可以复印病历；出院后超过 24 小时可以复印全部病历。如果这时候医院没有完成，视为没有病历。

复印病历时，委托人、律师应认真查看病历并审定是否存在瑕疵。第一，复印病历一般到医务科或医疗纠纷办公室，不要去就诊科室，就诊科室通常都会拒绝复印。第二，复印病历地点一般在病案室，申请人一定要在现场监督，防止重要病历的修改。第三，复印病历一定要核对清楚，确保关键性的手术记录、麻醉记录、手术知情同意书、麻醉知情同意书等重要信息没有遗漏。原则上每页都要加盖公章，若页数特别多时加盖全覆盖的骑缝章。第四，时间不宜过长，最好不超过两小时，否则电子版的病历内容很容易被修改。

3. 复印查封注意事项

复印后，原则上要查封全部病历（包括主观病历和客观病历）。一些知名医科大学的附属医院也存在时常修改病历的情况。尤其医疗行为存在明显过错时，复印后一定要立即查封。封条特别重要，要用专业的软而薄的封条专用纸，防止医疗机构不留痕迹地擅自拆封并篡改已查封的病历。所以，有时需自备特别准备好的封条，也可以用透明胶带将封条签字处或所有缝口全部封住，以防医疗机构修改病历。

（二）主体的城乡身份信息

由于相关司法解释规定患者户籍与赔偿请求额密切相关，且影响极大。涉及整个诉讼请求的赔偿项目具体计算数额，不仅存在较大的城乡差别，有时同一地区的城乡差别相差三四倍，不同地区的差别更大。

与医疗损害责任密切相关的主体身份信息为受害人及被抚养人身份信息，包括：第一，户籍（城镇／农村）。身份证与户口簿；第二，准城镇户籍身份证明资料。城镇户籍有居住证、缴纳的社保清单、社保卡、医疗保障卡、劳动合同书、银行发放的工资、城镇房地产证书、房屋租赁合同书、街道办居委会的证明材料等都可以证明，有身份证户口本即可。如果是农村户籍，一般省份都规定需证明在这个城市或者其他城市生活工作了一年以上。未成年人需要提供：出生医学证明、幼儿园、小学、中学就读证明（含学生证）等。成年人需要提供：居住证（含原来的暂住证）、缴纳社保清单、社保卡、劳动合同书、银行代发工资明细、工资条等；城镇房地产权证书、房屋租赁合同书等；街道办或居委会证明资料等；营业执照等。第三，地域范围。不限于被告所在地城镇，包含原告户籍地。第四，时间范围。一年以上。《居住证暂行条例》2016 年 1 月 1 日生效，原则上在一个城市生活半年以上就可以获得居住证。

（三）医疗损害责任项目

分 4 个方面，总项目、构成伤残增加赔偿的项目、死亡增加的赔偿和精神抚慰金。这里面最重要的是死亡赔偿金，未满 60 岁的是上一年度城镇居民 20 年的收入。一级伤残残疾赔偿金同死亡赔偿金相同，是赔偿最高的一个项目。再就是抚养费。这几项同前面反复强调的一样，城市标准和农村标准相差甚远。精神抚慰金国内赔偿额普遍较低，目前国内最高的案例是北京大学第一人民医院熊卓为教授医疗损害赔偿案，最后判决是 20 万元。深圳医疗损害致一级伤残或死亡，同时医疗机构负全责的，一般判决是 10 万元，二级伤残是 9 万元，以此类推。没有构成伤残等级的可能就几千块钱或分文没有。

医疗损害责任项目有 4 类：第一，总项目。医疗费、误工费、护理费、交通费、住宿费、住院伙食补助费、必要的营养费；第二，构成伤残增加的赔偿。残疾赔偿金、残疾辅助器具费、被扶养人生活费，后续的医疗费、护理费、康复费；第三，死亡增加的赔偿。死亡赔偿金、丧葬费、被扶养人生活费、受害人亲属办理丧葬事宜支出的交通费、住宿费和误工损失等其他合理费用；第四，精神抚慰金。

（四）评估医疗损害责任伤残等级与责任比例

第一，评估赔偿的可能性，力争排除无法获得赔偿的案件；第二，初步审查分析伤残等级及医方责任比例（含死亡）。

三、医疗损害赔偿诉讼中法律实务

（一）诉讼策略：选择案由与被告

1. 选择案由

最高人民法院《民事案件案由规定》，把民事案由分为 4 级，与医疗损害责任密切相关的如下：人格权纠纷中生命权、健康权、身体权纠纷；侵权责任纠纷中医疗损害责任纠纷，包括侵害患者知情同意权责任纠纷、医疗产品责任纠纷；合同纠纷中医疗服务合同纠纷。

根据《民事案件案由规定》，一审法院立案时应当根据原告诉争法律关系的性质，首先选择第四级案由。第四级案由没有规定的，顺延适用第三级案由，以此类推。所以，首先应该选择"351. 医疗损害责任纠纷"案由项下的"侵害患者知情同意权责任纠纷"或"医疗产品责任纠纷"，但是这两个 4 级案由太窄，会遗漏其他医疗侵权行为，所以一般选择 3 级案由即"医疗损害责任纠纷"该案由能够较为全面覆盖。此种选择案由方式，如果医疗机构存在侵犯知情同意权或药品及医疗器械存在质量问题，均可以在同一个案由中主张权利。如我代理的吴×× 等人诉海南医学院附属医院医疗损害责任纠纷案，就同时提出医疗机构侵犯患者知情同意权，并得到法院判决确认。

实践中，也有很多法院建议患方立案时选择人格权纠纷中的"生命权、健康权、身体权纠纷"。但是，如果原告选择合同纠纷即"120. 服务合同纠纷"项下的"医疗服务合同纠纷"，合同案由适用于无过错责任，无法按照最高人民法院关于人身损害赔偿适用法律若干问题解释规定的项目计算相关赔偿，且没有精神抚慰金。一般不应选择合同案由，除非有证据证明医疗机构明确承诺到达某种疗效，而且根据合同获得的赔偿额高于医疗损害责任案由获得的赔偿额。

2. 选择被告

就诊于两家及以上医院时，选择一个被告还是两个及以上被告？选择原则：第一，最大限度发现诊疗事实是否有过错的这一案件真相为原则；第二，实现委托人利益最大化为原则；第三，便利判决执行为原则。但也可能增加鉴定费用，要基于选择原则综合考虑利弊，最终确定一个还是多个被告。

（二）诉讼请求中应该考虑的核心问题

接案前要对案件进行一个总体上的大致评估，医疗机构是否有过错？过错程度如何？患者能否获得赔偿及赔偿额多少？与案件受理费、鉴定费及律师费等需要付出的成本相比，患方经济收益有多大？

当然，我们不是医学鉴定专家，就是鉴定专家也不敢确定自己分析认定的责任，其他鉴定专家一定也认可。必须向患者及其家属说明，这仅仅是基于专业知识和经验的一个初步分析，无法代替鉴定机构的权威评价，所有最终责任评定均以法定鉴定机构的评价分析和法院判决为准。

（三）一审法院第一次开庭审理的重要事项

在诉讼中可能会涉及死因鉴定、医疗损害鉴定、医疗文书鉴定等。一般而言，无论何种情况都必须申请医疗损害责任鉴定。作为律师，应当详细查阅每一页病历，综合分析诊疗方案及过程是否合规、医疗处置与患者的症状及体征是否相关、病历是否有修改痕迹或不符合逻辑之处等。如果病历明显被修改过，可能影响责任判定，还可能涉及医疗文书司法鉴定。作为律师应当依据病历书写是否规范，从一般的痕迹学原理等进行综合分析，找到证据，向法院申请医疗文书鉴定，争取得到法官支持。

1. 诉讼中的死因鉴定

死因鉴定就是我们通常所说的尸检，其目的是查明患者死亡的医学真相。适用于患者对医疗机构诊断的死因存在疑问时，希望通过尸检确认患者真正的死亡原因，为医疗损害责任认定奠定基础。很多时候，如果医患双方对死因各持己见，又没有进行死因鉴定，多数司法鉴定机构不接受委托进行医疗损害责任鉴定。关于死因鉴定，医疗机构有主动提示义务，在患者死亡后，应告诉患者家属，最好是书面告知，如果不认可医疗机构关于死因的诊断，可以申请死因鉴定，如果患者家属拒绝，造成无法进行医疗损害责任认定的，由患者家属承担不利后果。反之，医疗机构没有告知或没有证据证明已告知，由医疗机构承担不利后果。

2. 医疗损害责任鉴定

（1）启动鉴定程序

医疗损害责任鉴定是确定医疗机构是否担责的核心鉴定，启动鉴定程序，根据《侵权责任法》确定的"谁主张，谁举证"一般举证原则，应由原告提出司法鉴定申请。法院特定情况下可以依职权提出鉴定。

（2）确定鉴定的医疗文书范围

医患双方提交的各种医疗文书，必须经由庭审质证无疑后，方可作为司法鉴定机构用以鉴定的医学资料。

医疗文书的真伪与瑕疵，直接影响鉴定能否进行和鉴定责任的有无及比例。原告认为医疗文书存在瑕疵，应提出申请并充分说明对案件实体责任判断的影响。第一，通过庭审质证确认哪些医疗文书可以作为鉴定的资料；第二，作为鉴定依据的病历资料存在下列瑕疵的，应区分情况处理：医疗机构以伪造、篡改、销毁或其他不当方式改变病历资料的内容，致使无法认定诊疗行为有无过错或与损害后果之间是否存在因果关系的，推定医方有过错；病历资料内容存在明显矛盾或错误，医方不能做出合理解释，致使无法认定诊疗行为有无过错或与损害后果之间是否存在因果关系的，推定医方有过错；病历资料虽存在瑕疵，但不足以影响医疗损害鉴定的，可继续进行鉴定，但瑕疵部分不能作为鉴定依据；病历书写仅存在错别字或未按病历规范格式书写等形式瑕疵的，不影响对病历资料真实性的认定。

医疗损害责任鉴定涉及广泛的医学专业知识与临床经验。要把一个案件的主要诊疗过程分析清楚，不仅代理律师要深谙医学专业知识，有较为丰富的临床经验，而且还要深入地全面研究病历各个细节，如诊断与治疗是否正确、是否符合常规、治疗是否及时、各种用药是否违规、是否告知方案及其风险、替代医疗方案等。很多时候，为了透彻研究案件，就案件涉及的临床实践，还要常常向本领域权威专家请教。临床专家与司法鉴定专家的医学思维模式不同，有时为了更好判断责任有无及比例，还经常向那些曾经做过鉴定的权威专家求教，一个有责任感的律师所花费的精力远高于其他案件。

（3）确定鉴定机构及支付鉴定费用的主体

一般情况下，医患双方通过协商就可以确定共同委托的司法鉴定机构，但在无法达成共识的情况下，法院就通过摇珠（摇号）方式，在列入法院名录的鉴定机构中随机选择，确定最终的鉴定机构。

在死因鉴定或医疗损害鉴定听证会上，代理患方的陈述意见与对前述鉴定意见质证是全部医疗损害责任案件的核心，决定患方的胜败及赔付数额。需要专业系统的临床理论与丰富的临床实践经验作为支撑，从事过司法鉴定经历的代理律师为最佳。

（4）个别案件涉及病历文书鉴定

病历的内容决定医疗行为是否合法合规，如果病历存在篡改或不当修改等情况下，并且该部分内容涉及鉴定的核心内容即医疗损害责任的有无与多寡，可能涉及对作为鉴定资料的医学病历真伪进行司法文书鉴定的问题。强调一点，可能多数情况下，医方修改病历的内容都是对其有利的，此时，申请对病历真伪进行鉴定的，多为患方或其代理人。但也有一些特殊情况下，当其修订违规且对其不利时，医方同样也可能提出鉴定病历真伪问题。

3. 执行法律实务

医疗损害责任案件的执行相对较为简单，无论是民营医院还是公立医院，执行都比较容易，都不希望拖延执行生效判决，因此，协商快速执行赔偿款是基本渠道。司法实践中基本采取两种方式：①协商快速支付赔付款；②申请法院强制执行。

四、解决医疗损害责任纠纷的特色路径：仲裁和调解

由于医疗损害责任纠纷涉及的医学专业知识范围广、需要医学鉴定以确定责任比例，医疗纠纷的解决往往比其他案件耗时更长，一年甚至数年都很常见，给当事双方都带来沉重的经济负担与长时间的心理压力。而医患纠纷如果得不到及时、妥善解决，极易酿成群体性事件。不仅医患双方的合法权益得不到保护，甚至会严重影响医疗机构的正常工作秩序，威胁医务人员的人身安全，同

时也严重影响社会和谐稳定。

深圳医患纠纷仲裁院基于此因而设立，旨在通过建立一支社会责任心强、专业素质高、公道正派的、由医学专家和法学专家组成的仲裁团队，为医患双方提供一个解决纠纷的公正、专业、快速的途径，是一种新的尝试。

（一）深圳医患纠纷仲裁院概况

深圳医患纠纷仲裁院成立于 2010 年 10 月 12 日，是深圳仲裁委员会下设的专责仲裁和调解医患纠纷的职能机构，为处理发生在深圳市内的医患纠纷的常设机构。深圳特地制定了《深圳市医患纠纷处理暂行办法》作为仲裁的依据，使仲裁合法化。同时为使仲裁有所保障，人力资源部门也提供了相应编制。

为此，在深圳，除法院可以受理医疗损害责任纠纷案件外，医患双方还可以申请医患纠纷仲裁院进行仲裁。我也是医患仲裁员，作为仲裁庭首席仲裁员或普通仲裁员参与了多起案件的仲裁。

（二）医患纠纷仲裁的优势

首先是快。医患纠纷仲裁通常为 3 个月，平均结案需 23 天，与诉讼方式耗时长达 2～3 年相比无疑是相当快捷。其次是专业。医患纠纷仲裁院的仲裁员一般具有临床医学与法学专业学习与工作经历。再次是调解结案率非常高，70% 以上。最后是费用低。深圳医患纠纷仲裁目前费用非常低，仅 100 元，缺口费用由深圳市财政补偿。因此，仲裁案件仅限于深圳市行政区域内的各级医疗机构所发生的医疗损害责任纠纷。

（三）解决医疗损害责任纠纷调解路径：人民调解

广东省设立一个特别的调解机构，是于 2011 年 6 月成立的广东省和谐医患纠纷人民调解委员会（简称"广东医调委"），定位于独立第三方机构，调解员是具有医学或法律背景的热心离退休人士。此外，广东医调委拥有一支由 500 名医学专家以及 50 名法律专家共同组成的专家库，为医疗纠纷提供评鉴。跟别的人民调解的不同在于把医疗保险和调解结合在一起。

参考文献

[1] [德] K·茨威格特，H·克茨. 比较法总论［M］. 潘汉典，米健，高鸿均，等，译. 北京：法律出版社，2004: 187.

[2] 莱奥·罗森贝克. 证明责任论［M］. 庄敬华，译. 北京：中国法制出版社，2002:104.

[3] 奥特马·尧厄尼希. 民事诉讼法［M］. 周翠，译. 北京：法律出版社，2003:114.

[4] 肯尼思·约瑟夫·阿罗. 社会选择：个性与多准则［M］. 钱晓敏，孟岳良，译. 北京：首都经济贸易大学出版社，2000:36.

[5] [美] 罗伯特·考特，托马斯·尤伦. 法和经济学［M］. 张军等译. 上海：上海三联书店，1991:185.

[6] 菲利普·伍德. 国际金融的法律与实务［M］. 姜丽勇，许懿达，译. 北京：法律出版社，2011:4-5.

[7] Carlos A. Primo Braga, Carsten Fink, Claudia Pazsepulveda. 知识产权和经济发展［M］. 姜丹明，何越峰，杨红菊，宋建华，张永华译. 专利法研究，2002:294.

[8] Cornell University, INSEAD, WIPO, Global Innovation Index 2018: Energizing the World with Innovation, 2018.

[9] Langbein J H . The Disappearance of Civil Trial in the United States［J］. Social Science Electronic Publishing, 2012, 122(3):522-572.

[10] Peter Drahos. A Philosophy of Intellectual Property［J］. Dartmouth Publishing Company Limited, 1996:145.

[11] 陈昌柏. 知识产权经济学［M］. 北京：北京大学出版社，2003:44.

[12] 傅郁林. 民事司法制度的功能与结构［M］. 北京：北京大学出版社，2006:54-61.

[13] 公丕祥. 法制现代化的理论逻辑［M］. 北京：中国政法大学出版社，2003.

[14] 何隽，杜梦婷. 深圳如何构建最严格知识产权保护制度？——基于北上广深知识产权司法保护大数据的分析［J］. 中国发明与专利，2019(4):83-91.

[15] 江必新. 新民事诉讼法导读［M］. 北京：法律出版社，2012:14.

[16] 李浩. 民事判决中的举证责任分配——以案例为样本的分析［J］. 北京：清华法学，2008(6): 25-37.

[17] 李浩. 民事证据的若干问题——兼评最高人民法院《关于民事诉讼证据的司法解释》[J].

法学研究，2002(3):63–76.

[18] 李浩. 民事证明责任研究 [M]. 北京：法律出版社，2003:100–101.

[19] 李浩. 证明标准新探 [J]. 中国法学，2002(4):129–140.

[20] 梁慧星. 裁判的方法 [M]. 北京：法律出版社，2003:11.

[21] 王亚新. 对抗与判定：日本民事诉讼的基本结构 [M]. 北京：清华大学出版社，2002: 104–199.

[22] 王亚新. 民事诉讼中的证人出庭作证 [J]. 中外法学，2005，17(2):129–155.

[23] 王亚新. 民事诉讼中质证的几个问题——以最高法院证据规定的有关内容为中心 [J]. 法律适用，2004(3):3–6.

[24] 习近平. 为建设世界科技强国而奋斗——在全国科技创新大会、两院院士大会、中国科协第九次全国代表大会上的讲话（2016 年 5 月 30 日)[N]. 人民日报，2016-6-1(2).

[25] 张卫平. 诉讼结构与程式：民事诉讼的法理分析 [M]. 北京：清华大学出版社，2000: 313.